Nadie puede impactar realmente un mundo exterior roto y complejo sin tener un mundo interior simple y saludable. Bill ha sorteado peticiones extremadamente complejas durante muchos años; en *Simplifica* comparte pasos concretos para adentrarse en el «yugo fácil» de Jesús, aprendidos en el polvorín de la vida real.

JOHN ORTBERG
Pastor principal de Menlo Park Presbyterian Church y autor de *¿Quién es este hombre?*

Como esposa, madre, fundadora de una organización contra el tráfico de personas y líder de iglesia, es bastante sencillo sentirte en ocasiones sobrepasada o frenética. Pero yo deseo estar anclada en la verdad de la Palabra de Dios y llevar bien una vida ocupada. En *Simplifica*, Bill Hybels ayuda a guiarnos hacia una desintoxicación del alma para pasar de exhaustos a activos, de frenéticos a fieles. Al final, me ha enseñado a ser más haciendo menos, construyendo una vida de salud y plenitud, y no un caos desordenado.

CHRISTINE CAINE
Fundadora de The A21 Campaign y autora de *Inconmovible*

Mi padre siempre me inspiró a vivir con más intención y claridad, y siempre me ayudó a dar los pasos necesarios para avanzar. Me hace ilusión que esta sabiduría esté ahora en un formato que puedo entregar a mis amigos, y así lo haré, porque no conozco a nadie que no necesite esta clase de valiosos pensamientos acerca de lo que significa vivir centrado con sanidad y paz. Adoro estas ideas, y no puedo esperar para compartir este libro.

SHAUNA NIEQUIST
Hija orgullosa, autora de *Bread and Wine*, www.shaunaniequist.com

Aprendí hace mucho tiempo que si no tomaba el control de mi agenda y de mi dinero, ellos siempre tomarían el control sobre mí. Aprender cómo y cuándo decir no me ha dado más libertad de la que puedes imaginar. Es algo que siempre enseño a los líderes jóvenes, y es un mensaje que me alegra que Bill Hybels esté ofreciendo en *Simplifica.*

DAVE RAMSEY
Autor superventas del *New York Times* y presentador de radio a nivel nacional

Se suele decir: «Desconfía del hombre desnudo que te quiera vender una camisa». Pero el hecho de que Bill Hybels escriba un libro sobre la simplicidad es exactamente lo contrario, porque habla desde un pozo de experiencia. Yo valoro su perspectiva porque él ha liderado en medio de la complejidad durante varias décadas y repite lo que todo gran líder dice siempre: la simplicidad es la llave para tener éxito en una vida compleja. Gracias, Bill.

HENRY CLOUD
Experto en liderazgo, psicólogo y autor superventas

Si alguna vez te has dolido por dentro de lo complicada que es la vida, este libro es para ti. En *Simplifica,* Bill Hybels te lleva por un viaje para redefinir tu perspectiva, realinear tus prioridades y reavivar tu fe en Cristo. Este libro no solo te traerá esperanza, sino también verdades prácticas para vivir la vida que siempre deseaste que fuera posible.

CRAIG GROESCHEL
Pastor de LifeChurch.tv, autor de *Pelea: Las claves para ganar la batallas que importan*

BILL HYBELS

Simplifica.

Diez principios para aliviar tu alma

Tyndale House Publishers, Inc.
Carol Stream, Illinois

Visite Tyndale en Internet: www.tyndaleespanol.com y www.BibliaNTV.com.

TYNDALE y el logotipo de la pluma son marcas registradas de Tyndale House Publishers, Inc.

Simplifica: Diez principios para aliviar tu alma

Originalmente publicado en inglés en 2014 como *Simplify* por Tyndale House Publishers, Inc., con ISBN 978-1-4143-9122-9.

Diseño: Jacqueline L. Nuñez

Traducción al español: www.produccioneditorial.com

Edición del español: www.produccioneditorial.com

ISBN 978-1-4143-9126-7

Impreso en Estados Unidos de América
Printed in the United States of America

20 19 18 17 16 15 14
7 6 5 4 3 2 1

Para Henry y Mac, los dos pequeños nietos que convirtieron a un rudo holandés en un tonto desvergonzado.

Contenidos

Capítulo uno

De exhausto a vitalizado

Repón tus reservas de energía

Buena parte de mi trabajo estos días incluye el asesoramiento y la consejería para líderes, tanto en Estados Unidos como en todo el mundo. Cada vez más, ya sea hablando con líderes de mi país o del extranjero, en Willow Creek o en otros círculos de mi vida, escucho las mismas palabras repetidas una y otra vez: *exhausto, sobrecargado, sobreprogramado, ansioso, aislado, insatisfecho.* Es una cuestión bipartita: jóvenes y viejos, ricos y pobres, profesionales y padres, mujeres y hombres, republicanos y demócratas. Y es algo global: he escuchado esas palabras en inglés y en incontables lenguas extranjeras.

Era alarmante escuchar esas palabras tan a menudo. Comencé a darme cuenta de que, como líderes y seguidores de Cristo, necesitamos encarar esta situación. Así que siempre que tenía una oportunidad, comenzaba abiertamente una conversación sobre el agotamiento, el estrés y la insatisfacción. Mi instinto me decía que estos temas le podían sonar a la gente, porque ciertamente me sonaban a mí.

Subestimé el impacto flagrantemente.

Mientras exploraba las preocupaciones que dejaban a la gente sintiéndose aislada, sobrecargada y exhausta, y mientras buscaba formular un marco de trabajo para abordar las diferentes complejidades de estas cuestiones, comencé a usar el término *simplificar.* ¿Cómo *simplificamos* nuestras vidas? El término se quedó. La misma palabra parecía activar a la gente.

Tal vez esperaban que yo desvelase un secreto bien guardado, una llave para el universo que les ayudara a desenmarañar sus vidas hechas trizas. Tal vez suponían que yo ya había superado estas cuestiones en mi experiencia y esperaban que pudiera arrojarles algunas migajas de sabiduría de la mesa caoba de mi vida hacia el hueco expectante y ávido de sus manos.

¡Pero no! Los que me conocen bien podrán decirte que pasé la mayor parte de mi vida adulta luchando con el mismo enjambre umbroso de palabras que más tarde escuché de los líderes de todo el mundo. No estoy siquiera cerca de ser inmune. Sé demasiado de lo que es estar agobiado, con una agenda a reventar y agotado. Sé muy bien lo que se siente cuando estás ansioso, insatisfecho, herido y agotado. Mientras hablaba de estas cuestiones, está claro que era tanto alumno como profesor. En las páginas que estás a punto de leer verás que soy otro aprendiz en el tema de simplificar nuestras vidas.

> Una vida simplificada no va solo de hacer menos cosas. Es ser quien Dios nos ha llamado a ser.

No me siento inclinado por naturaleza a llevar una vida simple. Siento una gran responsabilidad frente al llamado que Dios me ha confiado, no solo en el trabajo, sino también con mi familia, las relaciones en las que invierto, la recreación que necesito para mi salud mental y los viajes que precisa mi empleo. No preveo que mi vida vaya a reducir la marcha en breve hasta el ritmo de una sobremesa tranquila, si acaso lo llega a hacer alguna vez. ¿Te sientes identificado?

Una vida simplificada no va solo de hacer menos cosas. Es ser quien Dios nos ha llamado a ser, concentrados de todo corazón y con un solo propósito. Es alejarte de las innumerables oportunidades menores en busca de las pocas a las que hemos sido llamados y para las que hemos sido creados. Es un estilo de vida que nos permite, cuando descansamos la cabeza sobre la almohada de noche, reflexionar con gratitud porque nuestro día ha estado bien invertido y las variadas responsabilidades de nuestras vidas están en orden.

Si no cambiamos cómo vivimos, nuestro complicadísimo mundo comenzará a parecernos aterradoramente normal. Nos acostumbraremos a vivir a un ritmo frenético, sin volver a ser capaces de diferenciar entre lo importante y lo insustancial. Y ahí está el peligro: cuando malgastamos nuestra vida única y exclusiva en hacer cosas que *realmente* no importan, sacrificamos las cosas que importan. Por medio de más errores que éxitos, he experimentado el alto costo de permitir que mi vida perdiera el control. Mi deseo es ahorrarte parte del dolor de tener que aprender esas lecciones como yo lo hice: por las malas.

¿Qué pasaría si tu vida fuera diferente? ¿Qué ocurriría si tuvieras la certeza de estar viviendo la vida a la que Dios te llamó y estuvieras construyendo un legado para los que amas? Si anhelas una vida más sencilla anclada en las prioridades más importantes, arremángate: una vida simplificada requiere algo más que simplemente organizar tus armarios o limpiar el cajón de tu escritorio. Precisa que *ordenes tu alma.* Examinando las cuestiones principales que te incitan a una vida frenética, y erradicando los obstáculos que te dejan exhausto y agobiado, puedes dejar de hacer cosas que no importan y construir tu vida sobre las que sí lo hacen.

Una vida simplificada requiere algo más que simplemente organizar tus armarios o limpiar el cajón de tu escritorio. Precisa que *ordenes tu alma.*

Por experiencia sé que hay un puñado de prácticas clave que son vitales para mantener mi alma libre de caos. Estas prácticas me ayudan a superar los obstáculos que evitan que viva la vida «en abundancia» que Jesús promete en Juan 10.10. En cada capítulo de este libro te invito a examinar una de esas prácticas, a valorar lo que la Escritura dice de ello, a poner un espejo en tu vida y entonces a pasar a la acción.

No hay atajos para una vida simplificada. Desenredarte de la maraña cargante y agotadora de tu vida actual no es para pusilánimes. Es un trabajo honesto y riguroso. Como siempre les digo a los líderes cuando hablo del tema, *lo que se necesita* es acción. Por eso cada capítulo de este libro termina con unos Pasos de Acción: preguntas sobre lo que te mantiene esclavizado a estos patrones desordenados y frenéticos, así como ejemplos prácticos para erradicar el caos de tu alma y avanzar hacia una vida simplificada. Te desafío a que no te quedes en leer cada capítulo solo por la teoría. No permitas que un guiño intelectual al concepto de una vida simplificada te impida hacer cambios reales en tu vida real. Más bien, *aplica* lo que leas con *coraje* y *firmeza.*

Te puedo decir por experiencia que simplificar tu vida producirá recompensas inmediatas. Cada día tendrá un claro propósito, y cada relación recibirá la inversión que debe. Y sin ese desorden innecesario pendiendo sobre tu vida, serás capaz de escuchar —y de responder— cada susurro de Dios.

Esto es lo que sé: *el cambio es posible.* Ya te tambalees en el abismo de un colapso caótico o simplemente estés comenzando a darte cuenta de que tocan algunos ajustes vitales menores, *puedes* simplificar. Es muy posible que *tengas* que simplificar para vivir la vida que Dios te está invitando a vivir. Cuando comiences a implementar estas prácticas clave, se convertirán en hábitos que crearán días simplificados, y después meses, después años y finalmente una vida entera que conlleve satisfacción y realización. Hacer estas correcciones en el rumbo producirá una vida que te alegrará haber vivido cuando mires por el espejo retrovisor.

Ya has sido advertido: este proceso no es para débiles. Se *requiere* acción de tu parte. ¿Todavía quieres jugar? Vamos allá.

«¡DILE QUE ME AYUDE!»

De todas las personas con las que Jesús interactuó en Su ministerio docente de tres años, la Escritura registra solo una persona a la que Él reorientó en el área de la simplicidad: una buena amiga suya, una mujer llamada Marta.

Jesús tuvo cientos de seguidores durante Su ministerio —no solo los doce discípulos—, pero únicamente escogió a un puñado para que fuera Su círculo íntimo de amistades. Tres de ellos eran sus discípulos: Pedro, Santiago y Juan. Y había otros tres: María, Marta y Lázaro, unos hermanos que eran fieles respaldos de Su ministerio. Vivían en una pequeña aldea a las afueras de Jerusalén llamada Betania, que todavía existe. Jesús se quedaba con ellos de vez en cuando y valoraba profundamente su hospitalidad.

El incidente que voy a describir tuvo lugar mientras aumentaban las peticiones a Jesús. Cuanto más enseñaba, más gente quería cosas de él: más sanaciones, más milagros, más de cualquier cosa que Él pudiera ofrecer. Sus días estaban cada vez más ocupados. Así que de tanto en tanto Jesús pedía tiempo muerto y se retiraba a la serenidad del cuarto de invitados de Betania, donde podía relajarse durante un día o dos y recargar las pilas en compañía de Sus amigos más cercanos. Así es como describe Lucas una de aquellas visitas:

> Mientras iba de camino con sus discípulos, Jesús entró en una aldea, y una mujer llamada Marta lo recibió en su casa. Tenía ella una hermana llamada María que, sentada a los pies del Señor, escuchaba lo que él decía. Marta, por su parte, se sentía abrumada porque tenía mucho que hacer. Así que se acercó a él y le dijo:
>
> —Señor, ¿no te importa que mi hermana me haya dejado sirviendo sola? ¡Dile que me ayude!
>
> —Marta, Marta —le contestó Jesús—, estás inquieta y preocupada por muchas cosas, pero

> solo una es necesaria. María ha escogido la mejor, y nadie se la quitará.[1]

Se puede ver venir la dinámica de esta situación desde lejos. María y Marta no han tenido tiempo para preparar la visita inesperada de Jesús y sus doce polvorientos discípulos. Pero Jesús se siente tan cómodo con la amistad que tiene con ellos que se detiene brevemente para gozar de un escueto tiempo de reposición.

María decide dejarse llevar y acerca una silla. Quizá le dice a Jesús algo como: «Me alegra mucho que hayáis hecho una parada. ¿Cómo va el camino? ¿Han sido muy pesados los fariseos últimamente? Puedes contarnos; somos amigos. Lo que cuentas en Betania se queda en Betania».

Mientras tanto, Marta estaba ajetreada en la cocina preparando de comer. Está intentando cumplir frenéticamente con el papel de anfitriona hospedadora, atendiendo las necesidades físicas de Jesús y Sus discípulos: aperitivos, entrantes y bebidas. Empieza a enervarla que María simplemente esté pasando el rato en la otra sala con Jesús, poniéndose al día de los últimos eventos.

Después de un rato, Marta salta. Pierde los papeles. Está claramente molesta. Tal vez haya tratado de que su hermana le eche una mano con la comida con sutiles indirectas. Primero quizá se habría asomado por la puerta y habría lanzado una mirada incriminatoria, esa que dice: *¡Ven aquí y ayúdame!* Después quizá empezó a dejar caer cazuelas para conseguir la atención de María. Mi esposa, Lynne, solía hacer eso conmigo. Cuando ella creía que yo no estaba ayudando lo suficiente, «accidentalmente» dejaba que unas cuantas cacerolas se estrellaran contra el suelo de la cocina. Después de la quinta —realmente soy lento en darme cuenta—, captaba la indirecta: «¡Esa es la señal!». Y me encaminaba a la cocina para arrimar el hombro.

No sabemos si María no se había percatado, o si había elegido ignorar, los guiños de su hermana de que necesitaba ayuda, pero llegado cierto momento Marta irrumpe en la habitación e interrumpe la conversación que María está teniendo con Jesús. No se dirige a María; se dirige a Jesús directamente con una salva de apertura: «Señor, ¿no te importa?».

Aquí se masca la ironía. «¿No te importa?», le pregunta al Señor del universo, aquel que ha dejado el esplendor celestial para adoptar la carne humana y descender a la Palestina del siglo primero; quien ha estado en el camino, enseñando, sanando y sirviendo a los demás hasta quedarse absolutamente exhausto; y quien pronto sangraría y moriría por la redención de todas las personas del mundo, incluyendo a Marta.

Jesús no intensifica el conflicto. No dice: «¿Cómo te atreves a hablar al Hijo de Dios de ese modo...?».

«¿No te importa?».

Me imagino a Marta en esta escena con una cuchara de madera en la mano. La levanta frente al rostro de Jesús: «¡Dile que me ayude! Ordena a esta vaga hermana mía que vaya a la cocina antes de que yo haga algo con esta cuchara!».

Si yo hubiera sido Jesús, habría tenido varias ideas corriendo por mi mente acerca de lo que Marta podía hacer con la cuchara. Pero Jesús no intensifica el conflicto. No se enciende con Marta. No dice: «¿Cómo te atreves a hablar al Hijo de Dios de ese modo…?». Según el texto, Él simplemente pronuncia su nombre dos veces: «Marta, Marta». En otras palabras: «Tranquila, Marta. Relájate un poco».

Entonces, con genuina gentileza, hace una observación: «Estás inquieta y preocupada por muchas cosas».

Él le podría decir que está sobrecargada, sobreprogramada y exhausta: las mismas palabras que definen nuestra cultura. Y Él la invita a bajar la cuchara y a respirar hondo.

«Demasiadas cosas están ocupando tu mente ahora mismo», le dice Él. «Te están agitando por dentro. Estás haciendo Mi visita mucho más complicada de lo que desearía».

Me imagino a Jesús poniendo las cosas claras, aprovechando el momento para enseñar a todos los de la habitación: «Marta, ¿puedo simplificarte algo? Siempre que vengo de visita, no es por la comida. Si quisiera una cena de cinco estrellas, la organizaría: acabo de alimentar a cinco mil personas hace un par de semanas, ya sabes. Y una vez hice un increíble Chardonnay para la celebración de una boda. Puedo preparar comida y bebida en cualquier lugar, en cualquier momento. Cuando vengo a visitaros, es por amistad, por conexión, para estar con ustedes. Vengo aquí para una cita que dé e intercambie vida, por compañerismo. Eso es todo, en realidad».

En el texto de Lucas, Jesús le dice a Marta algo que yo, también, necesito que me recuerden a menudo: *«Solo una [cosa] es necesaria»*.

Marta se estaba perdiendo lo que importaba más; sin embargo, María no. Ella lo tenía.

Tu corazón y el mío anhelan un antídoto para toda la impulsividad y las ocupaciones de nuestras vidas.

«María ha escogido la mejor parte —dice Jesús—, y no se la voy a quitar. No la mandaré a la cocina a hacer decenas de cosas que realmente no tienen importancia».

Al afirmar la elección de María, Jesús invita a Marta a bajar la cuchara y a seguir el ejemplo de su hermana.

Tu corazón y el mío anhelan un antídoto para toda la impulsividad y las ocupaciones de nuestras vidas. El antídoto no es dejarlo todo hecho en la cocina (o en la oficina, o en el centro comercial). El antídoto es dejar esas cosas —a veces sin hacer— para sentarse a tener una conversación sin prisas con Jesús.

Qué historia tan tremenda. En unas pocas palabras, Jesús nos enseña acerca de Sus valores y prioridades.

También encuentro fascinante que el evangelio de Lucas yuxtaponga la historia de María y Marta con la parábola del buen samaritano.[2] Justo después de enseñar a sus seguidores a ser activos y a ayudar a aquellos en necesidad, Jesús toca una nota diferente en respuesta al activismo de Marta: «En toda tu actividad —le dice—, no pierdas de vista las relaciones».

Sin prisas. Sin apuros. Sentémonos y sumerjámonos el uno en el otro. *Relación.*

TOQUE DE ATENCIÓN

Algunos años atrás, tuve un «momento» que fue mucho más feo que el momento de Marta. Me sentía mermado no desde hacía días, ni tan solo semanas, sino por *meses*. Las cosas se habían puesto tan feas que, de uno en uno, mi esposa y mis hijos me sugirieron sutilmente que quizá debía pasar algo de tiempo en nuestra casa de campo familiar en Michigan. *Solo*. Su mensaje subliminal y unánime estaba bien claro: *Estás al límite. No es divertido tenerte por aquí. Vete a hacerte daño* a ti mismo *durante unos días. ¡En otro estado!*

No tuve que pedirle a un genio que descifrara el código. Así que agarré mi petate.

Mientras recorría el largo pasillo hacia nuestro garaje, nuestro perrito me vio llegar... y salió corriendo hacia el lavadero. Incluso el perro sabía que estaba al límite. Parecía que yo era el último en darme cuenta.

Mientras conducía aquel día hacia la casa de campo, saqué mi cuchara de madera, igual que Marta, y le eché la bronca a Dios. Me quejaba de los ancianos de nuestra iglesia: «¡Tienen expectativas poco realistas!». Me quejaba del personal: «Siempre quieren cosas de mí, y rara vez me lo agradecen». Entonces la cuchara creció hasta el tamaño de un remo de canoa y me quejé de nuestra congregación: «Se creen que no soy más que una máquina de hacer sermones, y no les importo realmente como persona».

Durante las tres horas de camino, estuve agitando la cuchara. Cuando llegué a la casa de campo, deposité mi bolsa en la habitación y me dirigí a la cocina para hacer algo de comer. Cuando abrí el frigorífico y descubrí que no había comida, mis quejas continuaron: «El último en estar aquí ni siquiera pensó en el que vendría después... *¡el que paga las facturas!* ¡También yo les importo un bledo!».

Así que conduje hasta la pequeña tienda de alimentación del pueblo para llevarme una bolsa de comida. Y no me hacía muy feliz, créeme.

Después de pagar en caja, caminé hacia la puerta de salida. Por el rabillo del ojo vi a un tipo al que había visto por el pueblo antes, un veterano de Vietnam herido en su silla de ruedas. Me percaté de que también avanzaba hacia la puerta. Calculé su velocidad y la comparé con la mía. Calculé su ángulo y lo comparé con el mío. Y recuerdo haber pensado: *¿Estás de broma? Vamos a llegar a la puerta exactamente al mismo tiempo. Él se moverá con lentitud porque va en silla de ruedas, y se supone que yo debo ser cortés y ayudarle...*

Dios quitó las escamas de mis ojos y miré el pozo negro de resentimiento, agotamiento y oscuridad que llenaba mi corazón.

Y este fue mi siguiente pensamiento: *¿Qué más podría salirme mal hoy, Dios? ¿Qué más?*

En ese mismo instante, Dios quitó las escamas de mis ojos y miré el pozo negro de resentimiento, agotamiento y oscuridad que llenaba mi corazón. Y no estoy bromeando: cuando vi toda su fealdad, sentí que se me doblaban las rodillas. Pensé que vomitaría allí mismo en la tienda.

Auné esfuerzos para ayudar al chico a atravesar la puerta, pero en el momento en que salí de aquella pequeña tienda de alimentación, tuve que admitirle a Dios y a mí mismo que había estado más preocupado por los *quince segundos* de más que me había llevado atravesar la puerta que por los quince *años* que aquel soldado llevaba en una silla de ruedas por las heridas recibidas mientras servía a nuestro país.

Al pensar en lo que acababa de comprender, caminé hacia mi camioneta, subí, puse mi cabeza sobre el volante y me quedé absorto: *¿Qué me había pasado? ¿En quién me había convertido?*

Tuve que admitirlo: *Odio en lo que me he convertido*. Y después supliqué: «Dios, ayúdame. Dios, ayúdame. Dios, ayúdame».

Entonces fue cuando toqué fondo, cuando finalmente me di cuenta del precio del agotamiento. Volver en mí en el aparcamiento de aquella pequeña tienda de alimentación fue como cuando un alcohólico se despierta en la carretilla de su vecino a las tres de la mañana y finalmente admite: «He bebido demasiado. ¿Cómo ocurrió esto?». Yo simplemente estaba allí sentado, preguntándole a Dios: «¿Cómo ocurrió esto? ¿Cómo llegué a ser alguien sobrecargado, sobreprogramado y exhausto, desprovisto de compasión y furioso con todo el mundo? ¿Cómo ocurrió esto?».

Antes de dejar el aparcamiento aquel día, hice una promesa: *Nunca más me permitiré acabar así de agotado. El coste es demasiado alto. Nunca más.* Y hasta este día, siento una aversión maníaca por el agotamiento. Sé a qué me parezco cuando llego al límite. Sé de lo que soy capaz. Y no voy a volver allí.

Sé que defraudo a un montón de gente cuando me piden que haga cosas por ellos y creo que debo decir que no:

«Por favor, preside mi boda».

«¿Podrías ser el mentor de mi hijo, por favor?».

«¿Puedes unirte a mi causa?».

«¿Podrías…?».

Como pastor y como amigo, me resulta difícil decir que no a mucha gente maravillosa a la que me gustaría ayudar y a las muchas cosas maravillosas que me encantaría hacer en nuestra iglesia y por el mundo. Pero he aprendido por las malas lo importante que es no extenuarme completamente. Ya toqué fondo una vez, y fue más que suficiente. El agotamiento perjudica a la gente que tengo alrededor, y daña mi alma.

Cuando decides que ya no quieres vivir vacío nunca más, empiezas a prestar más atención a la parte regeneradora de la ecuación.

Cuando decides que ya no quieres vivir vacío nunca más, empiezas a prestar más atención a la parte regeneradora de la ecuación. Si decides vivir con más reservas de energía en tu vida, sin duda decepcionarás a algunas personas. Confía en mí, tienes que *luchar* por mantener tu vida regenerada. Nadie más puede llenar tu depósito. Te toca a ti proteger tus reservas de energía y tus prioridades.

No sé si alguna vez has tocado fondo como yo lo hice, pero sé que no estoy solo en esto de la extenuación. Un padre agotado de Willow Creek me contó recientemente que casi golpeó a su hijo de quince años. El padre llevaba seis meses echando pestes, y cuando su hijo se puso a discutir con él hacía unas semanas, estuvo a punto de hacer lo impensable. Por fortuna, se contuvo a medio camino del golpe y se sintió tan horrorizado por su ira que me llamó para hablar de ello; también llamó a un consejero cristiano. Aquel padre estaba impresionado: «Estuve así de cerca de golpear *a mi hijo*. ¿Qué me ha pasado?». El agotamiento puede ser costoso.

Otro chico me dijo: «Estoy demandando a un compañero de negocios por pura rabia. No me importa si gano el caso; solo quiero arruinarle la vida». Le dije: «Eh, creo que te has pasado un poco. Creo que estás vacío, amigo. Si estás presentando pleitos solo por diversión, llevas mucho tiempo en el fondo de tus reservas de energía».

Y después una pareja de Willow Creek que conozco se declaró en quiebra. Tanto el marido como la esposa habían gastado más de la cuenta mientras estaban agotados… y habían estado agotados durante largo tiempo, así que simplemente habían ido al centro comercial y habían ido acumulando cargos. Ahora sus tarjetas de crédito están al máximo y se han retrasado con su hipoteca, y si algo no cambia pronto, lo perderán todo.

¿Demandar por diversión o gastar hasta llegar a la bancarrota? Ese es un modo de vivir agotado.

¿CÓMO DE LLENO ESTÁ TU BALDE?

Te advertí: el camino hacia la simplicidad no es para débiles. Es un proceso que requiere honestidad. Así que permíteme que te plantee la pregunta: ¿cuán agotado estás? ¿Cuánto tiempo ha pasado desde que te sentiste completamente repleto?

Jesús le dijo a María que su única esperanza era acercar una silla, desconectarse de todos los asuntos y comenzar una conversación con el único que podía restaurar su frenético corazón, asentar su espíritu y encaminarla de nuevo hacia el verdadero norte. ¿Es igual de cierto para ti?

Permíteme que haga una pregunta de seguimiento: ¿una conversación honesta con Jesús, en un entorno sin prisas, te ayudaría también?

De todos los líderes que he tenido la oportunidad de conocer — desde directores generales a ejecutivos de organizaciones sin ánimo de lucro, de políticos a líderes de iglesia—, ¿adivinas cuáles de ellos es más probable que tengan un problema con la sobrecarga, la sobreprogramación y la extenuación?

¡Los pastores! Clérigos, hombres y mujeres, con carnet y graduados en el seminario. La extenuación se extiende galopante entre los pastores. Este tema sale en cada ciudad, país, cultura y grupo lingüístico en el que he tenido el privilegio de dar consejería y formación. Es un tema universal.

Esto es lo que hago a menudo con mis exhaustos pastores amigos: primero, dibujo de forma sencilla un balde, en una pizarra o una servilleta, dependiendo del escenario. Pregunto: «¿A qué se parece tu vida cuando tu balde de energía está repleto hasta el borde? ¿Qué se siente cuándo estás lleno de Dios, cuando estás conectado a Jesucristo, cuando las cosas en tu familia funcionan a pleno rendimiento, cuando tu agenda es sensata, cuando comes bien y haces ejercicio y duermes correctamente? ¿Cómo es sentirse lleno y regenerado?».

Estas son las descripciones de un modo de vivir con el balde lleno:

- «Cuando mejor estoy es cuando estoy lleno».
- «Hago mis mejores oraciones».
- «Siento la presencia del Señor con más constancia».
- «Estoy más atento a los susurros del Espíritu Santo».
- «Oigo la voz de Dios más a menudo que cuando estoy exhausto».
- «Amo bien a mi esposa y a mi familia».
- «Amo a perfectos extraños. Vaya, ¡incluso amo a los fans de los Packers!».[3] (Cuando escuché esto en Chicago, ¡me impresionó!)
- «Cuando estoy lleno, tomo mejores decisiones acerca de mi agenda. Tengo cuidado de no tomar demasiados compromisos».

- «Tomo mejores decisiones a la hora de comer y descansar».
- «Me siento más creativo, más sensible».
- «Me siento más dispuesto a cumplir las órdenes de Dios».

A veces, un pastor permanece en absoluto silencio durante un minuto y entonces dice: «Cuando estoy lleno, vivo la vida que Jesús desea para mí: una vida en toda su plenitud, una vida caracterizada por esa paz que sobrepasa la comprensión humana». En un gesto nostálgico, esos pastores reflexionan con cariño en las veces en las que han estado repletos, viviendo una clase de vida al máximo.

¿Qué hay de ti? ¿Puedes recordar una época en la que viviste de ese modo? ¿Cuando estabas repuesto y lleno? ¿Cuando vivías lleno de sensibilidad, descanso, creatividad, amor, alegría y oración? Apuesto a que puedes recordar un puñado de épocas así en tu vida. (Si no es así, sigue leyendo… ¡hay esperanza!) Yo también puedo recordar esas épocas; y poco a poco se están convirtiendo en la norma más que en la excepción, mientras persigo manejar el arte de vivir de forma simplificada. Puede hacerse.

Retén esa imagen un segundo y cambiemos la marcha. Hablemos de las épocas en las que estás agotado: tóxicamente agotado. Tu balde está vacío. Ya no te queda nada para dar. ¿Cómo te sientes?

Cuando le hago a la gente esta pregunta, no importa en qué parte del mundo esté, la primera palabra que sale de sus bocas es *resentimiento.* Se sienten molestos por alguien o algo: igual que Marta saliendo de la cocina y agitando una cuchara de madera frente a María y Jesús. Ella estaba resentida. «Jesús, ¿no Te importa? Mi hermana es una haragana. No podemos pedir comida para llevar. Tus discípulos vagabundean por la casa. Nunca ayudan con los platos».

Resentimiento. ¿Alguna vez lo has sentido? Yo sí.

Otra palabra que escucho frecuentemente es *irritado.* Algunos de nosotros nos irritamos fácilmente cuando nos agotamos. Algo menor sale mal y nos saca de quicio, fuera de nuestras casillas. Gritamos a nuestro cónyuge, perdemos los nervios en el trabajo, golpeamos al perro.

Algunos nos retiramos y nos volvemos pasivos.

Algunos nos aislamos y nos volvemos solitarios.

Algunos comemos, bebemos o nos medicamos en exceso.

Algunos abusamos del trabajo.

Me siento horrible al admitirlo, pero trabajar demasiado es *mi* forma. Mis colegas saben que es verdad. Cuando estoy agotado, arrimo el hombro y trabajo como una *banshee* desesperada, tratándome a mí mismo y a quien esté alrededor sin clemencia.

Cuando nos agotamos, nos dispersamos. Perdemos nuestra habilidad para centrarnos, y saltamos de distracción en distracción sin conseguir nada.

Y deja que te confiese algo que me hace superadorable: cuando estoy en uno de mis arrebatos trabajadores, me enfurezco con cualquiera *que no esté* trabajando de más. Me irrito si alguien silba por los pasillos en Willow. Pienso: *¿Qué estás silbando? ¡Deberías estar trabajando duro en vez de silbar! Me parece que tienes poco que hacer. ¡Entra en mi oficina y yo lo arreglaré!*

A veces, cuando nos agotamos, nos dispersamos. Perdemos nuestra habilidad para centramos, y saltamos de distracción en distracción sin conseguir nada. Confundimos *movimiento* con *progreso*.

Algunos aceleramos demasiado. Ponemos a girar todos los platos a una velocidad ridícula. Cuando la gente nos mira, agitan sus cabezas. *Esto va a terminar mal.*

Algunos, cuando nos agotamos, nos evadimos con el cine, las novelas cursis o la televisión. Perdemos horas y horas curioseando Facebook, Pinterest o Instagram, admirando las vidas de los demás en vez de vivir la nuestra propia.

Algunos gastamos demasiado. Cuando nos agotamos completamente, vamos al centro comercial con tarjetas de crédito, buscando la clase de subidón rápido que encaje en nuestra bolsa de la compra.

Algunos de nosotros nos volvemos a la pornografía. Los que no tienen la energía o la salud emocional de buscar intimidad de un modo saludable a menudo van a buscarlo a las sombras. Si buscas lo que hay debajo del disparatado uso de la pornografía estos días, mucho de ello está conectado con el agotamiento, el aislamiento y la extenuación. Del mismo modo, algunos tienen aventuras. (A veces, varias.)

Creo que se puede decir que ninguno de nosotros está bien cuando está agotado.

Si te encuentras agitando una cuchara de madera —o el remo de una canoa—, y le estás diciendo a Dios lo que hacer, y estás de malas con el mundo, quizá sea hora de que escuches lo que Dios te dice: «Sentémonos juntos. Tenemos que tratar varias cosas, tú y Yo. En algún momento has perdido la conexión conmigo. Has perdido el norte, y ahora solo estás girando. Pero Yo tengo un plan mejor».

RELLENA TUS RESERVAS DE ENERGÍA

Aquí es donde se pone divertido. No simple —de hecho, es un poco complicado—, pero sí divertido.

¿Qué clase de cosas llenan tu balde? ¿Qué te da fuerzas? ¿Qué actividades o compromisos restauran tus niveles de energía? ¿Qué necesitas hacer para empezar a derramar nuevas fuentes de aprovisionamiento en tu vida gravemente agotada? ¿Qué relaciones te inspiran? ¿Qué lees que eleva tu perspectiva? ¿Qué hay en tu vida que te sirva para rellenar tu balde?

> No tiene sentido llenar el balde sin tapar primero los agujeros.

Demasiado a menudo, la gente me dice: «No tengo ni idea. Llevo tanto tiempo sin estar repleto que ni siquiera sé cuáles pueden ser esas cosas». ¿Te ves reflejado? Tal vez llevas vacío tanto tiempo que te has olvidado de lo que llena tu balde. Te has olvidado de lo que colma tu alma. Si ese eres tú… no te preocupes. Exploraremos qué cosas pueden ser. Y para cuando termines los Pasos de Acción de este capítulo, estoy seguro de que tendrás una estrategia para mantener lleno tu balde.

TAPAR LOS AGUJEROS

Antes de formular un plan para mantener lleno tu balde, es importante comprender *por qué* te encuentras en primer lugar agotado. No tiene sentido llenar el balde sin tapar primero los agujeros.

A veces a la gente le asusta decir que no a sus jefes, a sus cónyuges o a sus hijos, así que dicen que sí a otro proyecto o compromiso de última hora que saben que les va a desgastar más allá de lo que es sabio. A veces, la gente encuentra una desproporcionada cantidad de autoestima en conseguir muchos éxitos. Siguen haciendo y haciendo, pensando que lo que importa es el producto final, no el proceso. A veces, la gente siente un trasfondo de culpa por tomarse tiempo en hacer cosas que llenen sus baldes, como si alguien fuera a juzgarles por divertirse o por pasar tiempo haciendo algo *para sí mismos* en vez de para los demás. Esto es especialmente cierto en aquellos que trabajan en campos que tienen que ver con la caridad.

Pero este pensamiento es contraproducente. Cuando tu depósito está vacío, no tienes nada que ofrecer a nadie. No puedes dar lo que no tienes. Comprometerse con actividades reponedoras no es una forma de entretenimiento egoísta; es vital para el objetivo final de vivir lo mejor posible tú única vida. No te disculpes por eso. Prioriza y protege esas fuentes de aprovisionamiento en tu vida.

Cuando te agotas, es tentador empezar a buscar alrededor a alguien que te empuje. Pero permíteme que te diga con claridad cristalina: es *tu* responsabilidad rellenar tu balde; ni de tu jefe, ni de tu personal, ni de tu iglesia, ni de tu equipo, ni de tu cónyuge. Es tu propia responsabilidad mantener tu balde lleno, identificar las fuentes de aprovisionamiento de energía que te sacarán de un estado de agotamiento hacia el lugar donde tu depósito esté lleno hasta el borde y rebose.

Examinemos cinco fuentes para llenar tu balde.

CINCO CLAVES PARA EL APROVISIONAMIENTO

Conectarse con Dios

Sin duda habrás visto la pintura más famosa de Miguel Ángel en el techo de la Capilla Sixtina, *La creación de Adán,* en donde retrata a Dios y a Adán con las manos extendidas el uno hacia el otro. Dios está inclinado, cargando hacia Adán, y Su dedo casi toca la mano de Adán, que está más relajado, no tan empeñado en su misión.

La misma mano del cielo tratando de alcanzar la mano del hombre.

Ahora, imagina la mano de Adán extendida otros quince centímetros, agarrando firmemente la mano de Dios y aferrándose a ella con fuerza. Esa imagen captura el aprovisionamiento más grande de mi vida: *estar firmemente agarrado a Dios.*

Cuando siento el amor de Dios... es la dinámica más reponedora de mi vida.

Cuando siento el amor de Dios, cuando el Espíritu Santo burbujea en mi espíritu, cuando converso con Él a lo largo del día, escuchando Sus susurros, intentando estar presente y respondiéndole —cuando realmente estoy en una relación en sintonía con Dios—, es la dinámica más reponedora de mi vida.

A veces solo con que Él hable una frase o dos a las profundidades de mi corazón puede cambiar mi día completo. *Lo estás haciendo bien, Bill. Estoy orgulloso de ti.* ¡Eso significa muchísimo para mí! En ocasiones una frase de ánimo de Dios en medio de un día duro puede llenar mi balde de un 25 por ciento hasta un 75.

Cuando estoy conectado realmente con Dios, me siento mucho menos preocupado por las opiniones de otras personas o por sus planes y expectativas para mi vida. Permanezco más rápidamente en las prioridades de Dios. Soy capaz de recordarme: *Eh, no necesito cumplir con la agenda de nadie más, porque tengo mi mano en la de aquel cuyos planes y propósitos conforman mi vida.*

Estar bien y en sintonía con Dios, caminando cerca de Él, simplifica mi vida. Filtra todo el ruido de cualquier otro que demande mi atención.

Tal vez nunca hayas conectado con Dios, para empezar. Si siempre has sentido en algún lugar de lo profundo de tu ser que hay algo más en la vida, te animo a que extiendas tu mano hacia Él. Él te ama, y agarrará cualquier mano humilde que se dirija a Él. Quizá llevas mucho ocultando tu mano de Él, y hoy es el día que necesitas para disculparte por tu rebeldía, sacar la mano y decir: «Dios, te necesito en mi vida». Él se convertirá en esa fuerza reponedora para ti. El toque poderoso de Dios en una vida humana es un elemento de cambio. Lo ha sido para mí. Puede serlo para ti.

Si no tienes el hábito diario de buscar la mano de Dios y escuchar Sus prioridades, deja que te ofrezca un desafío: encuentro un lugar de tu casa —para mí, es una mecedora de madera junto a la chimenea— y siéntate allí durante quince minutos al día, conectándote con Dios. Lee Su Palabra, ábrele tu vida y escucha Sus susurros. Cuando estés en esa silla y en una relación correcta con Dios, eso afianzará tu identidad. Simplificará tu agenda. No te sentirás tan tentado a salir corriendo para hacer todas esas cosas que le importan un pimiento a Dios.

Así que es hora de sentarse. Empieza por ahí.

Hay muchas otras vías que pueden ayudarte a conectar con Dios. El libro de Gary Thomas *Sacred Pathways: Discover Your Soul's Path to God* [Senderos sagrados: Descubre el camino de tu alma hacia Dios] describe diez «senderos espirituales» que ayudan a los seguidores de Cristo a expresar su amor por Dios.[4] Muchos de nosotros usamos más de un sendero para aumentar nuestra conexión directa con Él. ¿Te conectas mejor con Dios a través de la soledad? ¿A través de la naturaleza? ¿A través de la tradición, de amar a los demás, de la música? Al descubrir el sendero espiritual que encaja mejor con tu temperamento singular, podrás mantener con más facilidad tu estrecha relación con Dios. Si no estás seguro de cómo conectar con Dios, usa parte de tus quince minutos en la silla, como describí arriba, para explorar tu relación con Él de un modo que concuerde con cómo Él se comunica contigo.

Pasar tiempo con Dios cada día es el antídoto a un ladrón de energía en particular: *la gestión de la imagen.* Muchos de nosotros consumimos exorbitantes cantidades de energía de nuestros baldes custodiando sin descanso nuestra imagen personal: *Tengo que estar guapo por tal y tal. Tengo que hablar bien delante de esta persona. Tengo que producir esto y aquello para esa persona.* Cuando estamos conectados con Dios y estamos seguros de nuestra identidad como Sus hijos e hijas, podemos gastar toda esa energía en cosas que cumplan con el plan de Dios para nuestras vidas, en vez de en la gestión de la imagen. La vida es más sencilla cuando solo hay un compromiso que cumplir: el de Dios. Para mí, la primera prioridad en mi ritmo diario, semanal, mensual y anual es estar estrechamente conectado con Dios en lo que me sea posible. De lejos, este es el regenerador más grande de mi vida.

Familia

Un segundo regenerador —y este también me resulta enorme— es la familia. Para cada uno de nosotros la familia es una cosa diferente. Para mí, la familia es mi esposa, mi hijo, mi hija, mi yerno y mis nietos. Y estés casado o soltero, tienes a la «familia» de amigos que has reunido a tu alrededor, gente que Dios ha traído a tu vida que te son familia. Estas relaciones son importantes regeneradores.

Mi familia no me es una carga. ¡Ni mucho menos! Mi esposa y mis hijos me llenan, y ahora tengo dos nietos que reponen mi balde hasta rebosar. Cuando estoy profundamente conectado con mi familia, estas relaciones reaniman mi balde. En un día cualquiera, intercambio correos electrónicos con Todd, nuestro hijo que vive fuera del estado, y mando mensajes de texto a nuestra hija, Shauna, y a su marido, Aaron, al mismo tiempo que intercambio mensajes y llamadas con Lynne. Incluso cuando Lynne o yo viajamos fuera del país, permanecemos conectados estrechamente. Amo a mi familia, y ellos restauran mi alma. Aun cuando tenemos algún

Cuando estoy profundamente conectado con mi familia, estas relaciones reaniman mi balde.

conflicto ocasional —como ocurre en todas las familias—, esta gente no me agota. Arreglamos las cosas y volvemos a la rutina.

La familia es una de las mayores bendiciones de mi vida. Yo edifico a los miembros de mi familia, y ellos me edifican a mí. Tenemos a un nuevo chico revoloteando por nuestra familia estos días: nuestro nieto más pequeño, Mac, que tiene dos años. Este niño ha traído muchísima alegría a mi vida. Antes de ser abuelo, no podía prever... lo mucho que me eso cambiaría. Pero mis nietos han demostrado ser unos grandes regeneradores de mi vida.

Me alegra que cuando Lynne y yo hacemos de canguro ayudamos a Shauna y Aaron, pero, sinceramente, lo hago por mí. ¡Mis nietos me llenan! Estoy con ellos tan a menudo como puedo. El Salmo 127.3 dice: «Los hijos son un regalo del Señor».[5] Si estoy demasiado ocupado para mis propios hijos y mis nietos, entonces estoy demasiado ocupado. Ellos deben ser una parte importante de mi vida, y yo quiero ser una parte importante en la de ellos.

No todas las relaciones familiares son regeneradoras. Los sistemas familiares son complejos, y requieren intencionalidad. Quizá es tiempo de enmendarse con algunos miembros de la familia para hacer que su relación regrese al punto en que es reponedora en vez de ser agotadora. Las relaciones son difíciles, y si las tuyas no te aportan vida, puede que tengas trabajo que hacer cuando ahondemos en este tema en los capítulos 5 y 7. Pero por ahora, piensa en cómo puedes hacer de tu familia una vivificadora fuente de aprovisionamiento.

Trabajo satisfactorio

Otra clave regeneradora para mí es un trabajo satisfactorio. Adoro mi trabajo. Cada vez que pongo el pie en nuestro campus en Willow Creek me genera energía. Estoy rodeado de líderes dotados y apasionados que son estupendos en lo que hacen. Tengo un equipo fantástico que me informa directamente a mí. Tenemos un amplio equipo de liderazgo de unas veinte personas que dirigen al resto de personal y los distintos ministerios que tenemos. Y tenemos una junta de ancianos de primera clase. También trabajo con la junta y el equipo de liderazgo de Willow Creek Association. Y tengo una asistente ejecutiva, Jean, cuya alegría es descaradamente contagiosa y cuyas habilidades igualan o superan a las de cualquier asistente ejecutivo del planeta.

El rey Salomón lo explica bien, en mi opinión: «Es bueno y apropiado que la gente encuentre satisfacción (regeneración) en su trabajo».[6]

Amigo, la vida es corta. Si tu trabajo te roba la vida semana tras semana, año tras año, nunca serás capaz de mantener lleno tu balde de energía. Arrodíllate todos los días y ora: «Dios, ayúdame a cambiar mi actitud frente a este trabajo o ayuda para que mi trabajo cambie. Ayúdame a cambiar departamentos, a cambiar empleados o a cambiar carreras».

La vida es corta. Si tu trabajo te roba la vida nunca serás capaz de mantener lleno tu balde de energía.

Si tu trabajo te consume una y otra vez, quizá no estés en la vocación adecuada.

Créeme, sé que este es un tema muy complicado. En la economía actual, no abandonas y dejas tu trabajo, simplemente. Lo entiendo. Y tal vez el trabajo que satisfaría tu alma y llenaría tu balde no trae el dinero que necesitas para mantenerte a flote en esta época. Pero evalúa espiritualmente lo que de verdad importa. ¿Cuáles son tus necesidades frente a tus deseos? Comienza pidiéndole a Dios que te dirija a una vocación que traiga la provisión que necesitas y que también llene tu balde.

Puedo contarte innumerables historias de amigos que se alejaron de lucrativos empleos en el mercado para cobrar menos y con incentivos más bajos, poniendo sus manos en el arado de un trabajo que les traía profunda satisfacción. Tenemos mucha de esa gente como empleados en Willow. Ahora mismo camino junto a un amigo que acaba de vender su mansión y ha mudado a su familia a un alquiler cercano. Ha dejado un negocio de altos ingresos para asistir al seminario, y su familia le está ayudando a seguir el susurro de Dios de perseguir una carrera que llene su balde de un modo que su enriquecedor trabajo en el mercado no lo hacía.

Cuando veo a gente que constantemente está llena, a menudo descubro que están bastante satisfechos con lo que hacen vocacionalmente. Dios, debido a Su amor por ti, amaría un trabajo que llenara el balde, y no uno que lo vaciase. Creo que puedes confiar en Él para esto, en Su sabiduría y en Sus tiempos.

Recreación

El cuarto regenerador fue un área problemática para mí durante los primeros quince años de ministerio en Willow Creek. La época en la levantaba la iglesia y criaba a niños pequeños fue extraordinariamente intensa, y no tuve en mi vida ninguna forma de recreación. ¿Cómo iba a tomarme tiempo para salir y divertirme mientras todavía había gente lejos de Dios? ¿Mientras todavía había gente con necesidades que se debían suplir, y ministerios que requerían mi empuje direccional? ¿Mientras mi familia necesitaba tanto de mí?

Dios quiere que re-crees la energía y la vitalidad para que tengas mucha que ofrecer a los demás.

Esa clase de ideas casi me ponen al límite. Permití vaciarme tanto que no podía encontrar el modo de salir. Terminé en la oficina de un consejero cristiano, y él me animó a hacer cosas que me regeneraran… y a hacerlas regularmente. Me desafió para que encontrara una forma de recreación que vivificara mi alma. Y así fue como me hice a la mar. Estar en el agua derrama enormes cantidades de aprovisionamiento a mi balde.

Al principio fue duro. Le decía a mi consejero que me sentía horrible siendo un pastor que se iba a pasear en bote en un mundo donde la gente seguía siendo pobre y donde había un montón de ellos que no iban de camino al cielo. ¿Qué derecho tenía a estar en la mar?

Este consejero me ayudó a entender el corazón de Dios de un modo diferente. Me ayudó a comprender que la recreación significa *re-crear* energía y vitalidad en tu persona interior. Solía decir: «Bill,

Dios quiere que re-crees la energía y la vitalidad para que tengas mucha que ofrecer a los demás».

Así que navego con veleros y me rodeo de marineros, y saboreo la espuma del agua, el sonido de las olas y el tacto del viento en mi cara. Hace poco mi nieto Henry y yo tomamos nuestra barca de remos de ocho pies y corrimos una pequeña aventura en South Haven, Michigan. Exploramos la orilla del río Black y descubrimos al menos una docena de tortugas. Fabricamos recuerdos que no olvidaré fácilmente. Cuando regreso de pequeñas excursiones como esa, estoy rebosante.

¿Qué hay de ti? ¿Qué te llena? ¿Leer, cocinar, jugar al golf, la jardinería, irte de acampada, coleccionar sellos? Sea lo que sea, necesitas encontrar algo que re-cree tu energía y tu vitalidad, y debes adoptarlo como una fuente regular de regeneración en tu vida. Necesitas la regeneración de la recreación para mantenerte lleno.

Para mí, son los barcos. Y solo para que conste, creo que es algo bíblico:

> Cuando Jesús recibió la noticia, se retiró él solo en una barca a un lugar solitario.[7]

Así que ya ves, ¡Jesús era de los míos! Estoy en buena compañía. Siéntete libre para jugar al golf, o escalar unas rocas, o cuidar del jardín, o cualquier cosa que te llene, ¡pero yo me quedo con lo que hacía Jesús!

Ejercicio

La actividad reponedora final que llena mi balde de energía es el ejercicio. Durante mucho años he hecho del ejercicio una parte significativa y regular de mi vida. Vengo de una herencia genética que no ha sido muy amable con los varones Hybels. Mi padre murió de un ataque al corazón con cincuenta y cuatro años, cuando yo acababa de cumplir los veintisiete. Perderlo con veintitantos me dejó asolado, y haré todo lo que pueda para evitar que mis hijos pasen por la experiencia que tuvimos mis hermanos y yo.

Hace años hice un compromiso con la buena salud. Correr, levantar pesas, dormir adecuadamente y comer cosas saludables son la norma para mí. Y aunque hice ese compromiso con el propósito de la salud física, he descubierto que estas actividades también estimulan mi salud mental y mis reservas de energía de un modo que supera con creces la cantidad de tiempo y la inversión que me suponen.

Lee cualquier estudio acerca del tema de lo que añade energía y vitalidad a tu vida y verás que la mayoría de expertos coinciden: los patrones de ejercicio y de buen descanso suponen un incremento de un 20 por ciento de energía en un día, una semana y un mes normal. *Un incremento de un 20 por ciento de energía.* Si no te motiva hacer ejercicio por la salud física, hazlo como un modo simple y efectivo de incrementar tu energía; y con ello, tu calidad de vida global.

La dieta también maximiza mis niveles de energía. Debido a la historia coronaria de mi padre, siempre he sido cauteloso con la ingesta de colesterol, alejándome del abuso de la carne roja, el queso, etc. Pero en los últimos años, en gran parte debido a la influencia de Shauna, Aaron y Lynne, he manipulado un poco la sana costumbre de comer sano. He estado haciendo una versión Hybels de la dieta paleolítica: en gran parte, comer solo fruta, frutos secos, verduras, pequeñas porciones de carne y cosas así. La diferencia en mis niveles de energía ha sido notable. Si peleas con la falta de energía, especialmente por la tarde, te recomiendo imperiosamente que aumentes la salud en tu dieta.

Maximizar tu energía precisa algo más que comer las comidas adecuadas; también requiere comer a intervalos correctos. Jack Groppel es experto y pionero en la ciencia del rendimiento humano y una autoridad en *fitness* y nutrición. Escribió un libro llamado *The Corporate Athlete* [El atleta corporativo], que habla de la energía como la divisa fundamental de las organizaciones.[9] Trajimos a Jack para que formase a nuestro equipo en el tema de la gestión de la energía hace unos años, y eso cambió el modo en que todos vemos la inversión de nuestra energía. Cambios sencillos, como consumir alimentos nutritivos envasados en el trabajo cuando la energía baja, han ayudado a que nuestro equipo tenga llenos los baldes de energía.

No es muy emocionante hablar de dormir adecuadamente, pero es fundamental para aumentar tus reservas de energía. Cuando viajo al extranjero, el *jet lag* me mata. El coste lo merece —adoro el trabajo que hago con pastores y líderes mundiales—, pero tiene grandes repercusiones en mis niveles de energía durante y después de cada viaje. Cuando llego a casa vivo de primera mano por qué los expertos insisten en que los patrones de sueño importan. En lo que me es posible, tengo la prioridad de comprometerme en casa con patrones de sueño regulares.

Mis mayores estallidos de energía suceden por la mañana, así que para mí irme a la cama a una hora decente no es negociable si quiero maximizar las horas más productivas de mi día. Si eres una persona nocturna y ves que piensas y produces mejor entrada la noche, ajusta tu agenda para poder dormir más por la mañana. Identifica tus mejores horas del día y modifica tu rutina diaria de acuerdo con ellas.

Aprende cómo llenar tu balde y mantenlo lleno. Dios te creó para vivir tu vida con las reservas de energía llenas hasta los topes.

COMIENZA CON UN BALDE LLENO

En los próximos capítulos, mientras evalúes prácticas clave para simplificar tu vida, será esencial que primero corrijas el rumbo para pasar de exhausto a vitalizado. Ese es el punto de partida. El agotamiento tiene que parar, amigo. Cuando estás al fondo de tu balde vacío, eres peligroso. Vivir de ese modo tiene consecuencias para tu matrimonio, tus hijos, tu equipo y tus compañeros de trabajo. Ellos lo saben, tú lo sabes. Puedes sentirlo también. Estás en una rutina, y es difícil salir de ella. Si has pasado mucho tiempo en el fondo de tu balde, no estás viviendo del modo en que Dios te diseñó. Él diseñó un futuro mejor para ti.

Aprende cómo llenar tu balde y mantenlo lleno. Dios te creó para vivir tu vida con las reservas de energía llenas hasta los topes. Así nos creó a todos. Mi oración para ti es que claves una estaca en el suelo que diga: *Se acabó vivir vacío. Se acabó estar en un estado agotado.* Espero que tengas la clase de humildad y convicción que se necesita para señalar el día de hoy como aquel en que *terminó* para ti una vida vacía.

Sé creativo. Motívate para encontrar las actividades que comenzarán a derramar vida en tu balde vacío. Nadie puede hacer esto por ti. Es tu vida. Es tu futuro. Estás en el camino correcto, y te admiro.

Siéntete libre para comprometerte con los Pasos de Acción de más abajo con un amigo o dos, o incluso con un grupo pequeño, mientras autoevalúas tu paso de exhausto a vitalizado. A menudo nuestros amigos nos devuelven valiosos puntos de vista, mostrándonos cosas que no podemos ver por nosotros mismos. Es más probable que aquellos que te conocen mejor sean los que te ayuden a descubrir patrones y tendencias que mantienen vacío tu balde. Asimismo, en compañía de amigos puede ser divertido compartir ideas acerca de actividades que te refrescarán.

Serás una mejor persona cuando vivas al máximo de tu balde de energía. Cumplirás los mandatos de Dios con más entusiasmo. Amarás con más eficacia. Y dejarás un legado para tu familia cuando vivas con el balde repleto.

PASO DE ACCIÓN: HAZ UNA VALORACIÓN HONESTA

El primer paso para aprender a llenar tu balde es hacer una valoración seria de dónde estás ahora.

En tu diario o en un trozo de papel, dibuja un balde y marca una línea donde creas que está ahora tu nivel de energía. Sé realista. ¿Estás lleno? ¿Estás a la mitad? ¿A un cuarto? ¿Estás agotado? No te mientas. Sé honesto. (Si tu reacción instintiva a esta tarea es «Vete a tomar viento fresco, Hybels. No voy a hacer eso», entonces sé dónde está tu línea: ¡estás agotado!)

Una vez hayas marcado tu nivel de energía en el balde, pregúntate: «¿Por qué he permitido quedarme así de agotado? ¿Qué me está dirigiendo, *realmente*?». Pídele a Dios que te dé visión acerca de lo que hay debajo de tu propensión a vaciarte. Cuando vives de esta manera, ¿qué ansia interior estás saciando que debería ser alimentada de un modo más sano? ¿Hay alguien a quien estés intentando complacer? Si esta clase de introspección reflexiva te cuesta, pídele a un amigo de confianza o a un consejero cristiano que te ayude a tomar perspectiva.

■ ■ ■

PASO DE ACCIÓN: DISEÑA UN PLAN DE APROVISIONAMIENTO A MEDIDA

El segundo paso para llenar tu balde —y esto es divertido, pero no sencillo— es diseñar un plan de aprovisionamiento que se ajuste a ti.

El plan para rellenar el balde será distinto para cada persona. A todos nos llenan diferentes fuentes de aprovisionamiento. No te preocupes por lo que le funciona a otra gente. Simplemente diseña un plan que se ajuste a ti.

¿Cuáles son las personas, dinámicas, actividades y compromisos regeneradores que siempre te llenan cuando tienes un poco bajo el depósito? ¿Qué cosas funcionan solo para ti?

No te preocupes todavía por cómo encajar esto en tu todavía repletísima agenda. Ya lidiaremos con eso en el próximo capítulo. Por ahora, imagina un día claro en el que tu tarea no es más que hacer lo que te convenga: las cosas que más te alegran, la sensación más profunda del placer de Dios en tu vida. Puede que sean aventuras que nunca has hecho antes pero que quieres probar. Puede que sean actividades de las que solías disfrutar pero que dejaste de lado. ¿Cuáles son?

Para estimular tu pensamiento, échale un vistazo a mis cinco mejores regeneradores: conectar con Dios, tiempo con la familia, un trabajo satisfactorio, recreación y ejercicio. ¿Todas o alguna de ellas te suena a cierta? Siéntete libre de añadir tus propios regeneradores, completamente diferentes de los que me funcionan a mí.

Después, ojea tu lista y elige uno o dos regeneradores que puedas comenzar mañana; uno que puedas hacer para el fin de semana; y uno que intentes para finales de mes. La cuestión no es llenarte rápidamente, sino más bien acostumbrarte a comenzar el hábito de priorizar las fuentes de aprovisionamiento que insuflan vida a tu alma y dejan tu balde lleno. No hay atajos. El cambio comienza con pasos pequeños y diarios. Empieza ahora.

Capítulo dos

De sobreprogramado a organizado

Aprovecha el poder de tu calendario

Cuando completaste los Pasos de Acción del capítulo 1, identificaste las actividades que vierten energía emocional, espiritual y física en tu vida.

Pero mientras miras tu agenda actual, puede que estés pensando: *Muchas gracias, Bill. Suena bien en teoría, ¿pero cómo cuelo estas «fuentes de aprovisionamiento» en mi ya apretada agenda?*

¡Gran pregunta! Y no estás solo. No importa en qué parte del mundo esté, siempre escucho una queja común:

«Tengo muchas cosas en la agenda».

«No tengo tiempo».

«Estoy demasiado ocupado».

Lo escucho de un chico sentando junto a mí en el avión y de la gente con la que hablo en la iglesia. Lo escucho de amigos, vecinos y compañeros de trabajo. A veces lo oigo de mis propios labios. Decimos esas palabras tan a menudo que nos volvemos inmunes a lo repetitivos que sonamos. Nuestras agendas están tan apretadas que no podríamos ni deslizar una cuchilla entre las citas. No tenemos espacio para movernos, ni margen, ni un momento de sobra: y mucho menos una hora, un día o una semana.

Casi alardeamos de ello, ¿no es verdad? Nos hace sentir importantes. *Estoy demasiado ocupado para hacer esto o aquello. No tengo tiempo. Más compromisos urgentes.* Alimenta algo poco saludable en nosotros, y el costo es serio.

Un calendario desbocado evitará que simplifiques tu vida. Te mantiene como rehén de cosas tangibles —reuniones, citas y proyectos—, sin darle la adecuada prioridad a las intangibles: en quién te estás convirtiendo, tus relaciones con familia y amigos, tu conexión con Dios. Sin una intervención consciente, este patrón de sobreprogramación crónica garantiza que las prioridades que más te importan estarán subordinadas a las prioridades urgentes de los demás todo el tiempo.

TOMAR LAS RIENDAS

A menudo, cuando la gente describe sus vidas sobreocupadas, lo cuentan como si la sobreprogramación les hubiera *ocurrido* de forma involuntaria, como si no tuvieran elección. «No es *mi* culpa. Es culpa de mi jefe. Es culpa de mi familia. Es culpa de mis compañeros». Realmente creen que son simples víctimas de las mismas responsabilidades y compromisos a los que dicen que sí.

Noticias frescas: *tú* eres el jefe de tu agenda. Es tu responsabilidad tener el mando de tu calendario… y debes hacerlo para simplificar tu vida.

Mucha gente que conozco hace lo mejor que puede para controlar el caos. Pero a pesar de sus valerosos intentos, se ven pocos cambios en sus vidas. Sin duda tú también habrás tratado de simplificar tu vida sobreprogramada. Compraste un nuevo planificador. Instalaste una nueva aplicación de calendario en tu teléfono. Asististe a una charla sobre gestión del tiempo o escuchaste un audiolibro sobre cómo ser más organizado. Incluso te las arreglaste para sincronizar tu calendario de trabajo con el de tu casa, tratando de unirlo todo en un único sistema, esperando que eso resolviese el problema. Pero volver a mezclar la misma baraja solo te ofrecerá las mismas cartas ocupadas.

¿Y si tomas las riendas de tu calendario desbocado? ¿Y si conviertes tu agenda en una poderosa herramienta que te ayude a vivir tus prioridades finales?

Una vida simplificada comienza con horas bien invertidas cada día. Puedes aprovechar el verdadero poder de tu calendario rellenando cada cuadrado *holísticamente*, dejando espacio tanto para actividades de fuera como para prioridades internas de tu vida. Tu calendario es más que un simple organizador de lo que hay que hacer; es la herramienta primordial para ayudarte a convertirte en quien quieres ser.

Una vida simplificada comienza con horas bien invertidas cada día. Puedes aprovechar el verdadero poder de tu calendario.

SI DIOS ESTUVIERA AL MANDO

Un par de años después de convertirme en cristiano a los diecisiete, un chico mayor de mi iglesia comenzó a pasar tiempo conmigo como mentor. Le admiraba como esposo, padre y hombre de negocios, y estaba muy agradecido por su tiempo y atención. Un día me llevó a comer y abordó el tema de la gestión del tiempo.

«Los seguidores de Cristo deberían pensar de una manera totalmente diferente en el tiempo», me dijo. Me explicó la enseñanza de Pablo en el libro de Efesios, donde dice: «Así que tengan cuidado de su manera de vivir. No vivan como necios sino como sabios, aprovechando al máximo cada momento oportuno».[1]

Debo admitir que desde mi perspectiva juvenil en aquel momento, la vida parecía abundantemente larga y el futuro, muy lejano. ¿Por qué era tan importante *aprovechar al máximo cada momento*?

Tal vez mi amigo se dio cuenta de que no lo estaba pillando. Casi al final de nuestra comida, me miró a los ojos y dijo: «Esta es la pregunta que quiero dejarte: ¿cómo pasarías tu tiempo si Dios estuviera al mando de él?». Con eso, dejó un billete de veinte dólares sobre la mesa, dijo adiós y se marchó.

Me quedé sentado solo en la mesa del restaurante con su pregunta resonando en mi cabeza. Hasta ese momento de mi vida, yo había sido el jefe indiscutible de mi tiempo. Iba a la escuela, iba al trabajo, quedaba con amigos, salía con chicas: hacía lo que quería cuando quería hacerlo. Pero cuanto más sopesaba la pregunta de mi mentor, más me exasperaba.

Le pedí a la camarera un papel y un lápiz, y escribí la pregunta: *¿Cómo sería mi agenda si Dios estuviese al mando de ella?*

Esta idea era un concepto totalmente nuevo para mí. Nunca lo había pensado antes. Pero aquella cita para comer inspiró en mí una disciplina para toda la vida. Desde aquel día he estado haciéndome esta pregunta: *¿Cómo quiere Dios que pase el tiempo hoy?*

Mucha gente que lleva vidas fascinantes mantiene agendas muy extrañas.

Las agendas —las mías y las de los demás— me fascinan. De hecho, hace unos años esa fascinación me impulsó a estudiar cómo Jesús invertía Su tiempo. Busqué en los evangelios para ver qué podía aprender de Su agenda diaria, semanal y mensual —incluso anual—, manteniendo las tradiciones de Su fe judía. Lo encontré muy interesante.

También he estudiado las agendas de grandes líderes de la historia. Mucha gente que lleva vidas fascinantes mantiene agendas muy extrañas. ¿Sabías que Winston Churchill trabajaba una considerable cantidad de tiempo desde la cama? A menudo se quedaba despierto hasta las 2 o las 3 de la mañana y después se iba a dormir, despertándose a eso de las 7 y trabajando en la cama hasta las 11 o el mediodía. Dado el papel de Churchill en la historia, pocos podrán cuestionar la efectividad de esta excéntrica agenda en un excéntrico líder mundial.

Leonardo da Vinci era conocido por tomarse siestas de dos horas siempre que se encontraba cansado, sin importar la hora del día, para no tener que «desperdiciar» ocho horas seguidas durmiendo por la noche. Su agenda diaria estaba interrumpida continuamente por estos arranques de sueño. El patrón de sueño polifásico de Leonardo se conoce como «el sueño del genio».

Thomas Edison, también, era un potente durmiente de siestas. Colocaba catres por su casa y su laboratorio estratégicamente para dar cabida a sus siestas de veinte minutos a lo largo del día.

Estos líderes y otros muchos —como Benjamin Franklin, Nikola Tesla, Thomas Jefferson y Napoleón Bonaparte— utilizaban una agenda polifásica para maximizar sus horas de vigilia.

Lo que aprecio de estos ejemplos —y lo que espero que tú apliques a tu propia vida— es que estas personas experimentaron con sus agendas hasta dar con una fórmula que les funcionara realmente. No trataron de meterse con calzador en una agenda «normal» que se pareciera a la de cualquier otro. Ellos lo comprendieron: *Mi ritmo no tiene por qué irle a bien a nadie más que a mí.*

Mis horas más productivas son por la mañana, cuando estoy bien descansado y tengo la mente fresca. Hace varios años hice un cambio en mi agenda para sacar provecho de esas primeras horas del día... ¡y desearía haber hecho ese cambio décadas antes!

Para permanecer centrado espiritualmente... debo proteger esas horas matutinas ininterrumpidas de paz y quietud y someterlas a Dios.

Cuando entro en el campus de nuestra iglesia y me dirijo a la oficina, se convierte en una carrera. Reuniones, llamadas de teléfono, correos electrónicos y citas pueden devorar cada momento de mi día. He aprendido esto de mí: para permanecer centrado espiritualmente, para estar a tono con los susurros de Dios, para ser capaz de escuchar *Su* guía para mi día, en vez de la mía o la de cualquier otro, debo proteger esas horas matutinas ininterrumpidas de paz y quietud y someterlas a Dios.

Cada mañana, a eso de las 5:30, me levanto de la cama y me pongo directamente de rodillas para orar. Si no lo hiciera, tengo tendencia a distraerme «haciendo algo» y nunca regreso a la oración. Después de orar, paso tiempo en mi silla favorita, o en el tranquilo escenario del despacho de casa, donde abro la Palabra de Dios e invito a su sabiduría a mi alma. Escribo en mi diario, me hago duras preguntas sobre mis acciones, mis palabras, mis relaciones, mi carácter. ¿Qué patrón de pecado está iluminando Dios en mí que exija confesión y cambio? ¿Qué relaciones necesito reparar? ¿Dónde me está invitando a crecer Dios? ¿A qué oportunidades quiere Él que diga que sí? ¿De qué me está diciendo que pase? ¿Dónde está elogiándome por un trabajo bien hecho?

Esas horas tempranas de la mañana son las más fructíferas del día. La soledad ininterrumpida aclara mi espacio mental para la preparación del sermón, el aprendizaje activo y la visualización del cuadro global. Una vez llena mi alma por haber pasado tiempo con Dios, pongo las manos en el arado y comienzo el día de trabajo.

No me dirijo a la oficina hasta las 11 de la mañana. Para entonces, ya he invertido varias horas en prioridades internas que de otro modo quedarían de lado por las actividades del día. Y ya he hecho una gran cantidad del trabajo del día antes de poner el pie en la oficina. Esta agenda me funciona. No es una rutina tradicional de 9 a 5, pero funciona.

¿Tu agenda actual te funciona?

¿De verdad?

Si no lo es, te toca encontrar una agenda que te funcione. Puede que no tengas el lujo de un horario laboral flexible, lo que significa que tienes que ser creativo con tu tiempo libre para que tus prioridades personales no reciban un golpe. Yo soy de la opinión que la preparación consciente de tus calendarios diarios y semanales es una de las empresas más sagradas que puedes emprender. Bocetar una agenda nueva, proactiva y holística equivale a escribir todo un nuevo guión para la siguiente etapa de tu vida. Tu calendario juega un papel crítico a la hora de determinar en qué te convertirás como persona, como seguidor de Cristo, como miembro de familia y amigo. Tiene el poder de cambiar la trayectoria de tu presente y de tu futuro. Creo en el fondo de mi corazón que cuando te sientes y reescribas tu agenda estarás tomando decisiones con mayores implicaciones de las que puedes imaginar.

En este momento de mi vida, con casi cuatro décadas de trabajo de iglesia a mis espaldas, todavía estoy aprendiendo que mi agenda trata menos de lo que quiero hacer y más de *en quién quiero convertirme.* Te lo voy a repetir: mi agenda trata menos de lo que quiero hacer y más de en quién quiero convertirme.

¿Cómo planea la gente sus agendas? Agarran sus calendarios y comienzan a añadir todas sus citas: dónde tienen que estar, y cuándo, para evitar perder su trabajo u olvidarse de recoger a los niños en el campo de fútbol después del entrenamiento. Después de haber dado cuenta de todo por lo que se meterían en problemas si se olvidaran o descuidaran cumplir, meten con calzador la lista siguiente lista de tareas más urgentes. Con un poco de suerte, todavía les quedará tiempo para encajar algo de sueño y una ducha y quizá una comida o dos con la familia.

La preparación consciente de tus calendarios diarios y semanales es una de las empresas más sagradas que puedes emprender.

Al final de un buen día, si han acudido a todas las citas y lo han tachado todo de la lista de tareas, caen en la cama y oran: «Dios, ayúdame a sacar esto otra vez adelante mañana».

Una confesión: así era como organizaba mi agenda durante la secundaria, la universidad, mis años en el negocio familiar e incluso en los primeros tiempos de Willow Creek.

Existe un modo mejor de hacerlo.

UNA NUEVA MANERA DE RELLENAR LAS CASILLAS

Si no hubiera sido por una pequeña niña llamada Shauna, que robó mi corazón el día que nació, puede que todavía siguiera planeando mi agenda alrededor de las urgencias y las expectativas de los demás. Pero una noche en los primeros tiempos de nuestra iglesia, cuando Shauna tenía solo tres años, ella me siguió hasta la puerta cuando me dirigía hacia otra reunión. Cuando me incliné para darle un beso de despedida, ella me miró con sus ojos azules y brillantes y me hizo una pregunta, no con enfado, sino por pura curiosidad: «Papi, ¿te vas a ir de nuevo esta noche?».

«*Ir... de nuevo... esta noche*».

Con esas pocas palabras sencillas el enfoque de mi agenda se desmoronó. Sentía cómo crecía la tensión en mi interior mientras conducía hacia la iglesia y comencé a preguntarme: *¿Por qué exactamente me voy de nuevo esta noche?*

¿Cómo sería tu agenda si Dios estuviese al mando de ella?

Bueno, la respuesta era sencilla: la reunión de aquella noche estaba en mi agenda, del mismo modo que la reunión de la noche anterior y la de la noche siguiente. Debían ser reuniones importantes o no habrían tenido cabida en mi calendario, ¿cierto?

Y entonces, lo creas o no, por primera vez en mi vida me di cuenta: *¿Y si mi agenda semanal también incluyera mis responsabilidades de fuera del trabajo?* Para mí esa idea era revolucionaria. ¿Cómo de holística sería (o podría ser) mi agenda? ¿Debería contener solo cosas de trabajo y de logística, o debería ser más extensiva?

Mientras entraba en el aparcamiento de Willow, me pregunté: *¿Estoy mirando esto desde la perspectiva correcta o no?*

Y después vino el argumento irrebatible: *¿En qué medida involucro a Dios, la oración y la sabiduría del Espíritu Santo cuando planifico mi agenda? ¿Estoy intentando producir más trabajo y embutir más actividad en el mismo número de horas cada día?* Pensé de nuevo en aquella comida que tuve con mi mentor unos años atrás, y recordé la pregunta que escribí en un trozo de papel aquel día: *¿Cómo sería mi agenda si Dios estuviese al mando de ella?*

La mañana siguiente fui a una cafetería con un lapicero afilado y un papel en blanco en la mano, y la inocente pregunta de Shauna grabada en el corazón. Escribí una nueva pregunta: *¿Qué inversión de tiempo me llevaría ser un gran papá para esa preciosa niña?*

Para mí, esta pregunta en particular estaba cargada de dolor personal. Crecí con un padre en gran medida ausente. Sabía de primera mano lo que se sentía al ver a mi padre marcharse noche tras noche. Sabía que nos amaba a mis hermanos y a mí. Pero, para ser sinceros, las necesidades de su negocio dirigían su agenda. Shauna se merecía algo mejor. Mi hijo, Todd, que en aquel momento era solo un bebé, se merecía algo mejor.

Así que me pregunté: ¿qué inversión de tiempo me llevaría no ser un padre del montón, que simplemente se las apañe, sino uno fantástico durante los fugaces días y años en los que crecen?

Le pedí a Dios sabiduría mientras me sentaba a considerar esta cuestión, y pareció que el Espíritu me susurraba: *Cuatro noches. Cuatro noches a la semana en casa. Empieza por ahí. Puedes ajustarlo según vayan creciendo los niños. Pero para esta época, son cuatro noches.*

Parpadeé. Cuatros noches me parecían un montón, dado mi ritmo y mis responsabilidades por entonces. Algunos tipos se enorgullecen de hacer los sábados o los viernes «la noche de la familia». Una noche a la semana. ¿Pero *cuatro* noches?

Y luego vino lo que podría describir como una experiencia extracorpórea. Por dentro sentí cómo la valentía se alzaba y en aquel preciso instante lo decidí: *No me importa lo que hagan otros padres. Me importa un comino que un tipo diga que él puede ser un gran padre con solo una noche en casa, o dos. Dios me dio a Shauna y a Todd como tesoros de los que disfrutar y a los que criar. Y sé que necesito estar en casa cuatro noches a la semana si quiero ser el mejor padre que puedo ser, la clase de padre que ellos se merecen.*

Por primera vez en mi vida, escribí en mi calendario cuatro simples letras que lo cambiaron todo:

C-A-S-A.

Justo ahí, en mi calendario de trabajo, rellené las casillas de cuatro tardes y elevé *casa* a la categoría de cualquier otra reunión importante: cualquier cita de negocios o del ministerio, reunión de ancianos, reunión de junta, reunión de ministerio o reunión para la adquisición de una propiedad.

Mientras miraba mi nueva semana, el impacto y el poder de una agenda en manos de Dios me atrapó por primera vez. Al escribir una simple palabra cuatro veces en un trozo de papel y continuar después con mi nuevo compromiso, podía cambiar para siempre el destino de una niñita rubia de tres años y de su hermano de pelo rizado.

Hoy, más de treinta años después, puedo ver cómo aquella decisión crucial tuvo implicaciones *generacionales* para nuestra familia. Todavía nuestro tiempo familiar es uno de los mayores regalos de Dios para mi vida. Nuestros hijos llevan vidas repletas con Dios en el centro, y nuestros nietos están siguiendo su ejemplo, incluso a su corta edad. Estoy profundamente agradecido de que Dios me dirigiera a comenzar ese patrón hace tantos años.

Reescribir tu agenda personal conlleva implicaciones para tu futuro que probablemente no puedes imaginar todavía.

Cuando comencé a reconocer el poder de un compromiso en una página del calendario, tuve un momento de inspiración en aquella cafetería. Al incluir mis prioridades de fuera del trabajo en mi agenda laboral, estaba asegurándome de que lo más importante ya no quedara relegado en la inagotable corriente de devoradores de horas que me salían al paso casi a diario. Estaba tomando medidas proactivas contra la sobreprogramación de mi vida. Era un concepto simple, pero el impacto fue inmenso.

No sé si alguna vez has tenido un momento similar de toma de conciencia de algo tan mundano como un calendario, pero te prometo que reescribir tu agenda personal conlleva implicaciones para tu futuro que probablemente no puedes imaginar todavía.

¿EN QUIÉN QUIERES CONVERTIRTE?

La simplicidad no se puede conseguir sin tener claro el objetivo global de tu vida. Para crear una agenda que refleje tus objetivos más importantes en la vida, debes comenzar haciendo la pregunta adecuada. La pregunta no es: «¿Qué quiero hacer en los próximos treinta días?», sino «¿En quién quiero convertirme en la próxima etapa de mi vida?». Una vez respondida esta pregunta clave, los calendarios y las agendas son herramientas fabulosas para ayudarnos a conseguir nuestros objetivos vitales, tanto interpersonales como prácticos.

Hace muchos años decidí que quería convertirme en piloto. Mi padre había sido piloto privado y nuestra compañía familiar poseía aviones cuando yo era pequeño. Tenía la sensación de que volar sería para mí una de esas fuentes de aprovisionamiento vital, así que decidí aprender a volar y conseguir mi licencia de piloto.

He aquí el secreto de cómo me convertí en piloto privado: *Lo escribí en mi calendario.*

Había más cosas, por supuesto, como reservar las clases, pagarlas, presentarse y hacer el trabajo. Pero en términos sencillos, escribir «Lecciones de vuelo» en mi calendario fue el primer paso en mi compromiso de apartar un par de horas cada semana durante seis meses para tomar las clases.

Todo el mundo puede cambiar la dirección en la vida... Ese es el poder transformador de una agenda.

El proceso, realmente, no es tan difícil. Simplemente tienes que ponerlo en tu calendario, presentarte, pagar las cuotas, pasar la formación y hacer el examen. Así es como te conviertes en un piloto privado.

Y así es como puedes conseguir cualquier cambio en la vida. Todo el mundo puede cambiar la dirección en la vida, añadir o quitar prioridades y actividades, o remodelar la matriz para poner las prioridades en un orden mejor. Ese es el poder transformador de una agenda.

Un amigo mío estaba en un trabajo sin salida. No podía soportar la idea de trabajar mecánicamente década tras década en aquella compañía que entumecía el cerebro y pagaba mal. Una noche hojeaba el folleto de una universidad que le había llegado por correo y descubrió un curso nocturno en el mismo campo en el que él había soñado trabajar algún día. Se apunto para el curso y lo apuntó en su calendario. Fue a la primera clase y le encantó. Al poco, había decidido tomar una clase en ese campo todos los martes por la noche de los próximos dos años. Lo puso en su calendario.

Ciento cuatro martes por la noche después, recibió un certificado profesional en el campo de sus sueños. Pronto cambió de trabajo y se embarcó en una satisfactoria carrera llena de recompensas económicas. Hoy está felizmente jubilado. Toda su vida cambió cuando escribió «Clases nocturnas» en las casillas de los martes por la noche de su calendario, y después siguió a lo largo de dos años.

El novelista estadounidense John Grisham era un abogado que odiaba su trabajo. Quería convertirse en escritor, pero no sabía por dónde empezar. Al final, decidió comenzar por escribirse un mensaje de una palabra a sí mismo en las casillas de primera hora de la mañana de su calendario mensual: «Escribir». Grisham se dijo: «Voy a llegar al trabajo sesenta minutos antes cada día, y voy a escribir solo una página por día».

Y eso fue lo que hizo.

Empezó a levantarse una hora antes durante la semana y a presentarse en su mesa una hora antes del comienzo normal en la empresa. Empezó a escribir… y siguió escribiendo. Hoy es uno de los novelistas más prolíficos y apreciados de la actualidad. Ese es el poder de una simple palabra escrita en una agenda y puesta en práctica. Para mí, fue *Casa.* Para John Grisham, fue *Escribir.* ¿Cuál es tu palabra?

Un fin de semana, después de un mensaje que había dado en Willow, tuve una interesante conversación que demostró el poder de nuestras agendas. Hablé con un tipo que decía que estaba bastante confundido con la Biblia, y que no estaba seguro de si el cristianismo era verdad. Hizo un montón de preguntas realmente buenas, y parecía abierto de mente. Después de escucharle unos minutos, le pregunté algo que le sorprendió: «¿Llevas un calendario contigo?».

Me miró un poco escéptico, pero le hizo gracia y sacó su *smartphone.*

«¿Puedes teclear la palabra *Alpha* en tu calendario?», le pregunté. Le di la fecha y la hora de un curso impresionante que llevábamos a cabo en la iglesia, que enseñaba la esencia del cristianismo en un periodo de diez semanas.[2]

Así que el tipo introdujo «Alpha» en su calendario durante los siguientes diez domingos por la noche.

—Y prométeme que irás —le dije.

—Diez semanas… ese es un compromiso grande —dijo él.

—Así es el cristianismo —le respondí—. Así es la eternidad. Así es tu vida. Pero tú estás aquí hablando con un pastor, y creo que debes asistir a Alpha durante diez semanas. Hay mucha información sobre las grandes cuestiones de la vida, y aprenderás un montón acerca del cristianismo.

Le expliqué que se sentaría en una mesa y hablaría de estas cosas con otra gente que también estaba explorando y que tenían la mente abierta como él.

> «Ya había apartado el tiempo… así que decidí que terminaría lo que había en mi agenda».

—Es divertido —le prometí.

Porque lo era.

—De acuerdo —dijo él—. Lo comprobaré.

Y después se fue.

No volví a verle hasta nuestros bautismos de junio, casi un año después. Estaba de pie en el lago, y la siguiente persona que esperaba para ser bautizada era un hombre que me resultaba familiar y que sonreía de oreja a oreja.

—¿Me recuerdas? —me preguntó—. Soy el chico al que le dijiste que teclease «Alpha» en su *smartphone.*

—Y lo hiciste, ¿verdad?

—¡Sí! —dijo—. Así fue como ocurrió. Fui a las primeras cuatro sesiones y era duro… bastante confuso al principio. Un montón de información nueva. Casi me largo. Pero ya había introducido «Alpha» en mi calendario. Ya había apartado el tiempo, y solamente me faltaban seis sesiones, así que decidí que terminaría lo que había en mi agenda.

Allí en el agua, de pie junto a mí, se emocionó un poco.

—El siguiente domingo por la noche —dijo— hice algunas preguntas más, y algunas de las piezas de puzle que no había entendido hasta entonces comenzaron a encajar. Después de aquella noche se convirtió en algo emocionante, y al final de aquellas diez semanas sabía en mi corazón que el cristianismo es absolutamente verdad y que necesitaba comprometer mi vida a Jesucristo. Cosa que hice.

Después me miró y dijo:

—Gracias por desafiarme con lo de Alpha. Ahora, ¿podrías bautizarme, por favor?

Cosa que hice... con gran alegría.

Una sola palabra en un *smartphone*... *clic.* Diez domingos por la noche... *clic.* Una eternidad cambiada. Una familia cambiada. Cada día de la vida de este hombre, cambiado. ¿Cuánta importancia tiene un compromiso en un calendario? Eso cambió su vida. Podría cambiar la tuya.

(Si estás explorando el cristianismo, tómate un momento para echarle un vistazo a Alpha. Puedes comprobarlo en Internet en http://latam.alpha.org/. Hay miles de cursos Alpha por todo el mundo, y probablemente uno cerca de ti. Añádelo a tu calendario... *¡clic!* Diez sesiones a la hora de la cena... *¡clic!* No podría ser más sencillo. No te arrepentirás.)

No conozco tu historia. No sé qué partes de tu vida necesitan otra oportunidad o una reconstrucción, pero apuesto a que las hay. Y utilizando tu agenda como una herramienta holística para todas las áreas de tu vida, puedes asegurarte de que cada casilla de tu calendario esté centrada en cosas que te importan en vez de ser consumido mes tras mes por los mismos devoradores de tiempo que te dejan sobreprogramado y exhausto.

Utilicemos el marco del capítulo 1 como un medio para examinar los lugares de tu vida que podrían beneficiarse de una nueva agenda holística. Las áreas que llenan mi balde de energía reflejan valores vitales para mí. Creo que tendrán una función similar para ti.

CONECTARSE CON DIOS

Asistir a la iglesia

Como pastor, me llama la atención la cantidad de veces que escucho el comentario: «Casi no vengo a la iglesia hoy». A menudo suele ser después de haber dado un mensaje que, por la gracia de Dios, habló a alguien de un modo poderoso, y me están diciendo lo apropiado que fue el sermón. «Y pensar que estuve a punto de no venir...», dicen.

Un domingo, hace poco, un tipo con el que hablaba usó esa frase varias veces. Al final, mordí el anzuelo. «¿De verdad?», bromeé. «¿Casi no vienes hoy? No está "Iglesia" en tu calendario habitual? Así que, los domingos por la mañana, ¿tu familia y tú comienzan a lanzar monedas al aire para decidir si se van a dejar ver por aquí?».

En el siguiente servicio, varias personas más me hicieron el mismo comentario, y me convencí de la importancia de asistir regularmente a la iglesia, y en qué modo eso aumenta las probabilidades de estar conectados con Dios.

Al final del servicio de aquel día, mi vehemencia sobre ese tema era considerable. Debí subir un poco el volumen mientras retaba a nuestra congregación: «¿En serio? ¿No tienen la iglesia apuntada en su calendario?».

Desde la grada más alta de nuestro auditorio, un niño pequeño gritó: «¡No!». Descubrió a su familia... ¡y en la iglesia! Pensé: *¡Ese niño va a estar castigado hasta que cumpla los quince!*

> Si quieres escuchar más de parte de Dios, ve a donde se enseñe Su Palabra. Regularmente. Semanalmente.

La gente se rió, como yo, pero la verdad es que me rompe el corazón que los padres no se comprometan —a ellos y a sus hijos— a asistir semanalmente a la iglesia. «No, no está en nuestro calendario» es un estribillo demasiado común. «Todavía lanzamos la moneda cada semana. Algunas semanas venimos; otras no».

Si quieres escuchar más de parte de Dios, ve a donde se enseñe Su Palabra. Regularmente. Semanalmente.

La asistencia a la iglesia era parte de la rutina semanal de Jesús: «Un sábado entró en la sinagoga, como era su costumbre».[3]

¿En quién quieres convertirte? Si tienes aunque sea un vaguísimo interés por convertirte en un seguidor de Cristo más afianzado, alguien que sepa un poco más de su fe, que se parezca un poco más a aquel al que aseguras seguir, entonces hay unas cuantas palabras que tienes que escribir en tu calendario... y una de ellas es *iglesia.*

Si quieres más de la dirección de Dios y de Su propósito para tu vida, tienes que adoptar el mismo ritmo semanal que practicaba Jesús. La iglesia estaba en Su calendario. También está en el mío. Añádelo al tuyo, y haz de ello una parte innegociable de tu agenda.

Tiempo para sentarse

Cuando la gente me dice que solo desean sentirse más cerca de Dios, o describen que nunca le han escuchado realmente como sí parecen hacerlo otras personas, me pregunto cómo es su conexión personal con Él. Si no comprenden algunas de las verdades básicas de la fe cristiana —o lo pasan mal poniendo en práctica esas verdades en su vida cotidiana— les hago una pregunta: «¿Cómo es tu tiempo diario con Dios?».

Puedo predecir la respuesta: «¿Qué tiempo diario con Dios?».

> Si quieres conectarte más con Dios, sé constante en esos periodos de quince minutos de tiempo con Él.

La segunda práctica clave para permanecer conectados a Dios es asignar un tiempo intencional con Él cada día. Como sugerí en el capítulo 1, encuentra un lugar que te guste: una silla en casa donde puedas sentarte sin que te interrumpan, o un apartado en una cafetería, o un banco de tu patio. Donde sea, encuéntrate con Dios cada día. Abre la Palabra de Dios, lee durante quince minutos más o menos, considera cómo aplicarlo a tu vida y después ora. Puedes decirle a Dios algo tan sencillo como esto: «Gracias por el cuidado con que vigilas mi vida. Si tienes algo que quieras susurrarme, te escucharé y obedeceré».

Tu tiempo sentado no tienen por qué ser un estudio bíblico en profundidad o un ejercicio de meditación de una hora. Pero sí debería hacerse con propósito y lentitud, protegido de la distracción, a la hora del día que mejor te funcione. Y lo más importante, debe ser todos los días.

Si esto es nuevo para ti, comienza solo con cinco minutos al día. Toma el ritmo diario. Te sorprenderá con qué poder puede afectar a tu vida este pequeño incremento de tiempo cuando lo sometes a Dios.

Si quieres conectarte más con Dios, sé constante en esos periodos de quince minutos de tiempo con Él. Escríbelos en tu calendario en la hora que mejor encaje con cómo te comunicas, y después complétalo.

MATRIMONIO Y FAMILIA

Una pareja casada en otro estado me llamó hace unos meses para decirme que tiraban la toalla después de quince años casados. Así de fácil, se había acabado. Les recordé mientras hablábamos que tenían dos niños preciosos, pero no se movieron. Demasiado dolor. «Estamos hartos», dijeron.

Escuché mientras compartían su situación, y estuve orando todo el tiempo: *Dios, dame algo para decirles. ¿Qué puedo decirles a estas personas?* Finalmente, pensé: *Bueno, ahí va un intento desesperado.*

«Eh, escuchen —dije—, conozco a un consejero cristiano que vive en su ciudad. Le he conocido en mis viajes, y es un tipo sabio y bien formado. Me alegraría concertar una cita para ponerlos en contacto con él antes de que tiren la toalla con su matrimonio. Han estado casados quince años. ¿Estarían dispuestos a hacer solo quince sesiones con un consejero cristiano de confianza? Una sesión por año de matrimonio. Eso es todo lo que pido. ¿Y puedo recordarles que hay niños involucrados?».

De mala gana, accedieron. Pero después de reunirse con el consejero solo tres veces, dejaron de ir. Simplemente, abandonaron. Y después se divorciaron. Así es como termina esta historia desafortunada.

> Usa tu calendario para proteger el tiempo y el espacio necesarios para tu matrimonio y tu familia.

Tal vez se habrían divorciado de todos modos. Pero me hubiera gustado que hubieran insistido durante las quince semanas —solo quince periodos de una hora en su calendario— porque merece la pena luchar por el matrimonio. Merece la pena luchar por la familia. Merece la pena luchar por los hijos.

Si tu matrimonio titubea, ponlo en tu calendario. Visita a un consejero cristiano. Aparta el tiempo necesario para conversaciones duras pero sanadoras. Las fracturas conyugales no se curan solas sin una guía sabia y una inversión de tiempo estratégica. Usa tu calendario para proteger el tiempo y el espacio necesarios para tu matrimonio y tu familia.

Cuando conozco a parejas casadas rebosantes de alegría, a menudo las interrogo: «¿Cómo pueden seguir tan enamorados el uno del otro?». De entre la cantidad de razones profundas que pueden dar para que su matrimonio sea tan genial, casi siempre escucho un denominador común particular: «Salimos por las noches». Dependiendo de la época de su vida, puede que no sea cada semana. A veces es una semana sí y otra no. A veces describen dónde van o lo que hacen en esas citas. Esas conversaciones son deliciosas.

En general, su plan es bastante sencillo: ponen su salida en el calendario y la protegen. No lo dejan al azar. No tiran una moneda al aire. Es una inversión en su relación y en su futuro juntos. Es en quién se quieren convertir.

Lynne y yo compartimos una versión extravagante y adaptada de una cita en esta etapa de nuestras vidas, ahora que nuestros hijos son mayores y se han ido de casa. Como ambos estamos involucrados en asuntos globales —Lynne en Oriente Medio y en el Congo, y yo en otras partes de todo el mundo—, viajamos mucho. Decidimos que siempre que estemos ambos en casa, nos encontraríamos en nuestra sala de estar cada tarde para ver las noticias de la noche de Brian Williams en la NBC.

Sé que eso no suena a cita romántica para mucha gente, pero para nosotros es vivificador. Vemos las noticias juntos media hora, después apagamos la televisión y nos ponemos al día: «¿Qué tal estás?», «¿Qué tal el trabajo hoy?», «¿Cómo fue tu último viaje?», «¿Qué escribiste hoy?». Las noticias proporcionan una experiencia común desde donde nos lanzamos a una rica conversación. A veces, si estoy de viaje y comienzan las noticias, le mando a Lynne un correo: «Me encantaría estar en casa, viendo las noticias juntos».

Y hay una ventaja añadida. Siempre que fanfarronean delante de mí: «Eh, tenemos una cita cada semana», yo puedo argumentar: «Yo tengo una cita cada noche… ¡y es gratis!».

TRABAJO SATISFACTORIO

Hablemos de tu agenda de trabajo.

Cuando firmaste en la línea de puntos y dijiste que sí al trabajo que te ocupa ahora mismo, hiciste un compromiso. Todos los lugares de trabajo tienen requerimientos acerca de la hora de comienzo, la longitud de los descansos y la comida y la hora de salida. Cuando firmaste tu contrato laboral, le diste tu palabra a tu jefe de que te atendrías a ese código de conducta y cumplirías con las expectativas acordadas.

Jesús desafió a Sus seguidores: «Cuando ustedes digan algo, que sea "sí, sí", o "no, no"».[4] En otras palabras: «Mantén tu palabra». Si la hora de entrada es a las 8:00, no llegues a y cinco. Si tu descanso para la comida es de una hora, no te tomes una hora y media. Mantén tu palabra.

Jesús desafió a Sus seguidores: «Cuando ustedes digan algo, que sea "sí, sí", o "no, no"». En otras palabras: «Mantén tu palabra».

En Willow Creek, si sirves en el equipo

remunerado, aprendes rápidamente que la puntualidad está muy cerca de la divinidad. Comenzamos nuestras reuniones a la hora. Y tenemos una regla: si alguien llega tarde a una reunión, se disculpa ante el equipo entero. No hay necesidad de explicar por qué se retrasó (sea culpa del tráfico, o de la nieve, o del tren que tardó mucho). Simplemente dice: «Eh, chicos, siento llegar tarde». Nadie tiene que arrastrarse y nadie tiene que salir regañado. Esa no es la cuestión.

Planifica en tu calendario suficiente tiempo para el transporte hacia los eventos para que puedas presentarte cuando se espera y cumplir con los compromisos que has hecho.

Pero la tercera vez que escuchamos «Siento llegar tarde», comenzamos a sospechar que realmente no lo siente mucho. Reconocemos que su «sí» a la reunión de las diez no es un sí de verdad y que las enseñanzas de Jesús no le son tan importantes a este respecto. Si el problema persiste, hablaremos con ese miembro del equipo y le diremos: «Ya sabes, solíamos pensar que tu falta de puntualidad era una cuestión de descuido; pero ahora pensamos que tiene que ver con el carácter. Pensamos que se trata de dar tu palabra pero no de mantenerla. Y en esto, el carácter importa. Así que te animamos a que reconsideres este patrón. Queremos que sí sea sí. Queremos que te presentes a la hora por respeto a tus compañeros». Si la persona no puede hacer la corrección, a su debido tiempo tenemos una clase diferente de conversación. Es así de importante.

Que tu *sí* sea sí y que tu *no* sea no en cada área de tu vida. Sé realista y planifica en tu calendario suficiente tiempo para el transporte hacia los eventos para que puedas presentarte cuando se espera y cumplir con los compromisos que has hecho. Cuando se trata de honrar a Cristo en tu lugar de trabajo, ¿tu agenda incluye suficiente tiempo de viaje para llegar a la hora prevista? ¿Te centras en dar lo mejor de ti a tu jefe durante tus horas de trabajo asignadas? ¿Y mantienes unos límites saludables no permitiendo que el trabajo se filtre en tu horas en casa? Si no es así, usa tu calendario para realizar estos ajustes.

RECREACIÓN

Mi calendario es, absolutamente, la herramienta más eficaz que poseo cuando se trata de garantizar la planificación de un tiempo regular, adecuado y riguroso de recreación en mi vida. Cada enero, Lynne, los niños y yo planeamos las vacaciones familiares del año y las protegemos en nuestros calendarios. Esto es especialmente importante ahora que nuestros hijos han crecido y viven por su cuenta y debemos coordinar tres grupos de agendas para encontrar fechas que le vayan bien a todo el mundo. Y planeando con tiempo, conseguimos las mejores reservas y los mejores precios de avión: un gran valor que honra mi herencia holandesa.

Pero la razón principal por la que planeamos con tiempo es esta: las vacaciones familiares tienen una alta prioridad para nosotros. Se protegen con mucho adelanto en nuestros calendarios. Nuestras vacaciones no son carcomidas por nuevas oportunidades o compromisos. Nos preparamos para ellas planeando con tiempo y diciendo que no a obligaciones laborales durante los días que hemos seleccionado. De ese modo no nos sentimos tentados a convertir un viaje familiar en unas vacaciones de trabajo con nuestros ordenadores y *smartphones*. Y maximizamos la expectativa según avanza la cuenta atrás hacia cada viaje.

> El poder de añadir unas palabras a un calendario y cumplirlas cambia en quién nos convertimos.

¿Cuán importante es tu familia? ¿Quieres convertirte en alguien que fomente recuerdos valiosos y duraderos con tus seres queridos? Supongo que sí. Si es así, escribe «vacaciones familiares» en tu calendario… con bolígrafo.

EJERCICIO

Tengo un amigo que ha estado en baja forma —y quiero decir en auténtica mala forma— durante veinte años. Cuando salíamos juntos, él solía quejarse de ello: «Mírame... soy una babosa —decía—, ¡pero tenías que haberme visto en el instituto!».

Entonces, hace algún tiempo, decidió que iba a hacer ejercicio tres veces a la semana. Solo una sesión de ejercicios de una hora, sin entrenador personal ni cocinero privado.

«Lo puse en mi calendario», me dijo.

Para ser completamente honestos, yo no era muy optimista, dadas las quejas constantes acerca de su peso desde que le conocía.

Pero lo puso en su calendario... y después lo cumplió. Hoy pesa veinte kilos menos que entonces. Se siente mejor que nunca en veinte años. Todo debido a aquellas tres casillas a la semana que protegió en su calendario con las palabras «Ejercicio».

El poder de añadir unas palabras a un calendario y cumplirlas cambia en quién nos convertimos.

■ ■ ■

Quiero terminar este capítulo contándote la historia de un hombre de negocios de mi comunidad que comenzó a asistir a Willow hace algunos años. Al principio, venía solo cuando su esposa lo presionaba lo suficiente. Pero de vez en cuando, asistía y se quedaba después del servicio, y ocasionalmente él y yo pudimos hablar.

Al final, comenzó a asistir con más frecuencia. Al poco, vi un cambio en la conducta de este hombre. Parecía que algo hubiese hecho clic, y se sentía prendido por Dios. Tenía un montón de preguntas y pedía libros para leer. Venía a nuestro servicio de entresemana y a veces asistía a dos de nuestros servicios de fin de semana. Al final, se zambulló de cabeza y comprometió su vida a Cristo. Yo tuve el honor de bautizarle. Pronto estaba en pleno vuelo espiritual. Él sabía en quién quería convertirse.

Quería convertirse en un nuevo hombre en Cristo.

Un día estábamos comiendo juntos y dijo:

—Ya memoricé mi primer versículo de la Biblia.

—Bien, escuchémoslo —le dije.

Él recitó Mateo 6.33: «Buscad primeramente el reino de Dios y su justicia, y todas estas cosas os serán añadidas».5

—¡Asombroso! —dije—. ¿Así que ese es el primer versículo que has memorizado? —Lo era. Entonces me divertí un poco con él. Le pregunté—: ¿Tienes pensado ir por ahí citando el versículo y presumiendo... o tienes intención de cumplirlo realmente?

Aquel era un concepto nuevo para un hombre joven en su fe.

—¿Cómo se puede cumplir *ese* versículo? —quiso saber.

Así que nos enzarzamos en una animada conversación acerca de lo que podía ser buscar el reino de Dios primero. Le dije:

—Un modo de empezar a buscar el reino de Dios primero es reescribiendo tu agenda y llenándola del modo en que Dios lo haría si Él estuviese al cargo de tu tiempo, tu agenda y tu calendario.

—Pero dirijo un negocio —dijo—. Tengo que hacer lo que hay que hacer.

—Todos tenemos cosas que hay que hacer —le dije—. Pero si pones las cosas de Dios primero... si empiezas a rellenar los huecos de tiempo de tu calendario para que determinen en quién te quieres convertir... y entonces rellenas el resto de cosas a su alrededor, poco a poco te convertirás en la clase de persona que quieres ser.

—Quiero ser una persona que ponga a Dios primero —dijo—. De verdad que sí.

Le creí.

De casilla en casilla, este hombre se convirtió en alguien totalmente diferente, todo porque reescribió su agenda y la cumplió.

Comenzó a escribir diferentes intentos de agenda con Dios a la cabeza, y en ocasiones los compartía conmigo. Cuando llegamos al diseño final —la versión con todas «las cosas de Dios» colocadas al principio—, oramos por ello, y este hombre decidió cumplirlo con coraje y convicción.

Según él mismo confesó, tenía que hacer algunos arreglos en su matrimonio, así que lo puso en su calendario y despacio y con perseverancia reparó la relación con su esposa. Sus hijos nunca habían sido una prioridad en su vida, pero ahora que sus valores espirituales habían cambiado, la familia se colocó mucho más arriba en la lista de prioridades. De hecho, comenzó a planear noches y vacaciones familiares. Siempre había estado muy ocupado para las vacaciones familiares, pero ya no iba a ser así. No era demasiado tarde para comenzar.

Planeó tiempo para participar en un estudio bíblico para hombres y aquel estudio sacudió su vida. Después apartó algo de tiempo para ser voluntario en algunos ministerios de la iglesia que le apasionaban.

Durante los siguientes dos años, de casilla en casilla, este hombre se convirtió en alguien totalmente diferente, todo porque reescribió su agenda y la cumplió.

Poco se imaginaba que aquella agenda nueva sería, en realidad, la última, porque el cáncer se interpuso en su camino. Según asolaba su cuerpo, el reloj de arena se iba agotando, y poco tiempo después oficié su funeral.

En los meses que precedieron a su muerte, le visité en su casa y en el hospital. La medicación le había rasgado la voz, pero con un duro carraspeo —y un brillo de satisfacción en los ojos—, dijo: «Al final tuve los dos últimos años de mi vida en orden, ¿verdad, Bill? Los tuve en orden».

Sí que los había tenido.

Este hombre tuvo solo dos años para convertirse en el hombre que siempre había querido ser. Y lo hizo bien aquellos dos últimos años. Lo que le llevó allí fueron las palabras, escogidas con cuidado y oración, que escribió en las casillas de su calendario, y que puso en práctica.

¿Sabe alguien con seguridad cuántos calendarios mensuales o anuales reunirá en su vida? ¿Y si nos ponemos de acuerdo para comenzar ahora?

LUCHAR CONTRA LA INERCIA

Todos debemos luchar contra la «inercia» que puede tener lugar a medida que el día flota sobre un mar sobreprogramado de compromisos, ocupaciones paralizantes y reuniones sin fin. Es demasiado sencillo llenar nuestras agendas de cosas que no importan, ignorando las que sí.

Una vida simplificada requiere una administración decidida de cada día. ¿En quién te quieres convertir? No puedes convertirte en alguien fundamentalmente diferente de la persona que eres ahora mismo hasta que comiences a comprometerte —por escrito— en un calendario y lo pongas en marcha. Así que empieza hoy —comienza ahora— y aprovecha el poder transformador de tu calendario usándolo para ayudarte a organizar tu vida alrededor de las prioridades de Dios.

Poniendo a Dios primero y manteniendo tus prioridades a la cola, puedes vivir a pleno rendimiento y experimentar la vida abundante que Dios promete. Te puedes convertir en la persona que Él te está invitando a ser, de casilla en casilla.

Poniendo a Dios primero y manteniendo tus prioridades a la cola, puedes vivir a pleno rendimiento y experimentar la vida abundante que Dios promete.

■ ■ ■

Paso de acción: Escribe una agenda poniendo a Dios primero

Empieza preguntándote: «¿En quién me quiero convertir?». Quizá un área de tu vida te venga a la mente como aquella que necesita la mayor corrección de rumbo en este momento. Empieza por ahí. Si varias áreas demandan tu atención, empieza por las que creen mayores barreras para una vida con Dios primero.

Después, añade a tu agenda aquellos planes o compromisos y aquellas relaciones o actividades que te encaminen hacia quien te quieres convertir.

Si estás explorando el cristianismo, apúntate a una clase como Alpha, que puede ayudarte a ser más intencional en tu aprendizaje.

Si te preguntas por qué no te sientes muy conectado con Dios, escribe «Iglesia» y «Tiempo de sentarme» en tu calendario, y después cúmplelo.

Si estás bajo de forma o con sobrepeso, escribe «Ejercicio» en unas cuantas casillas del calendario y proponte un programa realizable para ponerte en marcha. Sé realista, y empieza con una visita al médico para que te dé unas guías saludables.

Si tu matrimonio necesita enderezamiento o reparaciones, quizá necesites escribir «Consejero» o «Cita nocturna» en tu calendario.

Si tus hijos no pueden recordar la última vez que fueron a algún lugar juntos como familia, rellena esas casillas con «Vacaciones». ¡Y después protégelas! Si son pequeños, ora y pregúntate: *¿Cuántas noches tengo que escribir «Casa» en mi calendario?* Puede que sea diferente para ti de como fue para mí. Depende de la edad de tus hijos, pero no te pierdas esta etapa vital de sus vidas. No hay atajos para el tiempo cara a cara. Y la paternidad no es perdonar en el departamento de «remordimientos». Cuatro simples letras pueden marcar la diferencia: *C-A-S-A*.

Si tienes una vocación sin salida, ¡haz algo con ello! Apúntate a clases nocturnas. Asiste a las formaciones de desarrollo que ofrece tu compañía. Planea tiempos regulares en tu calendario para actualizar tu currículo y buscar un nuevo trabajo. Haz algo que al final encamine mejor tu vida.

Capítulo tres

De sobrepasado a estar al mando

Domina tus finanzas

Pocas cosas tienen el poder de arrojar nuestras vidas al caos como el estrés económico. Un escenario de finanzas fuera de control nos deja vulnerables frente a un dolor inexplicable. Tememos contestar el teléfono o abrir el correo por miedo a enfrentar otra factura atrasada... o peor, la notificación de una ejecución de la hipoteca. Siempre esperando lo inevitable. No importa lo llenos de energía que estén nuestros baldes o la buena intención con que diseñemos nuestras agendas, una relación disfuncional con el dinero dará como resultado una sensación constante de estar acosado y asediado.

Lo escucho todo el tiempo: «Estoy sobrepasado».

Lo escucho de gente que está ahogándose económicamente: «Me atosigan las facturas. Me abruman las deudas. Estoy sobrepasado con qué hacer para mantenernos a flote, por no hablar de dejar de lado los ahorros para la educación de los niños».

Lo escucho de gente que tiene suficientes ingresos y flujo de fondos: «He trabajo tan duro para llegar a donde estoy, que ahora temo cometer un error y perderlo todo».

No hay modo de simplificar tu vida si tu relación con el dinero está fuera de control.

¿POR QUÉ HABLAR DE DINERO?

Primero, una aclaración: como pastor, a menudo lucho contra el estereotipo de que a los pastores lo que nos preocupa es conseguir que la gente dé dinero. Todos hemos visto o escuchado a predicadores avariciosos cuyo único enfoque parece ser forrarse los bolsillos.

No puedo hablar de lo que motiva a esa gente, pero sí puedo hablar por mí mismo y por otros innumerables pastores seguidores de Cristo comprometidos a abordar la cuestión del dinero porque no podemos ignorar el cristalino mensaje de la Escritura. A juzgar por el abrumador número de versículos relacionados con el dinero, es obvio que una relación correcta con nuestras finanzas es de gran importancia para Dios. Directamente y en parábolas, Jesús habló con frecuencia acerca del dinero y su administración. Como líder cristiano, me tomo con seriedad mi responsabilidad de educar a compañeros seguidores de Cristo acerca de lo que la Biblia enseña al respecto.

Me genera auténtico gozo equipar a la gente para que pase de estar *sobrecargada* a estar *al mando* con respecto a sus finanzas.

Me genera auténtico gozo equipar a la gente para que pase de estar *sobrecargada* a estar *al mando* con respecto a sus finanzas. No me da reparo hablar de dinero, porque he sido testigo de primera mano de la libertad que puede traer una buena administración. Una y otra vez he viso la paz transformadora que permea los corazones de las personas cuando someten sus finanzas a la guía de Dios. He experimentado esta paz en mi propia vida, y también la quiero para ti.

EL PUNTO DE INFLEXIÓN

Comencemos examinando la vida de un tipo en la Escritura que tenía una relación tortuosa con el dinero. En mi opinión, su horrible mentalidad acerca de lo económico le iba llenando cada vez de más culpabilidad y vergüenza. Pero entonces se encontró con Jesús:

> Jesús llegó a Jericó y comenzó a cruzar la ciudad. Resulta que había allí un hombre llamado Zaqueo, jefe de los recaudadores de impuestos, que era muy rico. Estaba tratando de ver quién era Jesús, pero la multitud se lo impedía, pues era de baja estatura. Por eso se adelantó corriendo y se subió a un árbol para poder verlo, ya que Jesús iba a pasar por allí.
>
> Llegando al lugar, Jesús miró hacia arriba y le dijo:
>
> —Zaqueo, baja en seguida. Tengo que quedarme hoy en tu casa.
>
> Así que se apresuró a bajar y, muy contento, recibió a Jesús en su casa.
>
> Al ver esto, todos empezaron a murmurar: «Ha ido a hospedarse con un pecador».
>
> Pero Zaqueo dijo resueltamente:
>
> —Mira, Señor: ahora mismo voy a dar a los pobres la mitad de mis bienes, y si en algo he defraudado a alguien, le devolveré cuatro veces la cantidad que sea.
>
> —Hoy ha llegado la salvación a esta casa —le dijo Jesús—, ya que este también es hijo de Abraham. Porque el Hijo del hombre vino a buscar y a salvar lo que se había perdido.[1]

Si creciste en la iglesia, esta historia no te resultará nueva. Es probable que hayas oído acerca de Zaqueo muchas veces en la escuela dominical. Tal vez hasta hayas cantado la canción de este «hombre bajo que nunca más creció». Es un personaje bíblico bien conocido de un pasaje bien conocido de la Escritura.

Sin embargo, en mis estudios más recientes de este episodio del evangelio de Lucas, algo completamente nuevo me fascinó de la historia de este recaudador de impuestos. Sentí un elemento franco, humano, debajo de la superficie de la fachada cuidadosamente construida de hombre rico de Zaqueo. El trasfondo emocional de su desordenada vida se abrió paso entre las grietas cuando se encontró con Jesús.

Lucas nos cuenta que como Zaqueo era corto de estatura, tuvo que subir a un árbol para poder vislumbrar a Jesús. No podía ver entre las cabezas de la multitud. Parece suficientemente sincero, ¿verdad?

¿Pero no hace que te preguntes qué llevaría a un hombre rico a llegar a ese extremo, sacrificando su dignidad al subirse la túnica y trepar a un árbol a plena luz del día en una calle abarrotada? ¿Por qué estaba tan empeñado en ver a Jesús?

Casi todo el mundo en Palestina había oído de Jesús, el maestro y hacedor de milagros. Durante los dos últimos años, había sanado gente, les había alimentado con la milagrosa multiplicación de los panes y los peces, y había convertido barriles de agua en rico Pinot Grigio o Chardonnay. Se había corrido la voz. Tal vez Zaqueo simplemente era fan de Jesús, al igual que los que se arremolinan hoy alrededor de una estrella de rock o de cine, buscando autógrafos. Sin duda, multitud de gente en Jericó se reunía alrededor de Jesús con la misma intención. Zaqueo podría haber sido un simple curioso más.

> Las enseñanzas de Jesús acerca de la gracia y el perdón habían dado esperanza a un hombre impregnado de culpa por sus modos deshonestos.

Pero Zaqueo fue un paso más allá. Se arriesgó a hacer el ridículo trepando a un árbol: el acto inquietante de un hombre desesperado.

Mi hipótesis es esta: Zaqueo quería hacer más que simplemente echarle un vistazo al famoso rabí conocido por frecuentar pecadores y recaudadores de impuestos. Quería ayuda. Tal vez las enseñanzas de Jesús acerca de la gracia y el perdón habían dado esperanza a un hombre impregnado de culpa por sus modos deshonestos. Los años —quizá décadas— de obtener dinero por la fuerza de su propia gente a favor de los opresores romanos habían acabado finalmente con él. Zaqueo se había vuelto rico, eso seguro, pero descubrió que sus riquezas no le satisfacían. Justo lo contrario, de hecho.

Quizá este hombre desesperado se subió a algo más que a un sicómoro aquel día. Tal vez se subió a la esperanza de que aquel hacedor de milagros pudiera obrar uno en su vida y liberarle de su tortuosa relación con el dinero.

Zaqueo no solo había obtenido su dinero de forma poco ética, sino que parece evidente en la Escritura que se había guardado sus ganancias mal habidas. En vez de usar una porción de su riqueza para servir a los pobres, había ignorado su situación. Básicamente, le dijo a los necesitados de su alrededor: «Que coman pasteles». Él amontonó sus riquezas, sin duda haciéndole ser incluso más paria en aquella comunidad judía. Su modo de vida obsesionado con el dinero le había atrapado y había corroído su alma, torturándolo y haciéndolo sentir culpable.

Aquel día en particular fue más de lo que Zaqueo podía soportar. Parece que había llegado al mismo punto que los adictos alcanzan cuando finalmente admiten: «No tengo capacidad para cambiar mi comportamiento». Sobrepasado por el peso de su autoreproche, quizá Zaqueo se dio cuenta de que necesitaría algo mayor en su vida para liberarse de su esclavitud al dinero. Se necesitaría un poder mayor que su fuerza humana.

Muy a menudo he visto los efectos a largo plazo en las vidas de las personas cuando viven como esclavos del dinero.

■ ■ ■

A lo largo de mis treinta y ocho años de ministerio, he tenido incontables conversaciones con personas hundidas por su relación con el dinero. Hombres y mujeres bien crecidos se han retorcido y han roto a llorar mientras me contaban sus historias, a causa del odio hacia uno mismo y la vergüenza asociados a su mala administración de las finanzas. Muy a menudo he visto los efectos a largo plazo en las vidas de las personas cuando viven como esclavos del dinero. La culpa y la vergüenza dejan una marca indeleble.

He hablado con muchos profesionales a lo largo de los años —médicos, dentistas, abogados, contables—, muchos de los cuales ganaban miles de dólares al año, que sin embargo se preguntaban de qué modo podían explicarles a sus cónyuges y a sus hijos que estaban en bancarrota. Se planta un cartel de «En venta» en el césped delantero, se embargan los coches y el resto de bienes, incluyendo relojes y joyería —e incluso los anillos de casados—, se quedan inmovilizados. Preguntan: «Bill, ¿puedes ayudarme a darle esta noticia a mi familia?». El nivel de vergüenza en estas conversaciones es tan profundo y humillante que no lo puedo describir con precisión.

La gente que está en esta clase de situaciones financieras tiemblan al reprochárselo a sí mismos. ¿Te sientes identificado? Si tu verdadera situación financiera se colocara en una cartelera para que todos tus amigos y tu familia lo viera, ¿sentirías satisfacción y paz? ¿O sentirías una profunda vergüenza?

■ ■ ■

Volvamos a nuestro trepador, Zaqueo. Creo que estaba en un punto en que los años de vergüenza acumulados le estaban matando por dentro. Cuando escuchó decir que un hacedor de milagros pasaba por el pueblo, un hombre compasivo con alguna clase de poder sobrenatural, sintió un brillo de esperanza y tuvo que ir a verle.

Imagina cómo se desarrolló la escena: Jesús descubrió a Zaqueo en el árbol y se invitó a su casa a cenar. Era la clase de cosa que Zaqueo viviría con normalidad: un rabí importante de visita, un estímulo para su ego, un reconocimiento de su estatus en la comunidad. E imagina solamente la clase de casa que tendría Zaqueo. Con una riqueza así, no sería una cabaña de una habitación. Sería un símbolo de su situación: vallada, espaciosa, hermosa.

Tal vez cuando torcieron hacia la calle de Zaqueo, tuvo que guiar a Jesús por medio de mendigos, mujeres y niños hambrientos que se reunían frecuentemente en las puertas de su casa: gente que sabía que Zaqueo tenía dinero para repartir, aunque nunca les diera un centavo. Puedes sentir cómo crece la tensión.

Sin duda se hizo más incómodo una vez entraron dentro. ¿Estaría la casa de Zaqueo llena de un mobiliario suntuoso y caras obras de arte… todo comprado con dinero sacado con malas artes de sus compañeros judíos? En días pasados, ofrecerle a la gente un paseo por su casa habría sido un estímulo para el ego de Zaqueo, pero ahora veía sus lujos a través de los ojos de Jesús, que sabía que el dinero manchado de sangre había adquirido cada pintura y cada fina pieza del mobiliario. La perspectiva de Zaqueo de su riqueza se había transformado. Lo que una vez le hizo sentir orgulloso, ahora le avergonzaba.

La Escritura no nos cuenta cómo se desarrolló la conversación de la cena aquella noche, pero sabemos que algo pasó en el corazón de Zaqueo que lo sacudió hasta los cimientos. Su vida dio un vuelco. Y, por fin, sometió el ídolo de su vida: su riqueza. Devolvió el cuádruple del dinero que había estafado, y colmó a los pobres con la mitad de su riqueza. Los grilletes que le habían tenido prisionero de su dinero ahora se caían al suelo. Era libre.

Algo pasó en el corazón de Zaqueo que lo sacudió hasta los cimientos. Su vida dio un vuelco.

Jesús dijo a la multitud de espectadores: «Ha llegado la salvación a esta casa». Alguien que estaba perdido acababa de ser encontrado. Alguien que sentía una profunda culpabilidad y vergüenza había sido limpiado. Alguien que se sentía impotente ante su problema había encontrado un poder mayor. Alguien alejado de Dios —en muchos modos *en guerra* con Dios— se había reconciliado con Él.

Zaqueo es una de las pocas personas perfiladas en la Escritura que experimentaron no solo una reconciliación con Jesús, sino dos. La primera fue, por supuesto, la reconciliación espiritual: la salvación llegó a la casa de Zaqueo. Se le perdonó su pecado, y entró en una relación espiritualmente reconciliada con Dios.

Pero en la misma cena, Zaqueo experimentó una segunda reconciliación: la financiera. Con amigos, enemigos y los pobres a los que había perseguido como testigos, expresó un arrepentimiento completo de sus pasados pecados financieros. Confesó el vil camino que había transitado: el sendero que conducía a horribles remordimientos y autoreproches.

El texto en Lucas señala hacia un cambio completo en el corazón de este hombre y su relación con el dinero. Rectificó el daño que había hecho en su vida de avaricia y codicia. Se reconcilió económicamente con un Dios santo. Escogió ir por un nuevo camino —el de Dios— desde aquel día en adelante. Para cuando terminó la cena, Zaqueo se había reconciliado con Dios en lo espiritual y lo económico.

UNA SEGUNDA RECONCILIACIÓN

En mi opinión, muchos más seguidores de Cristo tienen experiencias de reconciliación espiritual que financieras con Jesús. No sé de qué otro modo explicar por qué tantos seguidores de Cristo sinceros, centrados y comprometidos tienen esas relaciones tan desbocadas, tormentosas y disfuncionales con el dinero. Cuando Cristo te redimió, perdonó tu endeudamiento moral y tu ofensa. Fuiste reconciliado espiritualmente con Dios. Este es el cambio interior más importante en la vida de cualquier cristiano.

> Imagina que el dinero ya no tuviera poder para enredarte y dejarte sobrepasado.

Pero si todavía no has experimentado una segunda reconciliación —una financiera en la que el poder de Dios rompa el poder del dinero en tu vida, Su amor haya limpiado tu vergüenza y tu culpa acerca de tu estado financiero y el Espíritu Santo te llene de poder para avanzar hacia nuevas prácticas económicas—, bueno, amigo, en mi opinión, te has quedado corto en la reconciliación. No puedes liberarte completamente de la vergüenza y la culpa hasta que experimentes esa segunda redención.

Imagina cómo sería si el dinero se comportase adecuadamente en tu vida en vez de hacerte hacer todas las locuras a las que te ha obligado. Imagina que el dinero ya no tuviera poder para enredarte y dejarte sobrepasado. ¿Suena tentador? Sigue leyendo.

¿Cómo sucede una reconciliación financiera con Dios? Buena pregunta. Veamos un ejemplo de reconciliación espiritual en la Escritura y después exploremos los paralelos entre los dos.

Lucas registra una reconciliación espiritual en Hechos 16. Una noche, un líder militar se acercó al apóstol Pablo y a su compañero de ministerio Silas. Esto le resultó fácil al líder porque Pablo y Silas estaban en la celda de una cárcel y el hombre era el carcelero. Se podría decir que tenía una «audiencia cautiva».

Cuando el carcelero les preguntó cómo podía reconciliarse con Dios espiritualmente, Pablo y Silas redujeron la doctrina completa de la redención espiritual a una breve frase: «Cree en el Señor Jesús; así tú y tu familia serán salvos».[2] Eso es. Solo cree.

La palabra clave es *cree.*

Cree que Jesús es el Hijo de Dios.

Cree en el poder de Su muerte expiatoria en la cruz.

Cree que Su resurrección derrotó al pecado y a la muerte para tu beneficio.

Cree que Dios te guiará en tu futuro.

Cree que Él asegura tu eternidad.

Pablo y Silas le dijeron al carcelero: «Si abrazas a Jesucristo completamente y crees en Él en todo el sentido de la palabra, puedes reconciliarte con Dios y ser salvo... en este mismo instante».

A las pocas horas, el hombre y su familia, quienes también creyeron, fueron salvos y después se bautizaron. Estas historias transformadoras de reconciliación espiritual total nunca envejecen para mí. Ese es el poder del Espíritu de Dios trabajando en el mundo.

La reconciliación financiera es similar a la espiritual, en mi opinión. Hay grandes semejanzas. A lo largo de los años, en mi estudio de la Escritura he encontrado que hay cinco principios centrales que conforman la fundación para la completa reconciliación financiera con Dios. Para experimentar esto en tu vida, creo que debes adoptar completamente estas creencias económicas clave.

CINCO PRINCIPIOS PARA LA RECONCILIACIÓN FINANCIERA

Creencia nº 1: Todo lo que tengo viene de Dios.

Ninguno de nosotros ha llegado a donde está hoy en la vida por sus propios medios al cien por cien. Nadie se ha promocionado a sí mismo hasta su posición actual sin ayuda: de profesores, padres, jefes y de otros que nos influenciaron o nos dieron un descanso. Fueron regalos dirigidos hacia ti de parte de Dios. Como declara enérgicamente la Escritura: «Toda buena dádiva y todo don perfecto descienden de lo alto, donde está el Padre».[3]

Eres el hijo o la hija de un Dios amante que te ha dado todo lo que tienes.

Dios te dio la vida. Te dio talentos y aptitudes. Te dio tu capacidad de aprender. Te abrió puertas educativas y vocacionales a lo largo de tu vida. Una persona humilde con una pizca de sano juicio admitirá fácilmente: «No llegué aquí yo solo. Todo lo que tengo me llegó de la mano cariñosa de Dios».

¿Lo crees? ¿Comprendes correctamente la profundidad de que, al contrario de lo que dice la mentalidad de nuestra cultura, tú no eres una persona hecha a sí misma? Eres el hijo o la hija de un Dios amante que te ha dado todo lo que tienes, y que te invita a administrar tus talentos, dones, tu educación, oportunidades y posesiones para Sus propósitos en el mundo.

Creencia nº 2: Vivo feliz *con* la actual provisión de Dios para mi vida.

La naturaleza humana es buscar pastos más verdes, desea mejores circunstancias, más abundancia, una vida más fácil. Pensamos: *Si tuviera un trabajo mejor, una casa más bonita, un coche más nuevo, sería feliz.* Parece lógico, ¿no?

Según esta lógica, la gente de Estados Unidos debería ser la más feliz sobre la tierra. Disfrutamos de más riqueza por cápita que la gran mayoría de países. Tenemos más oportunidades de tener una educación, atención médica, de poseer un hogar y un coche, de comida disponible, libertades, etcétera.

Pero la encuesta Gallup de 2012 situaba a Estados Unidos en el puesto *treinta y tres* en la escala mundial de alegría. Tener más no aumenta nuestra felicidad. De hecho, siete de los diez primeros países estaban en Latinoamérica, que por lo general ocupa un lugar bajo en los indicadores económicos típicos que solemos asociar con la felicidad.4 Guatemala, devastada por la guerra civil, que se encuentra justo por encima de Irak en el Índice de Desarrollo Humano de las Naciones Unidas, es la séptima del mundo en términos de emociones positivas. A pesar de la creciente violencia pandillera que produce una de las mayores tasas de homicidios del mundo y paraliza la economía, los guatemaltecos son felices. Una historia similar se refleja en Panamá.

> Estos datos pueden sorprender a analistas y líderes que solamente se centran en los indicadores económicos tradicionales. Los residentes en Panamá, que ocupa el puesto número 90 mundial con respecto al PIB per cápita, están entre los más probables de comunicar emociones positivas. Los residentes en Singapur, que ocupa el quinto puesto mundial en términos de PIB per cápita, son los menos propensos a comunicar emociones positivas.[5]

Traducción: más dinero no significa mayor felicidad.

Pablo estaría de acuerdo. Pocos de nosotros hemos experimentado circunstancias como las que él enfrentó a lo largo de su vida. En 2 Corintios 11 Pablo cita una alarmante lista de privaciones personales y escasez de provisiones, incluyendo estar encarcelado, ser azotado, apedreado, haber naufragado, haber estado desnudo, sin hogar, hambriento y sediento. ¿Dictó eso la felicidad de Pablo? Examinemos lo que dice en su carta a los Filipenses:

> No digo esto porque esté necesitado, pues he aprendido a estar satisfecho en cualquier situación en que me encuentre. Sé lo que es vivir en la pobreza, y lo que es vivir en la abundancia. He aprendido a vivir en todas y cada una de las circunstancias, tanto a quedar saciado como a pasar hambre, a tener de sobra como a sufrir escasez. Todo lo puedo en Cristo que me fortalece.

Son palabras hermosas. Alguien completamente reconciliado con Dios económicamente puede aceptar con alegría el actual nivel de provisión de Dios para su vida. Esa provisión puede aumentar o disminuir a lo largo del curso de una vida —desde la abundancia a la necesidad—, pero nosotros podemos estar contentos en ambas ocasiones. Es nuestra responsabilidad hacer ajustes para que podamos vivir en la provisión de Dios y estar felizmente gozosos ya sea que Él provea poco o provea mucho en cierta época.

Es nuestra responsabilidad hacer ajustes para que podamos vivir en la provisión de Dios.

Esta creencia conlleva algunas implicaciones. Para empezar, cuando Dios incrementa la provisión de alguien, ¿lo codicias? ¿Sientes envidia? ¿Te enfadas y preguntas «¿Por qué él y no yo? ¿Por qué ella y no yo?»? ¿Te pones celoso y quieres lo que otros tienen? O eres capaz de decir —con sinceridad—: «Eh, has obtenido un aumento. Me alegro por ti. Tienes un trabajo bien pagado. Tienes un coche nuevo. Dios ha incrementado tu nivel de provisión, y me alegro. Yo vivo contento con Su provisión actual para mi vida, y puedo alegrarme cuando te ocurren cosas buenas». ¿Puedes hacer eso?

Una segunda implicación se centra en la cuestión de la deuda. Por definición, la deuda viene de querer más que la provisión actual de Dios para tu vida y apañártelas por otros modos para conseguirlo. Vamos a asimilarlo. *La deuda viene de querer más que la provisión actual de Dios para tu vida y apañártelas por otros modos para conseguirlo.*

La provisión de Dios puede que incluya algunas subidas y bajadas en el curso de tu vida. Cambios de trabajo, el clima económico, las decisiones que tú tomas y las que toman otros, y a veces simplemente un buen o un mal momento afectarán a tus niveles de provisión.

Solamente conocerás la verdadera paz financiera cuando aprendas a vivir con gozo *bajo* la provisión de Dios en *cada* etapa de tu vida. El apóstol Pablo desempaca la clave del contentamiento en Filipenses 4. Parafraseando, dice: «He hecho los ajustes necesarios y vivo bajo el nivel de provisión de Dios... sea el que sea. Tengo cierto margen entre lo que gasto y lo que Dios provee, y ese margen conlleva contentamiento, lo que conlleva paz».

> Cuando gastas de más y te apoyas en la deuda para mantener un estilo de vida artificial, es como si le estuvieras diciendo a Dios: «Eh, Tú lo arruinaste todo».

Semana tras semana, mes tras mes, año tras año, me encuentro con seguidores de Cristo sinceros que aman a Dios pero que gastan más de lo que Dios ha escogido proveerles. Contraen grandes cantidades de deuda y experimentan la vergüenza y la presión que eso acompaña. Y terminan por sentirse sobrepasados.

Cuando gastas de más para mantener un estilo de vida inflado y artificial, es como si le estuvieras diciendo a Dios: «Eh, Tú lo arruinaste todo. Has estropeado mi nivel de provisión. Te has equivocado.

Necesito más dinero. Así que voy a usar la deuda para alcanzar un nivel de provisión más allá de lo que Tú me estás proporcionando mediante mis ingresos». Por medio de los gastos excesivos, de tarjetas de crédito apuradas hasta el máximo, préstamos exorbitantes para un coche, hipotecas escandalosas o préstamos hipotecarios, y similares, la deuda te embauca para que disfrutes —temporalmente— de un falso nivel de provisión. Puede que te haga sentir bien un momento, pero la deuda te coloca en esclavitud con el prestamista. Y, al final, cuando todo se derrumba y te ahogas bajo el peso de facturas que no puedes pagar, te encuentras sobrepasado y con una profunda sensación de vergüenza.

Amigo, Dios quiere algo mejor para ti. Simplificar tu vida significa vivir diligentemente dentro de la provisión de Dios y trabajar diligentemente para liberarte de cualquier deuda que acarrees.

¿Estás viviendo dentro de la provisión de Dios para ti? Si no es así, ¿puedes plantarte y decir: «Me comprometo desde hoy a vivir gozosamente dentro de la provisión actual de Dios para mi vida»? Según vayas haciendo ajustes en tus gastos sobre la marcha, el margen que eso creará en tu vida producirá contentamiento, lo que conduce a la paz. Ya estés en una época de abundancia o en una de privación, puedes vivir con contentamiento y paz.

Cuando se trata de tus finanzas, las implicaciones de una vida simplificada son enormes, en especial para tus hijos y nietos. Cuando instas a las generaciones futuras a que vivan dentro de la provisión de Dios, con sus finanzas bajo control, es algo hermoso.

Si el simple hecho de vivir *bajo* la provisión de Dios te aterroriza, imagina lo que sería si tuvieras garantizada la libertad de tu deuda por solo un día. Solo un día de vivir sin deudas: ¿cómo sería ese día para ti?

Imagina un día entero de no deber nada, de no llevar encima ninguna deuda, de saborear y disfrutar las cosas que puedes permitirte: una casa que te puedes permitir mantener, un coche en cuyo título se lee «pagado», una comida con gente a la que amas que llena tu alma sin romperte el bolsillo. El sol brilla con más intensidad cuando no tienes deudas; el aire que respiras es más fresco cuando no tienes deudas; tu conciencia se siente más limpia cuando no tienes deudas.

¿Cómo te sentirías cerca del final de esas veinticuatro horas de vida libre de deudas? Estoy seguro de que dirías: «Quiero sentirme así el resto de mi vida. No me importa qué posesiones necesite vender, intercambiar o abandonar con tal de deshacerme de la deuda. Voy a atacar a mi deuda con una sierra eléctrica. Y voy a seguir así hasta que esté totalmente libre de deudas. Nunca más me someteré a los grilletes de vivir más allá de mis medios. Me comprometo a vivir gozosamente dentro de la provisión de Dios durante el resto de mi vida». Cuando tomas esa decisión, es el Día de la Emancipación Económica.

Si te comprometes con estos principios, puedes salir de tus deudas en menos tiempo del que imaginas.

¿Suena demasiado bonito para ser verdad? ¿Estás escuchando esa pequeña voz que dice: «Estás demasiado metido. No puedes salir»? Esa voz no viene de Dios. Es una mentira del maligno, y no es verdad. *Puedes* salir. Si te comprometes con estos principios, puedes salir de tus deudas en menos tiempo del que imaginas.

Durante un servicio de fin de semana en Willow, hace poco, una joven pareja, Ryan y Chelsea, compartieron su historia de reconciliación económica. Su lucha con la deuda comenzó durante la etapa de planificación de su boda, cuando dijeron que sí a gastos que estaban más allá de su provisión… y los pagaron, como muchos de nosotros, con unas pequeñas tarjetas de plástico que descansaban en sus billeteras.

«Durante las primeras semanas de nuestro matrimonio —dijo Chelsea—, aquellas facturas vencieron el plazo, y pronto nos encontramos enterrados en la deuda. El total era descomunal. Estábamos avergonzados por lo tontos que habíamos sido acumulando una deuda así, y estábamos sobrepasados».

La tensión financiera por aquellas facturas puso al nuevo matrimonio contra las cuerdas. Luchaban todo el tiempo con cómo manejar la deuda bajo la que estaban. La luna de miel se terminó.

Pero esta es una brillante pareja joven. En vez de esperar hasta que su matrimonio se derrumbase o hasta que el tribunal de quiebras fuera su única opción, buscaron ayuda. Se apuntaron a una clase de finanzas que ofrecía nuestra iglesia.

«Empezamos a desarrollar algunas herramientas geniales para tener conversaciones productivas sobre economía», dijo Chelsea.

«Y decidimos que cortaríamos cada tarjeta de crédito según la pagáramos», dijo Ryan. «Cortamos seis tarjetas de crédito durante el curso de diez semanas».

Se establecieron el objetivo de quedar libres de aquella disparatada deuda de las tarjetas de crédito para finales de año. Era un objetivo considerable, eso seguro. Pero ateniéndose a su plan, lo consiguieron con una semana de sobra y fueron capaces de concluir el año con una gran sensación de gozo y felicidad. No más vergüenza, ni más peso de la deuda, ni más sentirse sobrepasado.

La historia no termina ahí. Solo dos semanas después de haber pagado su deuda, recibieron un correo electrónico comunicándoles la necesidad económica de un ministerio afín a sus corazones. Como ahora vivían por debajo de la provisión de Dios para ellos, tenían margen en su presupuesto para responder a la necesidad de este ministerio.

Se puede confiar realmente en que Dios provee. Él solo pide que confíes en Él viviendo bajo Su provisión.

«Dios colocó un número realmente grande en mi corazón», dijo Chelsea.

«Cuando Chelsea me presentó su cifra, ¡era como diez veces más que la mía! —dijo Ryan—. Pero sentía que Dios nos estaba pidiendo que supliéramos también esta necesidad. Me uní a Chelsea allí mismo».

«Por primera vez en nuestras vidas, éramos capaces de dar mucho más allá de nuestro diezmo regular, y escribir aquel cheque fue una experiencia liberadora y llena de gozo», dijo Chelsea.

«Creo que mi esposa tiene el don de dar, porque ella recibe mucho gozo a través de ello —dijo Ryan—. Mirando atrás esta experiencia de salir de la deuda, hace un año no habría imaginado estar en esta posición. Pero Dios, dentro de Su provisión, lo hizo posible».

Qué pareja tan valiente. Y se puede confiar realmente en que Dios provee. Él solo pide que confíes en Él viviendo bajo Su provisión. Quizá para ti el siguiente paso sea encontrar una clase que pueda ayudarte, o un consejero económico que te guíe. Llena las casillas de tu calendario con los próximos pasos de acción económica y después cúmplelos. Eso simplificará tu vida como no puedes ni imaginarte, y pasarás de estar sobrepasado a estar al mando. Experimentarás gozo, libertad y paz. No te arrepentirás, te lo prometo.

Creencia nº 3: Honro a Dios dando el primer diezmo de todas mis ganancias para Sus propósitos en el mundo.

El desmentido que hice antes acerca del estereotipo de los pastores hablando de dinero entra en juego con esta tercera creencia. Pero no me disculpo por comunicar lo que la Escritura enseña acerca del diezmo y las ofrendas. Yo no tengo vela en este entierro. Ni a mí ni a mi iglesia nos beneficiará en un simple centavo si tú pones tus finanzas en orden en el área de los diezmos y ofrendas. Hablo de ello solamente para tu beneficio, porque las promesas de Dios no son difíciles de discernir en esta área:

> Honra al Señor con tus riquezas y con los primeros frutos de tus cosechas. Así tus graneros se llenarán a reventar y tus bodegas rebosarán de vino nuevo.[7]

> «Traigan íntegro el diezmo para los fondos del templo, y así habrá alimento en mi casa. Pruébenme en esto —dice el Señor Todopoderoso—, y vean si no abro las compuertas del cielo y derramo sobre ustedes bendición hasta que sobreabunde».[8]

Siempre que enseño sobre este tema, la sala se queda en completo silencio porque mucha gente se siente culpable acerca de sus finanzas. Así que, antes de continuar, permíteme que declare las siguientes páginas como zona libre de culpa. *Libre de culpa.*

Cuando la Biblia nos pide que tomemos el primer diezmo de nuestras ganancias y lo demos para los propósitos de Dios en el mundo, esto obviamente requiere fe. Requiere fe porque significa que estaremos apartando el diez por ciento de la provisión de Dios... y nos hemos comprometido a vivir por debajo de Su provisión, ¿verdad? Así que tenemos un diez por ciento menos con el que trabajar para mantener ese saludable margen entre la provisión de Dios y nuestros gastos.

Imagina a dos amigos —llamémosles Mike y Jim— que son seguidores de Cristo. Han sido cristianos durante exactamente la misma cantidad de tiempo, pero Mike tiene un poco más de fe en el área de la provisión de Dios. Jim, no tanto. Jim dice: «Eh, Mike, oye. Tengo que pasar de A a B económicamente, y eso va a requerir el cien por ciento de mis ingresos. Son simples matemáticas; los cálculos funcionan. Para pasar de A hasta B, necesito el cien por ciento de lo que gano».

Mike, por otro lado, escucha lo que la Palabra de Dios dice de esto y decide: «Yo necesito pasar de A hasta B también. Pero creo que Dios puede llevarme de A hasta B solo con el 90 por ciento de mis ganancias. Voy a dar el diez por ciento, como se ordena en la Escritura, como diezmo para sostener los propósitos de Dios. Creo que, como recompensa por mi fe y obediencia, Dios me llevará no solo de A hasta B, sino también de B hasta C. En Su Palabra, Él promete derramar bendiciones hasta que sobreabunden, y yo quiero aceptar Su reto».

«En Su Palabra, Él promete derramar bendiciones hasta que sobreabunden, y yo quiero aceptar Su reto».

Este nuevo lugar, C, ni siquiera está en el radar de Jim. Él ha hecho cálculo sencillo. Su mapa termina en B. Pero Mike encuentra en la Escritura que C está descrito como un lugar de bendición, un lugar de favor. Mike no sabe exactamente cómo es C, pero tiene la corazonada de que será mucho más emocionante y gratificante que terminar su viaje en B.

Amigo, *todos y cada uno de los seguidores de Cristo que he conocido* que han aplicado en sus vidas esta práctica basada en la fe tienen alguna clase de «historias sobre C» que podrían contarte: historias de oraciones respondidas, favor, protección, nuevas amistades, nuevas oportunidades y bendiciones inesperadas que les salieron al paso. No hay nada como vivir en obediencia desde A hasta B sabiendo que Dios tiene para ti una «historia sobre C» en mente. La sola expectación aporta energía, gozo y deleite.

Pero he aquí lo que definitivamente me fascina: *Tanto Mike como Jim piensan que el otro tipo es idiota.*

Jim mira el plan del 90 por ciento de Mike y dice: «¿Me estás tomando el pelo? ¿En serio? ¿Crees que vas a llegar de A hasta B solo con el 90 por ciento? No se puede hacer. Son matemáticas. No seas idiota».

Mike mira a Jim y dice —quizá con un poco más de delicadeza—: «No te ofendas, hombre, pero *tú eres* el idiota, porque lo máximo que esperas conseguir es trasladarte de A hasta B. ¡Vaya cosa! *¡Qué aburrido!* A eso es a lo que se apuntaría cualquiera. En tu plan del cien por ciento, pasas de A hasta B igual que yo, pero nunca llegarás a experimentar el gozo del viaje desde B hasta C. Nunca conocerás cómo se siente la actividad sobrenatural de Dios en tu vida financiera. Nunca experimentarás la sensación de ser favorecido y bendecido. Nunca tendrás el privilegio de ver lo que Dios puede hacer en tu vida más allá del punto B. La vida real pasa entre B y C, amigo mío. Y perdona que lo diga así, ¡pero *ahí* es donde está el dinero! Apúntame para la vida de B a C cuando quieras».

Te lo pregunto aquí y ahora: ¿qué idiota quieres ser *tú*?

Yo quiero ser el idiota lleno de fe, como Mike. He sido esa clase de idiota desde que comencé a recibir pagas, y podría entretenerte durante mucho tiempo con las historias de B a C de las que Dios me ha invitado a formar parte a lo largo de mi vida. De hecho, *mi vida entera* es una historia de B a C. Nunca volvería a vivir con menos.

En realidad siento pena por los seguidores de Cristo que se conforman con la vida de A hasta B. En la iglesia cantan canciones como «Salvador, a Ti me rindo…», pero cuando llega el momento, no rinden nada; ni siquiera rinden el diez por ciento. Es más parecido a esto: «Dios, me rindo totalmente a Ti, pero mantente alejado de mi dinero».

> Establece tu ofrenda electrónicamente, si es posible... Utilizar la tecnología de este modo ayuda a que pilles el ritmo de una ofrenda regular.

Estas personas hablan mucho, pero hasta que no sometan todo a Dios —*incluyendo* sus finanzas—, se están robando a sí mismos una de las cosas más alucinantes del cristianismo, que es la parte sobrenatural.

Te pregunto: ¿en qué momento de la historia de tu vida te plantarás y dirás: «Me apunto a la vida de B hasta C, empezando por hoy. El primer diezmo va para Dios, por fe»?

Aquí tienes un consejo gratuito que simplificará un poco ser fiel con tu diezmo: establece tu ofrenda electrónicamente, si es posible. Si tu iglesia o el ministerio que elijas no tiene la capacidad de recibir donativos electrónicamente, usa la página web de tu banco para programar que tu cuenta corriente aparte automáticamente la cantidad de tu diezmo cada periodo de pago. Utilizar la tecnología de este modo ayuda a que pilles el ritmo de una ofrenda regular. Puedes tomar una decisión en oración que refleje un corazón sometido en el área de dar, y después poner esa decisión a descansar programando en tu agenda que suceda estés o no «de humor». Esto minimiza cualquier tentación de decir: *Pagaré estas facturas primero y después daré el diezmo.* Una vez hayas tomado en oración la decisión de dar, establece un sistema de pago automático que te libere del impulso vacilante y te ayude a permanecer fiel. Es así de simple.

Dale a Dios el diez por ciento de tu diezmo y confía en Él para que te lleve no solo de A hasta B, sino también de B hasta C. Es un paso clave hacia la simplificación de tu vida. Sin culpa, sin vergüenza: solo una decisión con propósito que encaja con el hecho de estar totalmente reconciliado con Dios. En el curso de tu vida, te alegrará haber avanzado hasta este punto.

Creencia nº 4: Aparto una porción de mis ingresos en una cuenta de ahorros para emergencias, oportunidades de ofrenda y mis últimos años.

En solo tres cortos versículos del libro de Proverbios, el rey Salomón dibuja una imagen que comunica muchísimo en el tema de los ahorros.

> Tú, holgazán, aprende una lección de las hormigas. ¡Aprende de lo que hacen y hazte sabio! A pesar de que no tienen príncipe ni gobernador ni líder que las haga trabajar, se esfuerzan todo el verano, juntando alimento para el invierno.[9]

¿Alguna vez has pasado por un «invierno» en tus finanzas? Muchos de nosotros hemos estado en época invernal en nuestra economía los últimos años por culpa de la reciente crisis económica. Tal vez sepas lo que es perder el trabajo y atravesar el invierno del desempleo. Te han despedido, o te han reducido la jornada, o por cualquier razón, los ingresos regulares con los que contabas ya no están.

Si eres de esa clase de personas que han adoptado el patrón de ahorros de la hormiga, ya habrás apartado una porción de cada paga.

¿Alguna vez has experimentado el invierno de los gastos imprevistos? Cosas que se estropean: el horno no se enciende, el coche no arranca, la lavadora finalmente muere. Es como si un hato de *gremlins* irrumpiera en tu casa y tomara el control. Todo se rompe a la vez. Entonces tu hija se cae y se rompe la muñeca, y tienes una pila de facturas médicas que no habías presupuestado. Es como si estuvieras viviendo la Ley de Murphy: «Si algo puede ir mal, irá mal».

Pero si eres de esa clase de personas que han adoptado el patrón de ahorros de la hormiga, ya habrás apartado una porción de cada paga en una cuenta corriente como fondo de emergencias para épocas como esta. Puedes usar ese dinero de emergencia para arreglar el coche y el horno, comprar una lavadora nueva y pagar la factura de urgencias de tu hija. No hay que preocuparse. Planeaste para el invierno, así que no te sorprendió fuera de guardia cuando llegó.

Desde los primeros tiempos de Willow Creek, nuestra junta de directores se aseguró de apartar una porción de cada ofrenda y ponerla en un fondo para emergencias, fallos del equipo, reparaciones inesperadas y cosas así. El verano pasado una enorme unidad de aire acondicionado de uno de nuestros edificios —una unidad inusualmente cara— tuvo una horrible muerte durante la ola de calor más intensa del verano. No hubo problema. No tuve que rogar a nuestra congregación que diera dinero para una nueva unidad. De hecho, nunca supieron que la anterior se había averiado. No tuvieron que preocuparse de ello, porque teníamos fondos para el equipamiento listos para situaciones como aquella. Solo llamamos al técnico de climatización, que vino, quitó la vieja e instaló la nueva unidad. Simple. No perdimos el ritmo. Y ahora estamos volviendo a reconstruir el fondo para lo siguiente que se estropee.

Puedes simplificar grandemente tu vida adoptando la sabiduría de la hormiga. Aparta dinero de cada paga —tú eliges el porcentaje, el que tú creas que suplirá tu necesidad— y pon ese dinero en una cuenta de ahorro. Y no importa qué «invierno» llegue a tu vida —emergencias, facturas médicas o la jubilación—, estarás preparado. Estarás preparado incluso para tener oportunidades de dar cuando el «invierno» golpee la vida de los demás.

Aquí tienes otro consejo gratuito: yo he descubierto que seguir el principio de 10-10-80 me prepara bien para cualquier invierno. Aparto el primer diez por ciento de mis ganancias para los propósitos de Dios; ahorro el siguiente diez por ciento para emergencias, oportunidades de dar y mi futuro; y vivo con el 80 por ciento restante. Esto simplifica mi vida. No me siento abrumado, ni siquiera cuando se me vienen encima gastos inesperados.

Cuando estás totalmente reconciliado con Dios económicamente, y vives tu vida de acuerdo con ello, ninguna «ventisca invernal» tiene el poder de sobrepasarte. Estar preparado te quita el estrés. Trae simplicidad a tu mundo financiero. Trae paz.

Creencia nº 5: Vivo cada día atento al cielo, dispuesto a responder cualquier susurro de Dios con respecto a mis recursos.

Cuando estás reconciliado espiritualmente con Dios, tienes una relación dinámica en dos sentidos con Él a lo largo del día. El cristianismo no es un credo estático o un conjunto de reglas; no es simplemente ir a la iglesia. En esencia, el cristianismo es una relación dinámica entre tú y Dios. Tú oras; Él escucha y responde. Él susurra; tú escuchas y respondes. Tú sientes Su presencia. Igual que al respirar, inhalas y exhalas, escuchas y oras, te relacionas con Dios a lo largo del día.

Cuando estás reconciliado económicamente con Dios, tus conversaciones con Él pueden ser más o menos así: «Dios, vivo gozoso dentro de Tu nivel de provisión. No me siendo atrapado por la deuda. Te honro con mis diezmos. Y estoy apartando ahorros para esas estaciones invernales de mi vida». Y entonces tienes la libertad de añadir: «Así que, Dios, si quieres susurrarme alguna indicación acerca de redireccionar cualquiera de los recursos que Tú me has confiado, estoy escuchando. Si hay una persona o una causa que necesite recursos y Tú quieres usarme para ofrecer algunos, estaría bien; lo haré. No hay problema. Me alegraría mucho». Esa es una vida de B hasta C, amigo.

Igual que al respirar, inhalas y exhalas, escuchas y oras, te relacionas con Dios a lo largo del día.

Hace cosa de un mes, estaba sentado en una cafetería abarrotada, trabajando en un sermón. La camarera ya me había atendido antes en ese restaurante en particular, y estaba luchando por arreglárselas con todo el conjunto de mesas. Estaba sometida a bastante estrés.

En cierto momento, entre las comandas, fue a un lado, agarró su teléfono y leyó un mensaje de texto que había recibido. Vi cómo su cara se ensombrecía y se le humedecían los ojos, y no pude evitar darme cuenta de que se emocionó. Pero al instante siguiente, la gente volvió a pedirle más café u otros encargos, así que dejó a un lado el teléfono y corrió hacia las mesas.

Justo entonces el Espíritu de Dios me susurró algo inconfundible: *Bill, estás escribiendo ahora el sermón, pero el sermón puede esperar. Aquí hay una mujer bajo un montón de presión, así que para lo que estás haciendo y cambia de dirección. Escríbele una nota de ánimo en un trozo de papel de tu sermón.*

El susurro de Dios parecía bastante claro, así que dejé a un lado el sermón y comencé a escribir una nota de ánimo. Y entonces me llegó un impulso: *Ah, Bill. Y déjale una propina impresionante.*

Ahora estaba despistado —y un poco preocupado— porque no sabía lo que quería decir «una propina impresionante». *Bueno, primero,* pensé, *terminemos la nota.*

Al terminar la nota, tragué saliva y oré: *Eh, Dios, ¿qué quieres decir exactamente con «propina impresionante»? ¿Es... como... el treinta por ciento del café y el sándwich?* (Eso es el doble de una propina estándar, ¿no? Solo le estaba dando a Dios alguna dirección, ayudándole a que definiese «impresionante».)

Entonces Dios dijo claramente: *Déjale cien dólares, Bill.*

Sí, cien pavos. Eso era impresionante, desde luego.

Así que doblé la nota, metí los cien dólares dentro, puse mi taza de café encima y salí del restaurante.

> Cuando estás reconciliado espiritual y económicamente con Dios, tienes un asiento en primera fila para ver a Dios usando tus recursos.

La semana pasada regresé a la misma cafetería para trabajar en otro sermón. La misma camarera me sirvió. Tomó mi pedido y no dijo nada, lo que estaba bien, porque estaba trabajando. Cuando terminé, le pagué y comencé a recoger mis cosas. Cuando me iba, la camarera deslizó una tarjeta en mi mano y dijo: «Léalo más tarde». Esto es lo que decía la tarjeta:

> Nunca sabrá lo que significaron para mí su nota y su regalo del mes pasado. Aquella mañana mi marido me había presentado los papeles del divorcio. Él controla todo nuestro dinero y se lo llevó, junto con nuestro único coche. Aquel día era uno de los peores de mi vida. Entonces encontré su nota y su regalo económico. Eso me recordó que Dios es fiel y que Él cuidará de mí.

Cuando estás reconciliado espiritual y económicamente con Dios, tienes un asiento en primera fila para ver a Dios usando tus recursos como en este caso. Llegas a tener experiencias de B hasta C y tocas las vidas de otros de algún modo. Estás en el lado dichoso, pacífico, el lado que se mantiene atento al cielo en esta loca ecuación de dinero. Y Dios quiere eso para ti. Él no te liberó del pecado para vivieras esclavizado a la deuda el resto de tu vida. Quiere que seas libre. Y quiere que experimentes el privilegio de ver cómo tus recursos ayudan a otras personas; no hay nada como eso.

EL MOMENTO DE DECIDIR

Sería culpable de una mala práctica del liderazgo si te desafiara con estas cinco creencias y después no te invitase a tomar una decisión acerca de cada una de ellas. Es el momento de decidir.

Cuando siento que Dios me está invitando a tomar una decisión importante en mi vida, a menudo comienzo con una autoevaluación y someto a Él esa parte de mí mismo que necesita Su poder transformador. Tomando prestado un verso de un famoso himno, mi oración es más o menos así:

> Tal como soy, Dios, con mi maldad; un desastre moral, un fracaso financiero.
>
> Tal como soy, con mi maldad. No tengo excusas, Dios. Tomé todas esas decisiones locas.

> Soy un idiota que no confía en Ti. Soy ese tipo. Gasté demasiado. Me he hecho esto a mí mismo. Aquí estoy, Dios, con mi maldad.
>
> Y aquí estás Tú, Dios, con amor y perdón, dispuesto a limpiarme de toda mi insensatez pasada. Extiende Tu mano de gracia sobre mí para que pueda empezar de nuevo. Ayúdame a simplificar mi vida dirigiendo mis finanzas y experimentando una reconciliación espiritual y económica completa contigo.[10]

Si estas cinco creencias te intrigan pero te hacen sentir en conflicto, asustado o inseguro sobre qué hacer después, te exhorto: elige la fe. Ve por el camino de Dios. Nunca serás capaz de simplificar tu vida hasta que domines tus finanzas fuera de control. Sirves a un Dios de nuevos comienzos, de segundas oportunidades, de nuevos días. Cuando le das el control de tu mundo financiero, estás tomando una decisión de gran importancia que puede cambiar destinos. Podría cambiar los valores de tu familia en las generaciones venideras. Para la locura económica hoy. Pídele a Dios que te ayude a enderezar lo financiero. Nunca te arrepentirás de estar completamente reconciliado con Él, en lo espiritual y lo económico.

Sirves a un Dios de nuevos comienzos, de segundas oportunidades, de nuevos días.

■ ■ ■

PASO DE ACCIÓN: COMPROMÉTETE CON LAS CINCO CREENCIAS DE LA RECONCILIACIÓN ECONÓMICA

Piensa en las cinco creencias de las que hemos hablado. ¿Te las crees o no? ¿Puedes marcar el día de hoy como aquel que de ahora en adelante recordarás diciendo: «Quiero estar económicamente reconciliado con Dios»? Al leer cada declaración más abajo, invita a Dios en oración a que ilumine las áreas de tu vida que necesitan someterse a Él. Entonces, comprométete con cada creencia.

Siempre que lucho con un área de sometimiento, encuentro útil *escribir* mi oración a Dios en vez de orar en voz alta o en silencio. Utiliza tu diario o un trozo de papel para procesar cada una de estas creencias según vayas comprometiendo cada área de tus finanzas a Dios.

Creencia nº 1: Todo lo que tengo viene de Dios.

¿Puedes decirle a Dios —de corazón— «Todo lo que tengo me ha venido por medio de Tu mano amorosa»? Cuando te sientas tentado a congratularte tú solo por tus dones, talentos, oportunidades y posesiones, ¿puedes recordarte humildemente que estas cosas te han sido confiadas por Dios, que cuenta contigo para que las administres bien?

Creencia nº 2: Vivo feliz con la actual provisión de Dios para mi vida.

Los patrones económicos con frecuencia se heredan de una generación a otra. Tal vez tú heredaste los tuyos. Pero no tienes por qué pasarlos. Alguien tiene que parar esta locura económica. Haz que ese alguien seas tú, y comienza hoy. Por el bien de tu familia a través de los tiempos, enderézalo. Ponte firme y di: «Nunca más viviremos más allá de la provisión de Dios en esta familia».

Tienes una oportunidad justo ahora de comprometerte a vivir gozosamente dentro de la provisión de Dios para tu vida. Ponte firme y declara: «No voy a vivir como si Dios la hubiera liado y Su nivel de provisión para mí no estuviera bien. No voy a elevar mi nivel de provisión por medio de la deuda. Voy a pagar la deuda que acarreo, y nunca voy a volver a ella. De hoy en adelante, voy a crear un margen entre la provisión de Dios y mis gastos; y viviré contento y en paz durante el resto de mi vida».

Creencia nº 3: Honro a Dios dando el primer diezmo de todas mis ganancias para Sus propósitos en el mundo.

Pregúntate: ¿qué clase de idiota quiero ser? ¿El idiota con una fe pequeña que hace cálculos sencillos y avanza desde A hasta B con el cien por ciento de sus ganancias, o el idiota con un poco más de fe que en realidad cree que Dios le llevará desde A hasta B y después desde B hasta C? Sé la clase de idiota lleno de fe que decide: «Voy a dar un paso al frente en fe y a comprometer el primer diezmo de mis ganancias a Dios».

Creencia nº 4: Aparto una porción de mis ingresos en una cuenta de ahorros para emergencias, oportunidades de ofrenda y mis últimos años.

Pocas cosas te hacen sentir más fuera de control que los gastos imprevistos que no puedes afrontar. Que no te pille el invierno desprevenido. Simplifica tu vida estando preparado para lo inesperado. De hoy en adelante, ¿te comprometerás a tomar una porción de tus ganancias y a ponerla en una cuenta de ahorro para emergencias, oportunidades de ofrenda y tus últimos años?

Creencia nº 5: Vivo cada día atento al cielo, dispuesto a responder cualquier susurro de Dios con respecto a mis recursos.

Comprometiéndote con las cuatro primeras creencias de la reconciliación financiera, creas un margen económico que te ayuda a responder a la guía de Dios cuando se trata de repartir tus recursos. Estás a una decisión de vivir cada día atento al cielo, respondiendo a los susurros de Dios con respecto a tus recursos. ¿Le acompañarás para extender compasión y marcar el comienzo de un máximo impacto del Reino a través de los recursos que Él te ha confiado? ¡Esto es vivir de B hasta C a tope!

Capítulo cuatro

De impaciente a satisfecho

Perfecciona tu mundo laboral

He aquí una llamada de atención: vas a pasar, aproximadamente, un tercio de tu vida en el trabajo. Y como tu trabajo consumirá entre ocho y diez horas al día cada día laborable de tu vida, tu experiencia en el trabajo o sumará importantes niveles de alegría y plenitud a tu vida o te creará un índice de miseria que será difícil de compensar con el resto de horas del día. Estar atascado en un trabajo miserable te complica la vida como nada. Así que examinar tu vida laboral es un paso importante a la hora de simplificar tu vida.

No debería sorprendernos que el escritor de Eclesiastés dé tanto peso al tema del trabajo.

> Esto es lo que he comprobado: que en esta vida lo mejor es comer y beber, y disfrutar del fruto de nuestros afanes. Es lo que Dios nos ha concedido; es lo que nos ha tocado. Además, a quien Dios

> le concede abundancia y riquezas, también
> le concede comer de ellas, y tomar su parte y
> disfrutar de sus afanes, pues esto es don de Dios.[1]

Para hacerlo más simple, una de las mayores bendiciones de la vida es amar tu trabajo y estar satisfecho con tu labor diaria.

¿Conoces a gente cuyos trabajos les hagan miserables? Permíteme que adivine *cómo* conoces ese detalle de sus vidas: ellos hacen *tu* vida miserable contándote siempre que te ven lo infelices que son en el trabajo, ¿verdad? A la miseria le encanta la compañía.

En cambio, hace poco conocí a un joven que ama su trabajo y no tarda en soltar frases típicas del tipo «adoro mi trabajo»: «El tiempo vuela cuando estoy trabajando». «¡Trabajo con la mejor gente del mundo!». «Mis compañeros son como mi familia». «Siempre hay un nuevo desafío en el trabajo… montones de variedad cada día. No nos aburrimos ni un momento». Y aquí está la guinda: «Trabajaría *gratis* (pero no se lo digas a mi jefe)».

«El otro día —me dijo—, conducía a casa después de un día de trabajo fantástico y me dio por pensar: *Me* pagan *por hacer lo que me encanta hacer. Debería ser ilegal*».

Ambos nos reímos bien. Este hombre le dice a todo el que conoce lo mucho que le gusta su trabajo. Lo ve como una de las mayores bendiciones de su joven vida.

CÓMO SIMPLIFICA TU VIDA UN TRABAJO SATISFACTORIO

¿Hasta qué punto estás satisfecho con tu trabajo? En una escala de uno a diez, ¿en qué punto está el agrado por tu trabajo? Encontrar satisfacción en el trabajo tiene el poder de simplificar tu vida de bastantes maneras.

Energía

Cuando inviertes las mejores horas de tu día en un trabajo gratificante, tu nivel de energía no solo permanece alto toda la jornada, sino que se rellena en el trabajo. Un trabajo miserable, por el otro lado, te absorbe la energía, y después consume más energía todavía para mantener tu actitud bajo control haciendo cosas de las que realmente no disfrutas con gente que en realidad no te gusta. Terminas tu jornada agotado, consciente de que mañana debes regresar para otro día agotador, y el día siguiente también. Cuando llegas a casa, apenas tienes energía para actividades vivificadoras que podrían, no obstante, rellenar tu balde. Es la pescadilla que se muerde la cola.

Encontrar satisfacción en el trabajo tiene el poder de simplificar tu vida de bastantes maneras.

Al final de una jornada en un trabajo que te encanta, has gastado una energía apropiada a lo largo del día realizando tareas que disfrutas en una cultura vivificadora. La energía que empleas en el trabajo se rellena de forma natural a lo largo del día por el entorno gratificante y el agradable papel que desempeñas. Cuando es hora de salir, tu tanque está todavía casi lleno, dejándote con suficiente energía para dedicarte a la familia, a tus aficiones, amigos y otras empresas satisfactorias en tus horas libres: lo que significa que mañana comenzarás la jornada completamente fresco.

Paz

El conflicto, la frustración, las malas decisiones, el caos, la ineficiencia y el ambiente emocionalmente tóxico de un trabajo miserable te crean un desorden interior que te roba la paz. No puedes dejar el desorden en la puerta cuando dejas el trabajo al final de día; permanece en tus entrañas y se filtra hacia fuera a través de tus palabras y tu actitud en tu mundo de después del trabajo. Tu cónyuge escucha hablar de ello, tus amigos escuchan hablar de ello, y tu energía mental se gasta en repetirlo en vez de centrarte en aquellos que amas o en hacer cosas que te vivifican después del trabajo. Cuando reina el caos en tu trabajo, tu vida es de todo menos simple.

Por el contrario, un trabajo con una cultura saludable, en donde los papeles están bien definidos, las direcciones claras y los niveles de responsabilidad se corresponden con la autoridad necesaria para llevarlas a cabo... esta clase de entorno conlleva una profunda sensación de paz. La energía se gasta en el trabajo real, no tratando de luchar contra el sistema para hacer el trabajo. La gente se siente libre de sobresalir en aquello que hace mejor, con compañeros de trabajo y supervisores que los animan. Cuando tienes un trabajo así, respiras mejor por dentro. No solo tu jornada se simplifica por un entorno gratificante, sino que tus horas libres y tus fines de semana también son más sencillos. Eres capaz de dejar el trabajo en la oficina, donde debe estar. Cuando terminas al final del día, ninguna nube de caos te sigue a casa. Cuando la paz prevalece en tu trabajo, lo notas, tus compañeros lo notan y tú llevas eso contigo a tus horas simplificadas después del trabajo.

Cuando la paz prevalece en tu trabajo, lo notas, tus compañeros lo notan y tú llevas eso contigo a tus horas simplificadas después del trabajo.

Confianza en ti mismo

Un trabajo miserable se come la confianza en ti mismo por medio de la ingratitud, los celos mezquinos, la indiferencia, la falta de respeto, la falta de desarrollo y un techo invisible que nunca puedes alcanzar.

Un trabajo que te guste, por otro lado, aumenta tu autoestima de un modo saludable. Tienes la oportunidad de hacer cosas que Dios te otorgó solo a ti hacerlas bien. Ves resultados tangibles para tus esfuerzos. Experimentas recompensas intangibles al ser testigo de los efectos positivos de tu labor. Sabes que estás marcando la diferencia, y eres compensado en consecuencia: no solo económicamente, sino con un aumento de responsabilidades.

Hay una alegría sencilla que proviene de un trabajo en el que sabes que tu contribución importa: para tu jefe, para tus clientes y para ti mismo. Al final de la jornada en esta clase de trabajo, eres una versión mejor de ti mismo. Te vas convirtiendo con más detalle en la persona que Dios hizo de ti. Y llevas esa mejor versión de ti mismo a tu mundo de después del trabajo.

Un trabajo satisfactorio, agradable y gratificante que te encante simplifica tu vida. Cuando pasas las principales horas del día en un entorno laboral saludable, haciendo tareas que merecen la pena y se ajustan a tus dones, talentos y habilidades, tu nivel de energía permanece elevado, tus reservas emocionales están repletas, y tienes un poco más de seguridad y alegría acerca de lo que estás aportando al mundo que antes de invertir esas ocho o diez horas.

ENDEREZAR TU TRABAJO

Entonces, ¿qué estás buscando? ¿Cómo encontrar un trabajo que adores tanto que realmente simplifique tu vida? Cuando valores tu trabajo actual —o cualquier otro trabajo que puedas considerar en el futuro—, encuentro útil filtrar el puesto o la posición por medio de cuatro alineamientos fundamentales: *pasión, cultura, desafío* y *compensación.*

¿Cómo encontrar un trabajo que adores tanto que realmente simplifique tu vida?

Alineamiento nº 1: Pasión

El rey David nos recuerda que somos «una creación admirable».[2] En algún lugar de la programación de todo el mundo hay pasión por algo. Aunque las pasiones cambian según la persona, cuando se trata de encontrar un trabajo que nos satisfaga, tener enderezado *el alineamiento de la pasión* juega un papel vital.

Aunque viviese cien años, nunca comprendería el misterio de la absoluta variedad de pasiones que Dios ha colocado en la gente: pasión por pintar, por pilotar aviones, cantar, cocinar, escribir, construir, liderar, administrar, orquestar, cuidar el jardín. Pasión por el derecho, la medicina, la construcción, la contabilidad, la aviación, el cine, la crianza de los niños, la ganadería. Pasión por el paisajismo, la arquitectura, la soldadura.

Me senté junto a un director de una funeraria una vez en un vuelo. «Me encanta mi trabajo —me dijo—, porque tengo la oportunidad de ayudar a las familias durante los momentos más difíciles de sus vidas». Vaya. Su perspectiva era correcta. Entonces añadió: «¡También me encanta porque es muy tranquilo!».

Sí, pensé. *¡Una tranquilidad de muerte!*

Eso contrasta con un amigo mío que pilota aviones de combate y los hace aterrizar en cubiertas de portaaviones en la negrura de la noche en mitad del océano. «Me encanta mi trabajo —dice— porque es una cuestión de vida o muerte cada vez que enciendo los motores». A él le apasionan los aviones, el riesgo, la aventura y la adrenalina.

Identificando las pasiones que Dios nos ha dado y encontrando trabajos que encajen con ellas lo máximo posible, nos pondremos en posición para una gran satisfacción.

A un joven que conozco le apasiona proporcionar influencia pastoral a niños que viven en pobreza. Fue un pastor de jóvenes muy importante en la universidad, pero en vez de seguir por ese camino, se sacó un certificado en matemáticas y se convirtió en profesor de la escuela pública. Como profesor de álgebra de secundaria en un distrito escolar con pocos recursos en el sur de California, con un 80 por ciento de hispanohablantes, él usa su soltura bilingüe para conectar con sus estudiantes y sus padres. Le gustan las matemáticas, pero su satisfacción real viene de ser una fuente de ánimo y dirección para sus estudiantes.

El director técnico de nuestra iglesia tiene una pasión muy específica: utiliza la tecnología para maximizar el impacto del mensaje de Dios a través de los músicos, los artistas y los profesores de los programas de fin de semana y de entresemana en nuestra iglesia. Él ve a todos los que tienen habilidades técnicas como artistas de propio derecho, y obtiene una gran satisfacción al equiparlos para que usen el sonido, la luz, el video y los gráficos para ayudar a que el mensaje de Dios alcance a nuestra audiencia.

A la revisora de textos de Willow le apasiona proporcionar un brillo profesional a todas las comunicaciones de la iglesia. Disfruta de la gramática, la puntuación y las palabras, pero su verdadera satisfacción viene de saber que su contribución ayuda a minimizar la distracción de las erratas y los errores. «Consigo que la gente se centre en el mensaje que Dios tiene para ellos en vez de quedarse atascados por un error», dice.

Identificando con claridad las pasiones que Dios nos ha dado y encontrando trabajos que encajen con ellas lo máximo posible, nos pondremos en posición para una gran satisfacción en el trabajo... y en la vida. El mejor libro escrito jamás sobre este tema, en mi opinión, es *Let Your Life Speak* [Deja que tu vida hable] de Parker J. Palmer. Si sientes curiosidad por identificar tu pasión vocacional, el libro de Palmer puede ayudarte.[3]

Alineamiento nº 2: Cultura

Alinear tu trabajo con tus pasiones no es lo único que importa. La cultura de tu entorno de trabajo también juega un papel vital en la creación de una satisfacción y un contentamiento verdaderos. Si el alineamiento de la cultura está descentrado, tu trabajo se puede volver rápidamente agotador. Por ejemplo, puede que tengas pasión por la tecnología —un campo de actividad digno—, pero si trabajas en un departamento de informática disfuncional, dividido y gobernado por un autócrata, lo más probable es que no ames tu trabajo. Tu pasión está alineada adecuadamente, pero la cultura no. Vocación correcta, compañía incorrecta (o supervisor incorrecto).

1. Haz la pregunta correcta. Hablaba con un padre cuya hija hace poco terminó un posgrado. Una docena de compañías de alto nivel ya la han cortejado, muchas de las cuales parecen interesantes, al menos sobre el papel. «¿Pero cómo puedes predecir cuál de esas compañías tendrá una cultura adecuada en la que mi hija pueda crecer?», me preguntó.

Él está haciendo la pregunta correcta. Sabe lo importante que es una cultura saludable para la satisfacción laboral. Sabe que la descripción del trabajo puede encajar a la perfección con su hija, pero si la cultura fomenta un liderazgo pobre, prejuicios de género, una competición insana y cosas así, incluso un trabajo perfecto importa bien poco. Será miserable.

¿Cómo se entrecruza tu pasión con tu personalidad, tus prioridades y tu estilo de relacionarte?

Cuando busques un nuevo trabajo, mira más allá de las tareas y responsabilidades diarias. Investiga el *clima* y la *cultura* de la compañía. Puede que aprendas más llevándote a un empleado a comer de lo que aprenderías en una entrevista con Recursos Humanos o con el director. ¿Cómo se entrecruza la cultura con tu pasión, tu personalidad, tus prioridades y tu estilo de relacionarte? ¿Es este un lugar donde puedas crecer?

2. La verdad es tu amiga. Cuando has tenido el mismo trabajo durante cierto número de años, comprendes muy bien la cultura de tu compañía. Creo que no puedo fanfarronear más del equipo actual de Willow Creek. ¡Tenemos gente fantástica que crea una cultura fantástica! Pero ese no ha sido siempre el caso. Si te llama la curiosidad saber cómo una cultura de trabajo se puede dar la vuelta, permite que te cuente nuestro viaje de los últimos años.

Hace seis años, cuando renuncié a mi papel en el liderazgo operacional de Willow Creek después de unos años centrado más en mi puesto en Willow Creek Association, caí en la cuenta de que nuestra cultura estaba en la cuerda floja. Nuestro equipo de liderazgo se reunió y Colby Burke, nuestro director de recursos humanos, intentó convencerme para contratar una empresa externa que analizara a nuestro equipo con el propósito de evaluar la salud de nuestra cultura del trabajo.

Al principio me resistí. Acabábamos de ver cómo se marchaban tres líderes principales. Había confusión en el aire. Había conversaciones sordas en los pasillos. Había lágrimas alrededor del dispensador de agua y marcas de ruedas en el aparcamiento. Sabía que toda esta tensión saldría si dejábamos que nuestro equipo rellenase un formulario *anónimo*.

Aquel estudio iba a doler —como una endodoncia sin anestesia. «La verdad es nuestra amiga», me estuvo recordando Colby todos los días durante un año. Sabía que era lo correcto. Al final él me hizo ceder, y contratamos a la empresa consultora, analizamos al equipo anónimamente y luego nos mentalizamos para los resultados.

Llegaron unos resultados tan feos y dolorosos como me había imaginado. ¡Vaya somanta de dolor! Y fue una de las mejores decisiones que hemos tomado nunca.

La encuesta que utilizamos entonces (y que todavía usamos) se llama «Encuesta de compromiso de los mejores lugares de trabajo cristianos». Invita a cada miembro del equipo a clasificar una serie de cincuenta y ocho afirmaciones en una escala del uno al cinco, de «no estoy nada de acuerdo» a «estoy totalmente de acuerdo». Después los resultados se computan y las respuestas se calculan por promedios dentro de cada departamento. Así es como el Best Christian Workplaces Institute [Instituto de Mejores Lugares de Trabajo Cristianos] describe la cultura del equipo:

- Tóxico *(puntuación de 3,74 o menos)*. Los equipos que puntúan en este rango exhiben baja confianza, sentimientos heridos, miedo, una fricción alta y conflictos sin resolver, entre otros. La gente que trabaja en esta clase de cultura se está diciendo: *¡Es hora de mandar currículos!* Las alarmas deberían estar sonando.

- Momento crítico *(puntuación entre 3,75 y 3,99)* es el espacio entre «Tóxico» y «Saludable». Es un «momento crítico» porque los equipos se mueven en una u otra dirección. Hay *movimiento*, pero la perspectiva es incierta y poco clara.

- Saludable *(puntuación entre 4,00 y 4,24)*. Para los equipos que se sitúan en el rango de lo «Saludable» las cosas pintan bien, pero no estupendas. Los niveles de confianza se están construyendo. La gente está cómoda, pero no entusiasta. No hay nada digno de pánico, pero tampoco nada de lo que jactarse.
- Próspero *(puntuación de 4,25 o superior)*. Aquí es donde sucede la magia. Es donde reside el poder. Los equipos que se sitúan en este rango marchan a toda velocidad, el volante gira y todo sube y va en la dirección correcta.[4]

Nuestro equipo completó sus encuestas anónimas aquel primer año, se computaron los datos y llegó la gran revelación. Tuvimos una puntuación de 3,82… *¡solo ocho décimas por encima de tóxico!* Y eso después de que yo mismo rellenase veintisiete encuestas, ¡solo para hacernos llegar hasta allí! (Es broma.)

Estaba desolado. Durante una semana me acosté tarde cada noche leyendo cientos de comentarios individuales del equipo. Algunos eran positivos y esperanzadores, pero demasiado estaban llenos de dolor y decepción.

Nuestro equipo ejecutivo procesó los resultados y comenzó a organizar un plan de acción para remediar la situación. Con la ayuda de Dios, nos comprometimos a hacer lo necesario para mover nuestra cultura laboral a un nivel de salud mucho más alto. Celebramos cientos de reuniones, escuchamos las historias de las personas y nos disculpamos muchas veces. Yo mismo tuve que disculparme un montón. Y algunas personas me pidieron perdón. Comenzamos a construir un nuevo fundamento de confianza. Todos nos arremangamos y nos pusimos a trabajar.

Con la ayuda de Dios, nos comprometimos a hacer lo necesario para mover nuestra cultura laboral a un nivel de salud mucho más alto.

Doce meses después volvimos a hacer el mismo estudio, y mostramos escasos signos de mejoría. Tuvimos una puntuación de 3,95: todavía debajo de «Saludable» y lejos de «Próspero». Pero aunque no era un gran progreso, estábamos animados porque habíamos hecho muchas enmiendas; sabíamos que lleva tiempo reconstruir una confianza genuina. A lo largo de los dos años siguientes seguimos trabajando, reuniéndonos, orando y hablando. Establecimos mejores líneas de comunicación entre nuestros líderes y los equipos que lideraban.

Al tercer año llegamos al rango de «Saludable» —con una puntuación de 4,07— y en los pasillos y dispensadores de agua podías empezar a sentir el progreso que estábamos haciendo. La energía estaba regresando entre nuestros miembros del equipo.

Aprendimos cosas importantes en el proceso, como que «La gente se une a las organizaciones, pero abandona a los gerentes». Tal vez te veas reflejado. Quizá te sientas bien con tu compañía, pero tu gerente hace del trabajo algo insoportable. Esto también pasaba en Willow. En las entrevistas de salida escuchábamos una y otra vez: «Me encanta la misión y la visión de Willow, y quería quedarme y seguir esa visión, ¡pero mi supervisor está *loco*! Por «loco» querían decir controlador, desatento, aburrido, indiferente… o incluso peor, con mala intención. Instauramos una serie de cursos de formación para gerentes e hicimos grandes progresos ahí. También tuvimos que dejar marchar a cierto número de nuestros gerentes que se habían convertido en aprendices bloqueados. Habían dejado de intentar crecer como gestores de personas, así que perdieron la oportunidad de liderar a las personas de nuestro equipo.

Estamos tan comprometidos a construir nuestra cultura de equipo como lo estamos a construir la iglesia.

También modificamos las evaluaciones de rendimiento de nuestro equipo para dejar bien claro a los líderes que estamos tan comprometidos a construir nuestra cultura de equipo como lo estamos a construir la iglesia. Desde entonces, el personal de Willow es evaluado cada seis meses; no solo por *qué* se ha conseguido sino por *cómo* se ha hecho. En otras palabras, es genial si realizamos un montón de tareas, ¿pero mostramos actitudes cristianas? ¿Inspiramos a los compañeros? ¿Resolvimos los conflictos rápidamente y según la Biblia? ¿Comunicamos nuestras preocupaciones de un modo edificante y oportuno?

Al cuarto año llegamos al nivel «Próspero», con una puntuación de 4,25. El consultor nos dijo que habíamos entrado en el clima minoritario de las «organizaciones de élite» con culturas florecientes, vivificantes, que evidentemente son pocas y distantes entre sí.

Y más que verlo en las estadísticas, lo sentíamos de verdad en los pasillos. El entusiasmo y la alegría del equipo eran palpables. La gente estaba contenta, y su trabajo lo mostrada. ¡Y el pastor principal también estaba más feliz!

Hoy no nos dormimos en los laureles. Recordamos demasiado bien el dolor de trabajar en un entorno casi tóxico. No queremos volver allí. Continuamos tanteando, corrigiendo el rumbo y haciendo lo que sea para hacer que la gente se desarrolle en sus puestos bajo líderes a quienes les importe la cultura tanto como los objetivos. Y hace solo unos meses, en nuestro quinto año, ¡llegamos al 4,33! Nuestro consultor nos dijo que nunca había visto nada así... en ninguna organización. Dijo que es muy raro ver una puntuación superior a 4,30, sobre todo porque una cultura laboral depende en gran medida de «seres humanos imperfectos». Ciertamente esto es verdad en Willow, ¡porque yo soy parte de esa cultura!

Como líder principal, puedo decir con honestidad que estoy tan orgulloso de las mejoras en cultura laboral que hemos hecho en los últimos cinco años como lo estoy de casi cualquier éxito ministerial en el que nuestra iglesia haya jugado un papel hasta la fecha. ¿Por qué? Porque cuando una cultura funciona bien, somos capaces de darle a Dios nuestras mejores ofrendas. Nuestras energías se gastan ahora en las cosas correctas en vez de desperdiciarse en intentar sobrevivir en un ambiente tóxico. Nos hemos convertido en mejores administradores de todo lo que Dios nos ha confiado. Agradezco a nuestro personal —y en especial al equipo de Recursos Humanos— que luchase por estos logros, por moverse, desafiarse y empujar para construir una cultura más cristiana.

Sin importar en qué nivel de la compañía estés, tienes que elegir con qué contribuirás a la cultura.

Una cultura laboral próspera no solo contribuye significativamente a la satisfacción de todo el mundo en el trabajo; también contribuye grandemente a una mejora del rendimiento. Un estudio de 2013 hecho por Gallup y titulado «Estado del lugar de trabajo estadounidense» reveló que solo el 30 por ciento de los trabajadores está «emocionado» con sus trabajos; el 52 por ciento está «desinteresado» y todo un 18 por ciento está tan fastidiado con lo que ocurre en el trabajo ¡que están intentando activamente hacerle daño a sus organizaciones![5] El consultor de liderazgo Mark C. Crowley lo describe de este modo: «Imagina a una tripulación en el río Potomac donde tres están remando con todas sus fuerzas, cinco están disfrutando del paisaje y dos están tratando de hundir el bote».[6]

Contrasta eso con diez personas en el bote, todas remando con intensidad y entusiasmo. ¿Quién va a ganar esa carrera siempre?

3. ¿Constructor o destructor de cultura? Sin importar en qué nivel de la compañía estés, tienes que elegir con qué contribuirás a la cultura. No eres una víctima. Tienes, al menos, cierto grado de control. ¿Pero estás maximizando el control que tienes?

Recordamos continuamente a nuestro equipo que cada interacción que tienen a lo largo del curso del día o construye nuestra cultura o la destruye. O bendice a otra gente o la satura añadiéndole una carga innecesaria. ¿Constructor o destructor? ¿Bendición o carga?

Con frecuencia desafiamos a nuestro personal a que sean constructores de cultura. Les pedimos que pasen al menos quince minutos «sentados» con Dios antes de dirigirse al campus. Les pedimos que se llenen del Espíritu Santo y estén dispuestos a manifestar el fruto del Espíritu, para que sus interacciones a lo largo del día sean de bendición para sus compañeros.

Te lanzo el mismo desafío. No importa lo saludable o disfuncional que sea hoy tu cultura laboral, puedes elegir, por el poder de Cristo, convertirte en un *constructor de cultura*. Puedes ser alguien que bendiga a cada persona que se cruce en su camino, desde directores ejecutivos a trabajadores de nivel básico.

He aprendido que cuando en el trabajo me muestro comprometido a ser un constructor de cultura, este se vuelve más satisfactorio de lo que ya es. De algún modo, mis esfuerzos por construir la cultura elevan el espíritu de otras personas, cosa que a la vez eleva el mío. Incluso el intento más pequeño por añadir valor a la vida de un compañero miembro del equipo parece marcar una diferencia, y oro para que eso ayude a que esa persona se acerque a Cristo.

Sé fuerte y valiente; evalúa la cultura de tu equipo. Después, da los pasos necesarios para mejorar. No te arrepentirás.

¿Qué pasaría mañana por la mañana si entrases a tu trabajo decidido a construir una cultura más sana y a crear un entorno más alegre, donde se honre a Cristo? Creo que todo el cielo se uniría a tus esfuerzos.

Sé que no es fácil. En ningún modo estoy minimizando la monumental tarea de transformar una cultura de trabajo tóxica. Es difícil permanecer en tu sitio en un entorno así. De hecho, en algunas situaciones, cuando la cultura es tan tóxica que se te pide que comprometas tu moral, tienes que salir. Ora a Dios para que guíe tus pasos hacia un nuevo trabajo que tenga un mejor clima y una mejor cultura.

Pero en la mayoría de los casos, incluso un entorno tóxico se puede mejorar… y tú siempre tienes elección. Siempre tienes un papel que desempeñar. No eres una víctima, y nadie puede arruinar tu actitud sin tu permiso. Reformula tu situación y busca pequeños pasos a dar para mantener alta tu actitud, para ser optimista frente a la adversidad, para bendecir incluso a aquellos que te maldicen. Solicítale a un compañero de trabajo de confianza que te acompañe en esto, y mira si sus esfuerzos combinados por construir una cultura se pueden convertir en un esfuerzo de todo el equipo. Tu vida laboral se verá grandemente simplificada cuando te centres en convertirte en un constructor de cultura y en una bendición para los que te rodean.

Nota al margen para líderes: la verdad es tu amiga. No te arrepentirás de dar el paso decidido de medir la cultura de tu personal o de aquellos a los que lideras. La perspectiva que obtendrás se puede aprovechar para provocar un cambio que simplificará las vidas de todos a los que lideras, desde arriba hasta abajo. Hablando desde nuestra experiencia, las recompensas son enormes. Te animo a que te armes de valor, a que recites la oración de Josué para «ser fuerte y valiente»[7] y evaluar la cultura de tu equipo. Después, da los pasos necesarios para mejorar. No te arrepentirás.

Alineamiento nº 3: Desafío

Siempre que aconsejo a líderes, suelo hacerles esta pregunta: ¿a qué nivel de desafío realizas tu mejor trabajo? ¿Es cuando no te sientes nada desafiado, cuando estás adecuadamente desafiado o cuando te sientes peligrosamente desafiado? Hago esta pregunta porque operar en el nivel óptimo de desafío trae la mayor satisfacción. Puede significar la diferencia entre un trabajo que te deja satisfecho al final del día y uno que te deja o extenuado o aburrido.

Cuando piensas en tu puesto de trabajo, ¿te sientes demasiado desafiado, poco desafiado o en algún lugar entre medias? ¿En cuál de estos niveles trabajas mejor? ¿En qué nivel de desafío *prosperas*?

Es una pregunta trampa. La respuesta correcta debería ser «adecuadamente desafiado», ¿verdad? *Error.*

Antes de darte la respuesta, miremos cada nivel de desafío.

1. Poco desafiado. En este nivel, mucha gente acaba abandonando. Como ser humano, estás diseñado para trabajar contra cierta clase de resistencia. Cuando no estás suficientemente desafiado, tu mente comienza a divagar, pierdes el sentido de realización y comienzas a pensar: *¿Qué tiene de interesante?*

No haces tu mejor trabajo cuando estás poco desafiado. Si a menudo te sientes sobrepasado con el desafío, podrías pensar que estoy loco por decir algo así. «Ojalá tuviera una temporada de *aburrimiento* en el trabajo», podrías decir. «Al fin podría sacar a relucir mi vena creativa. Podría conseguir todo lo que no tengo tiempo para hacer ahora».

> No hay determinación en un «desafío adecuado». Efectúas tu lista de tareas cada día, pero no hay sensación de aventura.

Eso es una falacia. Cuando la gente está poco desafiada, sus habilidades se atrofian y sus motivaciones se estancan. En vez de hacerse más productivos, en realidad se vuelven abúlicos y tienden a deprimirse. Permanece poco desafiado en el trabajo durante un tiempo y pronto estarás buscando al otro lado de la verja otro trabajo. Líderes, desafíen poco a sus empleados y los perderán.

2. Adecuadamente desafiado. Este debería ser el punto, ¿verdad? No. Cuando se te desafía adecuadamente, no haces tu mejor trabajo. Cumples con tu tarea con tu solo esfuerzo. No necesitas contar con los compañeros. No necesitas ponerte de rodillas y pedirle a Dios sabiduría, fuerza o intervención. No hay determinación en un «desafío adecuado». Es uno más del montón. Efectúas tu lista de tareas cada día, pero no hay sensación de aventura. Tu trabajo está como apagado y lo notas sin importancia. No estás creciendo. Simplemente realizas la cantidad requerida de trabajo.

3. Peligrosamente desafiado. No solo no haces tu mejor trabajo en el nivel de «peligrosamente desafiado», sino que si te quedas aquí mucho tiempo se romperá algo en tu vida. No importa lo resistente que seas, la energía que poseas de forma natural o la dureza mental que creas tener; algo se romperá. No estás exento de esta ley. Tu salud, tu matrimonio, la conexión con tus hijos, la relación con Dios, tu bienestar emocional… algo va a estallar.

He manejado un montón de cosas con motor en mi vida: barcos, coches, motos. La mayoría de cosas que tienen motor llevan un taquímetro, que es un pequeño medidor que te dice la velocidad a la que revoluciona el motor. Cuantas más revoluciones, más rápido irás, y más subirá la aguja del taquímetro. Cada taquímetro incluye una zona de peligro, normalmente indicada con una línea roja. En una carrera corta puedes revolucionar tu motor hasta pasar la línea roja durante breves periodos de tiempo, tal vez seis o siete segundos. Pero si mantienes las RPM en la zona de peligro durante demasiado tiempo, algo explotará. Y eso es tanto caro como peligroso.

Lo mismo en el trabajo. No puedes pasar más allá de la línea roja mucho tiempo. Algo explotará. Al final, las ganancias que creías que habías hecho apretando tanto durante tanto tiempo se desmoronarán, en lo personal o en el trabajo… o en ambos.

> ¿El trabajo de quién te va a llevar al nivel de desafío adecuado? ¿En el trabajo de quién hay que hacer los ajustes? En el *tuyo.*

Así pues, si no hacemos nuestro mejor trabajo en ninguna de estas tres zonas, ¿en qué nivel de desafío ponemos toda la carne en el asador?

4. Adecuadamente desafiado de más. Lo creas o no, trabajas mejor justo por encima del nivel «adecuadamente desafiado», a medida que avanzas hacia el extremo inferior de «peligrosamente desafiado», pero antes de caer en la zona de peligro. Llamemos a esa zona «AD+». Aquí sientes la ilusión, la necesidad de Dios, la necesidad de trabajar como equipo. Tienes la cabeza suficientemente arriba como para nadar fuerte y rápido… pero sin ahogarte.

Al trabajar en el nivel AD+ se siente lo mismo que cuando pones en forma un músculo y notas ese pequeño cansancio... no el dolor destructivo de un músculo rasgado o una torcedura, sino ese «dolor bueno» que sientes cuando sabes que tu músculo se está haciendo más fuerte por el trabajo. Quieres seguir con el impulso.

El punto justo en el trabajo está justo por encima de «adecuadamente desafiado». Cuando encuentras ese nivel de desafío en tu trabajo, tu satisfacción comienza a aumentar de verdad. Sabes que estás dándolo todo casi todos los días, y eso sienta fenomenal.

¿El trabajo de quién te va a llevar al nivel de desafío adecuado? ¿En el trabajo de quién hay que hacer los ajustes, subiendo o bajando? En el *tuyo.*

En todo trabajo hay épocas en las que necesitamos aumentar las revoluciones por encima de la línea roja durante cortos periodos de tiempo. Si trabajas en una iglesia, sabes que Navidad es una de esas épocas. Mientras escribo esto, nuestro equipo está preparando doce servicios de Navidad. Una confesión: al final de los doce servicios de Navidad en cuatro días, estaré agotado. Pero puedo hacerlo una vez al año, durante un corto periodo. Está bien adentrarse en un nivel peligrosamente desafiante durante cortos periodos de tiempo... pero no te quedes ahí. Si tu cultura de trabajo es tal que te encuentras todo el tiempo demasiado desafiado, debes decidirlo: *No voy a quedarme aquí para siempre,* y dar los pasos para bajar a un nivel cuerdo.

Lo mismo es cierto cuando te encuentras poco desafiado en el trabajo. Conozco a una mujer que aceptó un trabajo como asistente de ortodontista en una pequeña consulta. Era su primer trabajo en este campo, y tenía mucho que aprender. Al principio se sentía demasiado desafiada. Pero su jefe era un buen maestro y pronto adquirió las habilidades que necesitaba.

Poco después se encontró «adecuadamente desafiada»... o quizá un poco por debajo de eso. En vez de esperar que los demás arreglasen «la alineación de su desafío», comenzó a buscar modos de mejorar el funcionamiento general de la consulta. Con la bendición de su jefe, reorganizó los armarios de suministros y puso orden en los cajones de cada puesto. Creó unos formularios para ayudar a registrar lo que se había llevado a cabo en la visita de cada paciente.

Estas cosas no tenían nada que ver con ser asistente de ortodontista. No estaban en la descripción de su trabajo, lo que significaba que tenía que encontrar espacio para hacerlas sin afectar negativamente su trabajo principal de asistir a los pacientes. Pero le provocó una honda satisfacción ayudar para que su pequeño equipo funcionase con más eficiencia, y esos proyectos la mantuvieron justo por encima de un «desafío adecuado», donde hacía su mejor trabajo.

Si sientes que necesitas más desafíos en el trabajo, no esperes a que esos desafíos te caigan en los brazos. Sé proactivo. Habla con tu gerente y consigue permiso para hacer algo más. Muestra que puedes manejar más cosas. Pide mayores niveles de responsabilidad. Descubrirás que cuando funcionas en el nivel AD+ puedes conseguir mucho más de lo que pensabas, y con mayor satisfacción. Encontrar el nivel apropiado de desafío en el trabajo es una parte clave de simplificar tu vida. Es como poner a tono tu motor para que funcione en óptimas condiciones.

¿Deberías seguir tu pasión y quizá ganar menos dinero, o deberías ir a por la paga y menospreciar o desatender tu pasión?

Alineamiento nº 4: Compensación

Hay un intercambio que toma lugar en cada situación laboral: tú pones el trabajo y la compañía te paga un sueldo. Jesús lo dijo así: «El trabajador tiene derecho a su sueldo».[8]

Muy sencillo, ¿verdad? Pero hay un impresionante margen de compensación en el mercado: entre profesores y atletas profesionales; camareros y actores; cajeros de banco e inversores bursátiles. La disparidad de ingresos a veces es espectacular. Pero hay algo más en la «compensación» que sueldos en efectivo. También está el grado en que un trabajo satisface nuestras pasiones y desafía nuestras habilidades.

1. Paga frente a pasión. Todo estudiante de secundaria se enfrenta a un dilema cuando va a elegir carrera: «¿Sigo mi pasión o busco algo que me asegure un gran salario?». Los padres se enfrentan a un desafío cuando su entusiasmado estudiante llama a casa y anuncia: «¡Me voy a Broadway!», o «¡Voy a ser poeta!». Inevitablemente, la pregunta aguafiestas viene a continuación: «Vale, ¿pero cómo pagarás las facturas?».

Y así, en el ancestral debate, el *pago* ocupa un lado del columpio y la *pasión* ocupa el otro. Si tienes que elegir, ¿deberías seguir tu pasión y quizá ganar menos dinero, o deberías ir a por la paga —y la estabilidad financiera que conlleva— y menospreciar o desatender tu pasión?

> Algunas personas eligen tener un trabajo peor pagado que encaja con su pasión y después encuentran el modo de suplementar sus ingresos.

Es algo hermoso cuando la pasión y la paga se alinean, permitiéndote hacer algo que amas *y* que está bien pagado. Si esta es tu situación, dale las gracias a Dios de rodillas cada día, porque estás viviendo un sueño. Pocas personas experimentan el equilibrio perfecto entre la pasión y la paga. Es una de esas raras y preciosas bendiciones de la vida.

La mayoría de nosotros debemos tomar duras decisiones a lo largo del camino de la vida, compensando la pasión y la paga. Puede ser angustiante, y rara vez doy una respuesta simplista cuando se me pide que sopese la pregunta.

Por un lado, he visto a seguidores de Cristo sanos y cuerdos llevar a la bancarrota a sus familias, agotar su crédito y perder su hipoteca, todo porque rechazaron un trabajo por el que no se sentían apasionados al cien por cien. Esto parece difícil de justificar a la luz de la clara directiva del apóstol Pablo: «El que no provee para los suyos, y sobre todo para los de su propia casa, ha negado la fe y es peor que un incrédulo».[9]

Duras palabras. Pablo parece estar diciendo: «Pon tu pasión a un lado si debes (al menos por una época), y trae comida a la mesa. Si estás llamado a proveer, debes proveer, aunque no puedas hacerlo en tu área de pasión. Esa es tu prioridad».

Por otro lado, he visto a hombres y mujeres tomar decisiones sobre sus carreras basadas solamente en un gran salario que después han perdido el contacto con sus pasiones dadas por Dios. Esos hombres y mujeres se convierten en los cascarones de la gente que habrían podido ser si simplemente hubieran confiado en Dios y hubieran hecho todo lo que podían por encontrar trabajos que se ajustaran a sus pasiones. Viven en casas grandes y bien decoradas, y conducen los últimos coches. Pero cuando los miras, no ves nada vivo en ellos. No les entusiasma ir al trabajo, no se sienten realizados y no crecen del modo que Dios quería verles crecer. Pero tienen grandes sueldos, hermosas casas y alguien que corta su precioso césped.

Cuando hablo con gente que está estancada en trabajos que no encajan con sus pasiones o que tienen trabajos que aman pero no pueden pagar las facturas, les digo que oren fervientemente, porque necesitan la sabiduría de Dios para resolver ese acertijo tan complicado. La gente que conozco que está intentando equilibrar el dilema de la paga frente a la pasión, normalmente elige uno de los dos caminos. O encuentran un modo de perseguir sus pasiones y suplementar sus ingresos, o toman un trabajo mejor pagado y encuentran modos de suplementar sus pasiones.

2. Sueldo bajo + pasión alta = Suplementa tus ingresos. Algunas personas eligen tener un trabajo peor pagado que encaja con su pasión y después encuentran el modo de suplementar sus ingresos. Encuentran trabajos a media jornada o realizan trabajos extraños para poner comida sobre la mesa y poder continuar dedicándose a aquello que les apasiona.

Cuando Lynne y yo comenzamos con Willow, ambos teníamos trabajos a tiempo parcial porque Willow era nuestra pasión pero la iglesia no pudo pagarnos durante los primeros tres años. No abandonamos nuestra pasión; simplemente dijimos: «Encontremos otras fuentes de ingresos». Y lo hicimos. Era duro... y llevaba mucho tiempo. Pero teníamos que pagar facturas, y nos negamos a abandonar nuestra pasión.

3. Sueldo alto + pasión baja = Suplementa tu pasión. Las personas que tienen trabajos bien pagados pero de los que disfrutan poco pueden encontrar modos de suplementar sus niveles de satisfacción haciendo de voluntarios en trabajos que les llenen de gozo. Conozco a decenas de personas que no se sienten muy entusiasmadas por sus trabajos diarios, pero les proporcionan suficientes recursos para traer comida a la mesa y todavía les permiten perseguir el propósito de Dios para ellos en su iglesia, la comunidad o por el mundo. Llenan sus baldes invirtiendo en algo fuera del trabajo, haciendo lo que les alegra. Sus puestos de voluntarios equilibran la ecuación de la pasión en sus vidas. Trabajan duro en sus puestos de trabajo, pero no esperan que esos trabajos satisfagan sus pasiones.

> ¿Por qué no buscar un trabajo que junte tu pasión, tu cultura, tus desafíos y la compensación que necesitas?

Bob Goff, autor del libro superventas del *New York Times El amor hace*, vive el principio de «suplementar tu pasión» con maestría. Es abogado de profesión, y su trabajo le proporciona buenos ingresos. Per su pasión descansa en otro lado. Bob fundó Restore International, una organización de derechos humanos sin ánimo de lucro que busca justicia para aquellos que no pueden permitirse una representación legal en Uganda e India. Él ve su trabajo como abogado como un «levantamiento de fondos» para su ministerio personal, que incluye su involucración en Restore International y su papel a la hora de inspirar a los demás a perseguir sus pasiones otorgadas por Dios.

Estos dos caminos pueden funcionar para la gente que quiera equilibrar la ecuación del pago frente a la pasión. Encuentran modos de hacer que sus fines coincidan sin sacrificar sus pasiones. ¿Cuál de estos caminos es mejor para ti? No hay límite en el número de modos creativos en que puedes equilibrar esta ecuación en tu vida, y es de vital importancia que lo hagas si quieres simplificar tu vida.

Vas a pasar al menos un tercio de tu vida en el trabajo, ¿así que por qué no buscar un trabajo que junte tu pasión, tu cultura, tus desafíos y la compensación que necesitas? Ora como nunca, da un paso de fe y esfuérzate al máximo en ello, porque si consigues que estos cuatro alineamientos funcionen juntos, experimentarás uno de los mayores regalos que se pueden disfrutar en la vida: el sentimiento de amar tu trabajo.

«TODAVÍA TE GUSTA ESTO, ¿VERDAD?»

He pasado décadas en el trabajo que mantengo desde 1975, y todavía me gusta mi labor de pastor. Siento más energía y pasión por lo que tengo que hacer cada día que cuando tenía veinte años. La mayor parte de días laborables evito deliberadamente mirar el reloj de la oficina, porque sé que mostrará que es más tarde de lo que me gustaría y que la hora de salida está cerca. Estoy bendecido por tener los cuatro alineamientos en orden en mi trabajo. Me encanta lo que hago. No me puedo imaginar nada que lo supere.

Lynne y yo hace poco pasamos un sábado por la noche en un centro en la orilla norte [North Shore] de Chicago, cerca de una de las congregaciones regionales de Willow Creek. Willow North Shore actualmente se reúne en las instalaciones alquiladas de una escuela, pero sueñan con poseer su propio edificio y sus terrenos para poder establecer una presencia perdurable en su comunidad.

El centro, aquella noche, estaba lleno de gente deseosa de hacer sacrificios financieros para una campaña económica que construyese Willow North Shore: la primera iglesia evangélica nueva en la orilla norte en veinticinco años. Su nuevo edificio se levantará en catorce preciosos acres de una propiedad de primera, y dará la bienvenida a personas de la comunidad que exploren la fe y que consideren dejar que Dios llene el vacío del centro de sus vidas. La noche en que esta congregación lanzó su campaña de construcción se notaba mucha energía y un entusiasmo contagioso.

De camino a casa, Lynne me miró y dijo:

—Todavía te gusta todo esto, ¿verdad?

—Un poco —dije. Ella sonrió. Evidentemente, la pasión se nota.

Aquella noche culminó para mí una semana impresionante que incluyó reuniones inspiradoras con nuestro equipo y 416 bautismos de adultos. Después, a la siguiente mañana en que fui a trabajar, me encontré una nota anónima en mi escritorio. Decía: «Que Dios te bendiga. Willow salvó mi vida». De nuevo se me recordaba lo mucho que está en juego cuando nos damos a nosotros mismos para el trabajo que Dios nos ha encargado.

¿Y TÚ?

No puedo dejar el tema del trabajo sin hacerte una pregunta final: ¿alguna vez has sentido un golpecito en la espalda de parte de Dios, o el Espíritu Santo te ha susurrado y te ha pedido que canceles tu siguiente actuación y te conviertas en pastor? ¿O que persigas una carrera similar que ayude a traer el reino de Dios a la tierra? Si es así, ¿te zafaste de ello? ¿O te reíste de ello?

Yo lo hice. Durante casi dos años, ignoré el toque de Dios en mi hombro. En aquel momento estaba bien establecido en el mundo de los negocios, y me zafé de la propuesta de Dios de perseguir una vocación ministerial. Pero al final no pude ignorarle más. Me dije: *¡Qué narices! En el supuesto altamente improbable de que Dios sepa* realmente *lo que está haciendo, le seguiré la corriente aceptando su directriz, cambiando mi vocación y convirtiéndome en pastor.* Sin duda, terminaría en desastre, y entonces levantaría mi dedo acusador contra Dios por el resto de mi vida y le diría con seguridad que se le habían cruzado los cables.

Cuarenta años después, adivinen quién se ha reído el último. Casi cada noche me quedo dormido pensando: *Tú sabes mejor que yo, Dios. Tus caminos siempre son más altos que los míos. Gracias, gracias, gracias por empujarme a ser pastor.*

Mi vida como pastor no ha estado libre de complicaciones. Ha demandado más de mí de lo que creía que tenía dentro para par. Pero seguir mi pasión y usar mis dones espirituales en mi lugar óptimo es tremendamente simplificador. Tengo claridad. No hay confusión. No hay preguntas de «Y si…» que me intimiden. *Sé* que trabajo donde Dios quiere que esté, y ese conocimiento simplifica mi vida. Si Él no hubiera seguido insistiendo, si yo hubiera continuado ignorándole, me habría perdido la aventura de mi vida.

La vida es corta. No pierdas otro minuto ignorando el toque de Dios en tu hombro.

¿A qué aventura te está llamando Dios? Encuentra un modo de perseguir tu pasión, ya sea haciendo un cambio vocacional o continuando con tu vocación actual y persiguiendo tu pasión en las horas libres. Cuando sepas que estás en el camino de Dios, experimentarás una paz tremenda y simplificadora. Te prometo que el trabajo será muy desafiante. Demandará lo mejor de ti. El trabajo de Dios siempre lo hace. Pero el trabajo estará claro, centrado y tendrá recompensa; y no tendrás que luchar con los «y si». Simplemente ponte manos a la obra y dale a Dios las mejores horas de tu día. Confía en Él. No te llevará por mal camino.

La vida es corta. No pierdas otro minuto ignorando el toque de Dios en tu hombro. Sueño con el día en que, cuando te quedes dormido, puedas decir: «¡Gracias Dios! Tú sabías lo mejor. Seguí Tu dirección. Escuché Tu susurro. Cambié o ajusté mi vocación para seguir Tu guía y perseguir mi pasión. Y tenías razón. Tus caminos son más altos que los míos. Como Te seguí y encontré mi pasión, mi trabajo es una de las grandes bendiciones de mi vida».

PASO DE ACCIÓN: EVALÚA TUS ALINEAMIENTOS

¿En qué medida estás alineado con el trabajo que tienes actualmente? Escribe tus pensamientos en cada uno de los cuatro alineamientos de abajo, e incluye un paso de acción que te ayude a mejorar en cada área:

1. **Alineamiento de la pasión:** ¿Tu trabajo encaja con tu área de pasión? ¿Qué puedes hacer para alinear esto?

2. **Alineamiento de la cultura:** ¿La cultura de tu lugar de trabajo es vivificadora? ¿Qué puedes hacer para ser un constructor de cultura en vez de un destructor?

3. **Alineamiento del desafío:** ¿Estás por debajo o por encima del nivel de desafío AD+ en tu trabajo actual? ¿Qué cambios debes realizar, o que conversaciones tienes que tener para enderezar tu nivel de desafío hasta el óptimo alineamiento en AD+?

4. **Alineamiento de la compensación:** Si la *paga* y la *pasión* no están alineadas en tu trabajo actual, ¿cuál de las dos soluciones de aquí abajo te llevarán a un alineamiento más satisfactorio? ¿Qué pasos puedes dar para ayudarte a igualar la paga y la pasión en tu vida?

Sueldo bajo/Pasión alta = Suplementa tu sueldo

Sueldo alto/Pasión baja = Suplementa tu pasión

Capítulo cinco

De herido a sanado

Deja espacio para el perdón

No puedes vivir en este mundo mucho tiempo sin ser agraviado. En un fin de semana cualquiera en la iglesia, si pidiera que levantaran la mano las personas que alguna vez han sido agraviadas, ciertamente se levantarían todas las manos de la sala. Mi mano se alzaría, y supongo que la tuya también.

Todos hemos sido agraviados. En mi papel de pastor, en estas décadas he tenido a un sinnúmero de personas abriéndome sus corazones, contándome cómo han sido maltratadas, perseguidas y ofendidas. He escuchado relatos de traición y dolor que nunca olvidaré. He escuchado historias que me han dejado hecho polvo durante días. También he escuchado historias que me han dejado asombrado por la misericordia de la persona que las compartía. He escuchado de todo.

A veces subestimamos en gran manera el verdadero costo de vivir una ruptura relacional. Pensamos que podemos seguir adelante con nuestras vidas sin que nos afecten los conflictos y las fracturas con la gente que nos importa; pero eso, por supuesto, está lejos de ser cierto. Los fracasos relacionales nos roban energía. Ocupan sitio en nuestra cabeza y en nuestro corazón. Se ciernen sobre nosotros como una nube gris y oscura.

Conozco a un tipo que, por alguna razón, tiene un patrón de relaciones rotas en su vida. Cuando hay un malentendido o alguien sale herido, hace poco o ningún esfuerzo por arreglar las cosas. «Lleva demasiado tiempo y energía —dice—. Simplemente sigo adelante». Y deja un rastro de desolación a su paso.

Los fracasos relacionales nos roban energía... Se ciernen sobre nosotros como una nube gris y oscura.

Si este tipo llevara la cuenta del número de horas que le ha costado a lo largo de los años *evitar* ocuparse de las heridas relacionales que ha tenido (por no mencionar las que él ha provocado), se daría cuenta de que es verdad lo contrario. Es mucho más eficiente —y trae mucha más paz a la mente y satisfacción a la vida— sanar una ruptura relacional en vez de dejarla de lado o evitarla por completo. No podemos vivir vidas simplificadas sin ocuparnos de las relaciones rotas.

LO QUE HAY DENTRO SALE

Nadie entiende el costo de las relaciones rotas mejor que Jesús. De hecho, en una de sus oraciones finales, mientras pendía moribundo de la cruz, Jesús ofrece palabras de reconciliación a todas las personas que le han acusado injustamente y le han declarado culpable... la gente que le estaba matando: «Padre, perdónalos, porque no saben lo que hacen».[1]

La oración de Jesús es una de las más extraordinarias jamás pronunciadas. No es larga; solo tiene ocho palabras. Y aun así, esas ocho palabras han sacudido las vidas y los corazones de los lectores a lo largo de la historia.

Justo en el momento del agravio, Jesús perdonó a los que le agraviaban.

Los verdugos no eran niños del coro. No eran ciudadanos modelo los que tuvieron mala suerte el día de la crucifixión. Aquellos hombres eran soldados romanos, tan cargados de violencia y rabia que los únicos puestos para los que eran aptos en el ejército romano eran los de crueles ejecutores. Eran asesinos profesionales, criminales legalizados que ejecutaban a la perfección su oficio. Ya habían golpeado tanto a Jesús que no se le podía reconocer. Y ahora le clavaban toscos clavos con un mazo en manos y pies. Su siguiente diversión sería echar suertes sobre la ropa de la que le habían despojado. Mientras estos matones blasfemos y sedientos de sangre se mofaban y se quedaban embobados, Jesús colgaba de la cruz, luchando por respirar, sangriento y roto.

Y en medio de todo esto, desnudo, herido y expuesto, Jesús perdonó.

¿Qué clase de impacto tuvo la breve oración de Jesús en los que asistían a Su crucifixión? Como cuenta el evangelio de Marcos: «Y el centurión, que estaba frente a Jesús, al oír el grito y ver cómo murió, dijo: "¡Verdaderamente este hombre era el Hijo de Dios!"».[2] Años después, el apóstol Pablo escribiría en su carta a la iglesia de Roma: «Cuando todavía éramos pecadores, Cristo murió por nosotros».[3] *Todavía éramos pecadores.* La oración que Jesús realizó mientras colgaba de la cruz —por los hombres que le habían puesto allí— dejó su marca en los fundamentos de la fe cristiana. Cuando todavía éramos pecadores, en medio de nuestra ofensa, Jesús nos perdonó.

Se puede entender mucho del corazón de alguien viendo cómo esa persona ora cuando ha sido agraviada.

Se puede entender mucho del corazón de alguien viendo cómo esa persona ora cuando ha sido agraviada. Tus oraciones proporcionan una ventana única hacia la verdadera condición del alma. En la vida y en la muerte, Jesús valoraba a las personas, incluso a aquellos que le torturaron y mataron. Antes de dar Su último suspiro, perdonó a los soldados que le habían matado.

Vivimos en un mundo lleno de pecadores. Están en todas partes. Yo soy uno. De hecho, soy un pecador en serie. Igual que tú. Es nuestra naturaleza humana ponernos delante de los demás; y cuando lo hacemos, causamos daño.

RESPONDER A LAS OFENSAS

A lo largo de los años, he desarrollado tres categorías en mi mente que me ayudan a determinar cómo responder a aquellos que me han ofendido. La gente a menudo me para después de un servicio, o en el aparcamiento, o en un aeropuerto. Suponen que a un pastor le deben importar esta clase de cosas, así que se acercan a mí y empiezan a explicarme cómo les han ofendido: quién lo hizo. Dónde pasó. La hora del día. Cómo se sintieron.

Mientras describen el insulto o la injuria, comienzo a orar: *Dios, dame discernimiento para saber cómo dirigir la situación y cómo ser sabio en mi respuesta.* Después, miro la expresión de sus caras. Leo su lenguaje corporal. Busco claves no verbales porque quiero poner la ofensa en la categoría apropiada en mi mente antes de abrir la boca, para poder ofrecer un buen consejo.

Categoría 1: Ofensas menores

A veces, al cabo de un minuto o dos, he escuchado, visto y orado lo suficiente como para saber que es una transgresión de la primera categoría.

En una ofensa de categoría 1, el «agravio» no es más que un desliz —si acaso—, pero la parte ofendida ha perdido el contacto con la realidad y la capacidad de ver la perspectiva de la otra persona en el asunto, y se ha puesto en modo «pobre de mí».

> Cuando reconozco una situación de la categoría 1, creo que lo más útil es ofrecer a la persona algo que le haga volver a la realidad de forma amable.

Cuando reconozco una situación de la categoría 1, creo que lo más útil que puedo hacer como pastor es ofrecer a esa persona algo que le haga volver a la realidad de forma amable, mirando la situación desde un punto de vista exterior, tomando en cuenta ambas partes.

Al principio simplemente dejo que la persona hable, esperando que escucharse a sí misma recordando los detalles del pequeño y ridículo desliz sea suficiente para despertarla. A veces funciona, y la persona dice: «Supongo que no es gran cosa, pero gracias por escuchar».

Si eso no funciona, cuento con una sencilla frase para las ofensas de categoría 1 cuando la persona ofendida insiste en jugar en el papel de víctima. Mientras la parte agraviada sigue parloteando, sondeando las profundidades de la transgresión del otro, espero el momento perfecto para introducir mi frase mágica... expedida con una sonrisa y todo el sarcasmo que puedo reunir:

«*¿En serio?* ¿Te sentiste ofendido por eso? *¿En serio?*».

Esta pequeña broma a menudo sirve para que la otra persona dé un paso atrás desde la ofensa percibida y la vea con más objetividad. Ayuda a *ajustar* el impacto de la ofensa menor de categoría 1.

Empecé a usar esta técnica como pastor de jóvenes cuando los estudiantes de secundaria me describían la impensable persecución que les infligían sus inmisericordes padres: y cómo nunca superarían el trauma. Me explicaban lo crueles e irracionales que eran sus padres, y yo respondía: «*¿En serio?* ¡¿En serio?! Te pillaron a cien en una zona de cuarenta kilómetros por hora, y una hora después de tu toque de queda. Tus viejos te castigaron, ¿y ahora estás disgustado con ellos? ¿Te sientes ofendido? *¡¿En serio?!* Con todo el mal que hay en el mundo, esto es lo que a ti te parece una gran injusticia. *¡¿En serio?!*».

Esta es la categoría 1.

Una vez, una joven esposa —con grandes lágrimas en los ojos— me contó lo terriblemente ofendida que se sentía por su marido.

—Decidimos que íbamos a invitar a unos amigos a ver el partido de los Bears en televisión, y mi marido dijo que iba a invitar a algunos chicos del trabajo.

—Y...

—Pensó que vendrían tres, ¡pero se presentaron seis! ¡Y nos quedamos sin patatas fritas en el tercer cuarto! —Estaba enfadada y avergonzada—. Nunca me he sentido tan humillada.

Estaba convirtiendo a su marido en un pecador, cuando, según su propia descripción, él había invitado solo a tres amigos. No había sido su culpa. No lo había visto venir; y el «daño» que se le había hecho era, en realidad, muy pequeño: se quedaron sin Doritos.

Le dije mi respuesta para la categoría 1:

—*¡¿En serio?!* ¿Le vas a hacer dormir en el sofá por eso? ¡¿En serio?! Venga ya. ¡¿En serio?!

Mi alegre invitación para volver a la realidad funcionó, y ella ajustó su perspectiva. El choque le dio la perspectiva que necesitaba para reevaluar si de verdad había sido agraviada, o si estaba reaccionando mal.

—Creo que estos chicos tampoco necesitaban Doritos extra —dijo.

Tiendo a perder un poco la paciencia cuando escucho a seguidores de Cristo decir con gran emoción: «Dijo tal y tal, y me hizo esto y aquello, y me sentí totalmente hundido. Me sentí muy ofendido».

Intento ser un buen pastor. Lo intento. Intento escuchar. Pero a veces exploto: *Hasta aquí he llegado. No puedo más.*

Deberíamos tener suficiente resistencia para no enojarnos o sulfurarnos cuando se nos crucen las irritaciones menores de la vida.

«¡¿En serio?! Con toda la basura que pasa en el mundo, ¿a ti te preocupa *eso*? Son niñerías. Míralo en perspectiva, amigo». Categoría 1.

Esto es lo que quiero decir: 1 Corintios 13.5 exhorta a todo el que clame ser seguidor de Cristo a que no seamos gente que «se enoja fácilmente». Otras traducciones dicen que «no se irrite». La idea es que, como seguidores de Cristo viviendo bajo la perpetua fuente de amor de Dios, nuestros corazones deberían estar tan llenos de Su amabilidad, gracia y amor diarios que deberíamos tener suficiente resistencia para no enojarnos o sulfurarnos cuando se nos crucen las irritaciones menores de la vida: las injusticias de todos los días, las pequeñas fricciones que suceden en familias y amistades. Deberíamos tener suficiente gracia para pasar por alto los pequeños badenes, perdonar las injusticias menores, olvidarlas rápidamente y seguir adelante con la vida. Tener en su correcta perspectiva las ofensas de la categoría 1 simplifica nuestro mundo interpersonal. Hacemos borrón y cuenta nueva en la relación.

Cuando un bache común se te cruce en el camino, no hagas una montaña de ello. Es infantil. Déjalo pasar. Es de categoría 1.

Hace poco viajaba con un colega cristiano. Después de un largo día, llegábamos al hotel. Mientras abría la puerta de la entrada, comenzó a vacilarme.

—¿Sabes? He reservado una suite.

—Bien, yo ni lo intenté —le dije—. La habitación más barata me viene bien.

—Si tienes suerte —bromeó—, puede que te invite a subir y dar un paseo por mi habitación.

Llegamos al mostrador y firmé el registro de mi habitación. Entonces mi amigo se acercó y preguntó por su habitación superior.

—Lo siento —dijo la persona de detrás del mostrador—, pero esa suite ya se le ha dado a otra persona; no está disponible.

Imaginando la respuesta de mi amigo después de su fanfarronada, pensé: *Esto va a ser bueno.*

Pero sin pestañear, sonrió al recepcionista y dijo:

—¡No pasa nada! Un problema del primer mundo. Tomaré cualquier habitación que tengan libre. Gracias por intentarlo.

Estaba impresionado. No puedes fingir una respuesta así. Su reacción natural fue la de cuidar los sentimientos del extraño del otro lado del mostrador, un empleado dedicado al servicio al cliente que debía sentirse incómodo defraudándolo. Mi colega entendió lo que importaba más. Priorizó a los demás antes que a sí mismo. Y al final de la tarde, cuando su

> Si tienes suficiente gracia de Dios llenando tu corazón, puedes ver la situación desde la perspectiva adecuada.

cabeza descansó sobre la almohada de categoría inferior, apuesto a que se quedó dormido sin arrepentirse de cómo había llevado la pequeña decepción. No sentía ni un poco de vergüenza por haberse hecho la víctima o por haber tratado mal al recepcionista. Su respuesta había sido tan automática que estoy seguro de que nunca volvió a pensar en el incidente.

Eso es una vida simplificada.

Cuando las cosas no salen como tú quieres o algo no se dice como a ti te gustaría, la condición de tu corazón se revela para que todos lo vean. ¿Cómo reaccionas? Si tienes suficiente gracia de Dios llenando tu corazón, puedes ver la situación desde la perspectiva adecuada.

Baches.

Chiquilladas.

Problemas del primer mundo.

No te preocupes. Puedes superarlo fácilmente. Puedes perdonarlo fácilmente.

O puedes hacer lo contrario. Puedes hacerte la víctima. Puedes erigirte en tus «derechos» y hacer que todo el mundo sepa que te han desairado. Puedes dejar que la ira y el enfado salgan a la superficie.

¡¿En serio?!

Las ofensas de la categoría 1 hacen un gran trabajo revelando el estado de tu corazón.

De cuando en cuando, cuando mi corazón no se encuentra en la condición ideal y me ofendo o me irrito con facilidad —o cuando me sale algo mal y digo algo de lo que me arrepiento, o cuando arremeto contra alguien como si su trasgresión hubiera sido una ofensa mayor—, el Espíritu Santo me agarra y me susurra: *Categoría 1, Bill. Es una chiquillada. Déjalo ir.*

Cuando me equivoco y me comporto como un idiota, respiro hondo y pronuncio una versión modificada de la oración de ocho palabras de Jesús en la cruz: «Padre, perdóname, porque no sé lo que hago. He perdido la perspectiva. He perdido la narración de Tu gracia y Tu amor.

He perdido de visto el hecho de que soy un hijo preciado del Dios Más Grande y que he sido redimido. Tengo al Espíritu Santo en mi vida. He sido bendecido más allá de lo imaginable. Tengo dones espirituales. Tengo una iglesia maravillosa. Tengo una familia increíble. Tengo buena salud. Tengo un futuro. El cielo me espera. ¿Y me pongo la zancadilla y me enfado por un bache? *¡¿En serio?!* Padre, perdóname porque no sé lo que hago».

Ofenderse e irritarse con facilidad es común a la naturaleza humana. Cuando respondo demasiado fuerte a una ofensa de la categoría 1, me llama la curiosidad. ¿Por qué ese pequeño desaire provoca una respuesta tan desproporcionada en mí? ¿Qué hay en mí que tengo que explorar? A veces la fuente de mi irritación es comprensible, pero la trayectoria de mi respuesta es demasiado alta. ¿De qué va eso?

A veces la fuente de mi irritación es comprensible, pero la trayectoria de mi respuesta es demasiado alta.

Cuando empiezo a rebuscar en mi interior, pidiéndole al Espíritu Santo que arroje luz, a veces encuentro que hay un tema justificado que necesita un poco de atención, pero que yo he ido apartando en vez de afrontarlo de un modo adecuado y maduro. ¿Por qué?

O descubro que me he ofendido por razones que me avergüenza admitir: mi ego fue herido, o mis defectos quedaron expuestos, o tenía expectativas poco realistas, o una percepción inflada de mi derecho a una vida sin problemas. Cuando ese es el caso, cambio el enfoque del ofensor a mí mismo. Investigo el área de mi vida que Dios está revelando, que claramente necesita algo de trabajo.

En ambas situaciones la ofensa menor sirve como una útil señal de dirección, señalándome hacia un área de mi vida donde necesito crecer.

Otras veces, cuando me ofendo muy rápido, es un claro indicador de que estoy agotado espiritual y emocionalmente. Mi balde está bajo, y necesito llenarlo con fuentes de aprovisionamiento que permitan que la gracia de Dios inunde mi corazón.

Si últimamente has estado demasiado irritable, tómate un tiempo para una confesión rápida, y únete a mí en esta versión invertida de la oración de Jesús: «Padre, perdóname, porque no sé lo que hago. He perdido la narración de Tu gracia y Tu amor. Mi perspectiva está desencajada. Ayúdame a recordar que soy un hijo preciado del Dios Más Grande. Ayúdame a vivir de ese modo cuando experimente las ofensas de categoría 1 de cada día».

Cuando mantienes tu balde lleno, las irritaciones menores y las pequeñas injusticias de la vida pierden su poder de robarte el tiempo y la energía emocional.

Richard Carlson, uno de los mayores expertos mundiales en felicidad y reducción del estrés, escribió un libro en 1997 que tocó la fibra sensible de gente de todo el mundo. *No te ahogues en un vaso de agua* pasó cien semanas en la lista de los más vendidos del *New York Times.* Carlson subraya la importancia de no complicarte la vida preocupándote por cosas que no merecen tu energía.[4] «No te ahogues en un vaso de agua» se convirtió en un mantra que todavía funciona hoy. Si tienes tendencia a ahogarte en un vaso de agua —a sacar las cosas de quicio y a enojarte o irritarte fácilmente—, averigua por qué. Si no estás seguro de por qué estas ofensas de categoría 1 te desquician, comprométete a tratar de averiguar qué dispara tus reacciones desproporcionadas.

Simplifica tu vida dejando pasar las ofensas de categoría 1. Cuando comprendes tus reacciones a las molestias de cada día, y mantienes lleno tu balde, las irritaciones menores y las pequeñas injusticias de la vida pierden su poder de robarte el tiempo y la energía emocional. Tu mundo relacional irá más ligero, y encontrarás más sencillo pasar por alto las ofensas y perdonar a los que las cometan.

Categoría 2: Heridas justificadas

Los agravios de categoría 2 son más complejos. No son simples ofensas menores; conllevan heridas justificadas que requieren una resolución y una cura. Esta clase de infracciones nos pasan a todos tarde o temprano. Son la consecuencia de vivir en un mundo en el que el pecado siempre está presente.

He escuchado miles de historias de categoría 2 a lo largo de los años. Este es un ejemplo de una que escuché hace poco:

«Bill, he estado luchando con algo privado en mi vida de lo que no estoy orgulloso. He peleado con ello por años, y finalmente reuní el coraje necesario para dejar de esconderlo y compartirlo con un hermano de confianza. Fuimos a cenar y le hablé de ello. Él escuchó. Lo comprendió. Y al final le pedí que lo mantuviese en total secreto. Me prometió que lo haría. Accedió a caminar a mi lado mientras luchaba por ganar la victoria en esta área de mi vida. Pero menos de veinticuatro horas después, todo nuestro pequeño grupo lo sabía, así como la mitad de mis colegas de trabajo. ¡El tipo habló! Estoy enfadado. Me siento avergonzado. Me siento profundamente agraviado».

Mientras este hombre contaba su situación, oré por discernimiento, y supe en qué categoría encajar su situación: categoría 2, heridas justificadas. Esto es más que un bache. Es una traición. Es más que una «irritación menor». El que en otro momento fue un amigo de confianza no mantuvo su promesa de confidencialidad: y tener la boca tan grande tiene grandes consecuencias.

Cuando alguien me habla de una situación que encaja en la categoría 2, mi respuesta es amable.

«Oh, lo siento mucho, amigo —digo con genuina sinceridad—. Lo siento mucho. Este hermano nunca tendría que haber roto su promesa. Esa traición nunca debería haberte pasado. Lo siento mucho».

Ofrezco consuelo como mejor puedo, y después oramos por ello. Invariablemente, sin embargo, la persona pregunta: «Entonces, ¿qué debo hacer? Me ha ofendido. Soy la parte inocente. Tiene que haber justicia de algún modo, ¿verdad?».

Esa es una pregunta legítima. Y encaja con el pensamiento común de nuestro mundo. Es el concepto del «ojo por ojo, diente por diente» del Antiguo Testamento. Los ofensores merecen un castigo, ¿cierto?

El problema con esta clase de pensamiento es que no da la profunda satisfacción que el agraviado piensa que recibirá. Y centrar nuestras energías en la búsqueda de venganza no lleva a una vida simplificada. Por comprensible que sea querer que la gente que nos ha hecho daño pague de alguna manera, la simple búsqueda de justicia nunca conduce a la paz relacional. Ciertamente hay un tiempo y un lugar para la justicia, especialmente si el agravio tiene implicaciones legales. Pero al final del día, cada uno debe hacer cuenta de lo que nos ha ocurrido, y debemos perdonar.

Perdonar significa que reconocemos totalmente el daño que se nos ha hecho... y aun así al final liberamos a la otra persona.

Perdonar no es un proceso sencillo. Créeme, lo sé. Significa que reconocemos totalmente el daño que se nos ha hecho, nos dolemos de lo que se ha perdido y aun así al final liberamos a la otra persona. La soltamos. La dejamos ir. No por *su* bien, sino por el nuestro y por el de Cristo.

Cuando hablo con alguien que ha sido herido justificadamente, no trato de minimizar el dolor de esa persona. No ofrezco una solución rápida. No digo: «Si realmente amas a Dios, simplemente debes perdonar». Por desgracia, un sinnúmeros de personas que han experimentado heridas justificadas de categoría 2 han sido castigadas de nuevo por seguidores de Cristo con buenas intenciones que han ofrecido un consejo simplista que añade culpa y vergüenza a un corazón ya roto.

Pero lo cierto es que el perdón en el tiempo de Dios es la única puerta a la sanación.

Lo digo con atrevimiento desde mi propia experiencia. No importa la profundidad de las heridas, no importa lo justificable de mi deseo de ver al ofensor tener lo que se merece, la justicia no traerá la paz y la sanación que deseo. Al final, agarrarme a mi deseo de justicia no le cuesta nada a la otra persona; solo me esclaviza *a mí*.

Cuando siento que la gente está verdaderamente abierta a escuchar la dura verdad acerca de su dolorosa situación, les encamino con delicadeza al trabajo que tienen que hacer en el lado del perdón de la ecuación.

Les digo con toda la sinceridad y compasión: «Vaya, tu situación es dura. No te envidio. Pero en mi honesta opinión, en algún momento tienes que hacer lo que hizo Jesús cuando fue maltratado. Jesús fue horriblemente agraviado en la cruz, y aun así Su respuesta a los ofensores fue: "Padre, perdónalos, porque no saben lo que hacen". Renunció a su derecho de venganza. Lo abandonó, en aquel mismo momento».

En algún momento tendrás que hacer lo que Jesús hizo cuando le maltrataron.

Algunas personas responden: «Bueno, eso es ridículo. Él era Jesús, yo no. Fin de la historia». Se quedan atrapados en el sendero de la búsqueda de justicia, lo que para ellos tiene sentido.

Pero otras veces algunos responden: «¿Crees que en realidad puedo perdonar? ¿Cómo sería eso? ¿Cómo hago para empezar a perdonar a esta persona?». Esta gente tiene hambre y curiosidad.

Siempre que la gente está dispuesta a intentar el perdón, les introduzco en tres textos de la Escritura que les ayudarán a entender cómo es el perdón en términos prácticos. Estos textos se pueden resumir con cinco instrucciones relacionadas con el verbo «ir»:

1. Ve. En Mateo 18.15, Jesús resume qué hacer en situaciones en las que has sido agraviado. «Si tu hermano peca contra ti, ve a solas con él y hazle ver su falta». Si hay una ruptura relacional, no importa quién la haya causado: *ve.* Tú das el primer paso. No importa si es el problema de la otra persona, o tu problema, o algo entre medias; *tú* inicias el intento de reconciliación. No te sientes al lado del teléfono, esperando que el ofensor te llame. Si hay fricción en tu relación, o cualquier clase de crisis, Jesús dice: *Ve. Tú das el primer paso.*

2. Ve a solas. Además, Jesús añade: «Ve a solas».[6] No celebres una reunión previa. No llames a todos tus amigos y digas: «¿Sabes lo que

hizo Joe? Voy a ir a hablar con él en un par de días, pero primero quiero contarte eso terrible que ha hecho. Rompió la confidencialidad. Hizo esto. Dijo aquello». Demasiado a menudo, la gente que ha sido traicionada violando la confianza o por medio de cotilleos, va y les cuenta a los demás cómo ha sido traicionada... cometiendo la misma ofensa que se ha cometido contra ellos. No ven la ironía.

Ve solo. No le cuentes a nadie los detalles de tu conflicto. Muéstraselos al ofensor directamente.

Si alguien viene y me dice: «Eh, Bill, necesito hablar contigo de un pequeño problema que tengo contigo... y, que conste, no he hablado con nadie más de ello; eres el primero en escucharlo», eso realmente me impresiona. Cuando alguien me dice: «Vengo directamente a ti», sé que se toma en serio la directriz que Jesús ofrece en Mateo 18. Viene a mí directamente, y viene en privado. Mi nivel de admiración aumenta instantáneamente, y mi corazón se abre del todo para escuchar lo que tiene que decir.

3. Ve para reconciliar la relación. Cuando Jesús nos enseña a ir en privado con alguien que nos ha ofendido, tiene un objetivo en mente: reconciliar la relación. «Si te hace caso, has ganado a tu hermano», dice.[7] Cuando vayas a alguien que te ha herido, hazlo con un espíritu de reconciliación.

¿Alguna vez ha venido alguien a ti para discutir un asunto y has comprendido que todo lo que quiere es sacarte los ojos? Dice que quiere hablar acerca de un error que has cometido, pero no sientes ningún deseo de reconciliación de su parte. Está enfadado. Vuelan las acusaciones. Te está haciendo sentir peor, sin esperanzas de que puedan arreglar las cosas.

No es así como se supone que debe ir. Yo he estado en el extremo receptor de este enfoque, y en realidad se me hace más difícil ver el error cometido. Es complicado ofrecer una disculpa apropiada o trabajar para restaurar la relación cuando estoy ocupado defendiéndome de un aluvión de ataques.

Está en la naturaleza humana ponerse a la defensiva cuando nos atacan, así que este enfoque no es eficaz. Pero en Mateo 18.15 Jesús dice: «Ve. Ve en privado. Y arregla las cosas, restaura la relación».[8]

Cuando vayas buscando reconciliarte, intenta un enfoque como este: «Eh, Joe, llevamos siendo amigos mucho tiempo, y me gustaría que siguiéramos siéndolo en adelante. Pero algo se ha descarrilado, y tenemos que hablar de ello. Me siento herido, pero sé que es probable que no haya tomado en cuenta tu perspectiva. Vengo a ti seguro de que si lo hablamos, podremos comprendernos mejor. Podemos perdonarnos y creo que nuestra amistad será más cercana y tendremos más confianza después de esto. ¿Podemos hablarlo ahora, Joe?».

Tú vas. Vas solo. Vas a restaurar la relación. Yo calculo que el 90 por ciento de las crisis relacionales se pueden sanar aplicando este único versículo.

Si tú intentas una conversación de restauración y la otra persona no responde bien, Jesús ofrece consejo para un seguimiento. Si no puedes hacer que el problema se resuelva en la primera reunión, puede que necesites llevar a un amigo mutuo de confianza contigo e intentarlo de nuevo. Puede que tengas que involucrar a un anciano de la iglesia en algún momento. Pero casi siempre, si vas directo, en privado, con un espíritu de reconciliación, puedes arreglarlo.

Si tú intentas una conversación de restauración y la otra persona no responde bien, Jesús ofrece consejo para un seguimiento.

4. Ve ahora. Imagina que tu amigo «Joe» ha traicionado tu confianza o te ha herido de algún otro modo. Sabes por Mateo 18.15 que tienes que ir a él; no se lo vas a decir a nadie más; y vas a ir con un espíritu de reconciliación. ¿Cuánto tiempo esperarás para intentar

arreglar las cosas? ¿Un día? ¿Diez días? ¿Treinta días? ¿Sientes alguna clase de urgencia para reconciliar una relación rota?

Jesús aborda la pregunta del «cuándo» en Mateo 5. Pon que estás en un servicio de alabanza, y está lleno. La gente canta y alaba y a mitad del servicio el Espíritu Santo te da un toque en el hombro y te recuerda que tú y Joe no están bien. Parte es culpa de Joe; parte es tu culpa. No importa. Los dos no están bien.

Levántate y deja la reunión, dice Jesús. Deslízate entre las diez personas de tu hilera. Piérdete el resto del servicio. La gente te mirará. Pero es más importante para ti resolver tu relación rota con Joe que seguir cantando alabanzas a Dios.[9]

La primera vez que enseñé estos principios, estaba hablando a un grupo de unos 250 estudiantes de instituto. Les enseñaba con pasión, mostrando las instrucciones de Jesús… y mientras hablaba, ¡cerca de un tercio de los estudiantes se levantó y se fue! Al principio pensé que les había ofendido. Pero entonces me di cuenta de que estaban escuchándome y que simplemente practicaban lo que Jesús les había dicho que hicieran. Iban a enmendar cosas. Estaba realmente orgulloso de ellos porque habían tomado la Palabra de Dios tal como lo dice. Se levantaron y se marcharon para empezar a corregir cosas, ofrecer disculpas, para tener las conversaciones duras que pueden llevar a la restauración y la reconciliación.

> Da ese primer paso. Reconciliar tus relaciones es un paso vital hacia la simplificación de tu vida.

Pasó de nuevo mientras enseñaba ese pasaje hace poco: la gente se levantó y se fue cuando llegué a este punto de la lección. Las palabras de Jesús les habían convencido y necesitaban hacer una llamada de teléfono o conducir hasta la casa de alguien. Cuando el resto de los reunidos se dieron cuenta de por qué la gente se iba, comenzaron a aplaudir por aquellos que estaban poniendo en práctica su deseo de reconciliar sus relaciones. Vaya un momento.

Tal vez, mientras lees esto, el Espíritu Santo te esté trayendo a la mente una fractura relacional en tu vida, y sabes que tienes que dar ese primer paso. El Espíritu te está susurrando que vayas, que vayas solo, que vayas para restaurar la relación... y que vayas ahora.

Cierra el libro y ve. Este capítulo te estará esperando cuando regreses. Da ese primer paso. Reconciliar tus relaciones es un paso vital hacia la simplificación de tu vida.

5. Déjalo ir. A veces puedes hacerlo todo bien —tú vas, vas solo, vas para restaurar la relación y vas ahora—, pero la otra persona no se quiere reconciliar. En vez de eso, dice: «Al diablo contigo. Quiero seguir enfadado. Quiero aferrarme a este rencor, y tú lo estás estropeando viniendo aquí a reconciliarte. No quiero arreglarlo».

¿Qué haces ahora? ¿Te quedarás cargando para siempre con una relación rota?

No.

El apóstol Pablo cuela un versículo precioso en Romanos 12 que aborda esta misma cuestión: «Si es posible, y en cuanto dependa de ustedes, vivan en paz con todos».[10]

No puedes controlar las respuestas del resto de la gente. Ellos pueden elegir hacerlo mal el resto de sus vidas. Si tú lo has hecho lo mejor posible y la otra persona no se quiere reconciliar, estás limpio delante de Dios. Estás libre.

Si no estás seguro de que tus intentos de reconciliación se hayan ajustado a las directrices de Jesús, inténtalo de nuevo:

Ve.

Ve solo.

Ve a restaurar la relación.

Ve ahora.

Antes de comenzar, ora: «Dios, dame el valor para tratar de resolver esto». Estoy seguro de que Él te dará la fuerza que necesitas para intentar una restauración de buena fe.

Si la relación se restaura, dale la gloria a Dios. Si la relación no se puede restaurar, a pesar de tus mejores esfuerzos, sigue con tu vida.

Déjalo ir.

Categoría 3: Injusticias que destrozan la vida

Yo defino un agravio de categoría 3 como una injusticia que te destroza la vida, que ocurre de repente sin saber por qué; una tragedia impensable que cambia para siempre el horizonte de tu vida. Por la gracia de Dios, no todo el mundo experimentará una ofensa de categoría 3 en su vida.

Mi esposa, Lynne, se hizo amiga de dos personas extraordinarias que experimentaron agravios de categoría 3. Conoció a Robi Damelin y a Bassam Aramin durante sus viajes a Oriente Medio. Su historia demuestra, como pocas que conozca, cómo es sortear una injusticia de categoría 3 con un corazón enfocado a la restauración relacional. Tuve el privilegio de escuchar sus historias hace poco.

Robi es una mujer israelí cuyo hijo de veintiocho años, David, era un antiguo oficial de las Fuerzas de Defensa de Israel. Más tarde se hizo profesor de universidad y activista por la paz que se oponía a que su gobierno ocupara el territorio palestino. Fue llamado a servir otra temporada en la FDI, esta vez dentro de los territorios ocupados, los mismos a los que se oponía. Sin embargo fue, sabiendo que trataría con respeto a todos los palestinos con los que se cruzara, y que sus soldados seguirían su ejemplo y harían lo mismo. Pero poco después de ser desplegado, David fue asesinado por un francotirador palestino.

> Han decidido administrar las injusticias que han destrozado sus vidas, no hacia la venganza, sino hacia la reconciliación.

«Es imposible describir lo que es perder a un hijo —dijo Robi—. Toda tu vida cambia para siempre. No es que ya no sea la misma persona. Soy la misma persona *con un montón de dolor*. Allá donde vaya, lo llevo conmigo».[11] Aun así, las primeras palabras que salieron de la boca de Robi cuando se enteró del asesinato de David fueron de paz: «No tomen venganza en nombre de mi hijo».

La experiencia de Bassam es similiar. Es un musulmán palestino cuya hija de diez años, Abir, fue disparada en la cabeza mientras estaba fuera de su escuela con unas amigas. Acababa de hacer un examen de matemáticas, y en su bolsillo llevaba unos caramelos que había comprado pero que nunca tuvo la oportunidad de comer.

«El asesinato de Abir me podría haber llevado por el camino fácil del odio y la venganza», dijo Bassam.[12] Pero ni Robi ni él escogieron ese camino.

Tanto Robi como Bassam son padres cuyos corazones se rompieron por una injusticia que les destrozó la vida: hijos asesinados en el conflicto palestino-israelí. Estos son niveles de agravio de categoría 3 que ninguno de nosotros tendríamos que sufrir, aunque algunos lo hacemos. Hoy, Robi, Bassam y muchos otros que han perdido a seres queridos en este conflicto trabajan juntos hacia la paz en el Parents Circle Families Forum. Han decidido administrar las injusticias que han destrozado sus vidas, no hacia la venganza, sino hacia la reconciliación.

Nada puede devolverles los hijos preciosos que estos padres perdieron. Tendrán para siempre un dolor de categoría 3 en sus corazones que pocos de nosotros podemos comenzar a entender. Pero trabajando para reconciliar las relaciones rotas que condujeron a las muertes de David y Abir, Robi y Bassam minimizan las semillas de amargura que podrían florecer en sus corazones. Simplifican su mundo interior poniendo su energía hacia la reconciliación y la paz.

Una mujer de Nueva York llamada Victoria Ruvolo iba pendiente de sus cosas una noche de nieve, conduciendo su coche por una autopista de Nueva York. No sabía que estaba a pocos minutos de una ofensa de categoría 3.

Un grupo de adolescentes que habían robado un coche esa noche se aproximaban a Victoria en sentido contrario por la misma autopista. Uno de los adolescentes, Ryan Cushing, de dieciocho años, agarró una bolsa de un supermercado, sacó un pavo congelado de nueve kilos que habían comprado con una tarjeta de crédito robada, y solo por diversión lo lanzó por la ventana hacia el tráfico del sentido opuesto.

Aquel enorme pavo congelado impactó contra el parabrisas de Victoria Ruvolo y le quebró casi todos los huesos de la cara. Casi muere en la escena de aquel horrible accidente, y estuvo en coma durante semanas. Ryan fue rápidamente arrestado por el delito.

Victoria no era ajena a la pérdida personal. Siendo la pequeña de siete hermanos, ya había perdido a dos hermanos mayores, a un sobrino y a un querido cuñado en diferentes accidentes y un asesinato. Después, cuando tenía treinta y ocho años, su bebé recién nacido murió. Ahora esto. Si alguien tenía una razón para sentirse víctima, esa era Victoria.

Después de varias operaciones, meses de recuperación, niveles indescriptibles de dolor y cicatrices permanentes, Victoria decidió asistir al juicio del joven que había hecho aquello tan horrible. La jueza le dio permiso a Victoria para hablar en la abarrotada sala.

Con una voz firme, ella dijo: «No hay espacio para la venganza en mi vida, y no creo que una sentencia larga y dura nos hiciera ningún bien ni a ti, ni a mí, ni a la sociedad...[13] Espero de verdad que demostrando compasión e indulgencia, te haya animado a buscar una vida honorable. Si mi generosidad te ayuda a madurar para ser un hombre honesto, responsable y compasivo, cuya gracia sea una fuente de orgullo para sus seres queridos y su comunidad, entonces me sentiré verdaderamente gratificada, y mi sufrimiento no habrá sido en vano».[14]

Por la gracia de Dios, el perdón genuino por las ofensas de categoría 3 es realmente posible.

En una sala de audiencias pública, ella le perdonó. Dijo, en efecto: «Padre, perdónale. Perdona a Ryan; no tenía ni idea de lo que estaba haciendo aquella noche».

Al escuchar las palabras de perdón de Victoria, Ryan se derrumbó en la sala y lloró. La jueza quedó tan conmovida que le sentenció a seis meses de prisión y a cinco años de libertad condicional en vez de la pena máxima de veinticinco años.

Mientras Ryan era sacado de la sala para empezar a cumplir su reducida sentencia, paró enfrente de Victoria, sin palabras, con lágrimas cayéndole por las mejillas. Ella le envolvió con sus brazos y le abrazó. «Yo fui la última persona que le abrazó antes de que fuera a prisión», contó ella más tarde. Victoria realizó el duro trabajo del perdón, y eso cambió la trayectoria de la vida de Ryan… y la suya.

Pero observa que Victoria no extendió misericordia a Ryan de forma ligera ni inmediata. Fue un proceso multidimensional que se logró con dificultad.

Uno de los privilegios de ser pastor es tener un asiento de primera fila para los profundos actos de perdón. He visto a víctimas adultas de abuso sexual hacer el duro trabajo de perdonar a sus abusadores; no liberando a los criminales de las consecuencias legales de sus actos, sino liberándose a sí mismos del deseo de venganza. He visto matrimonios reconciliados a pesar del adulterio de una o de ambas partes. He visto a adictos entrar en recuperación y enmendarse con aquellas familias devastadas, llevadas a la bancarrota y traicionadas que les perdonaron. Por la gracia de Dios, el perdón genuino por las ofensas de categoría 3 es realmente posible. Es un trabajo duro, y no pasa de la noche a la mañana. Para muchos, necesita toda una vida de esforzarse por perdonar.

Adam Hamilton, pastor principal de la United Methodist Church of the Resurrection en Leanwood, Kansas, ha escrito un libro excelente sobre este tema, llamado *Forgiveness: Finding Peace Through Letting Go* [Perdón: encontrando paz dejándolo ir].[15] En su blog, Hamilton describe las dos dimensiones del perdón:

> Está tu liberación interna de la amargura, la ira y el deseo de venganza, y está la extensión de misericordia hacia aquel que te ha ofendido.
>
> Con respecto a tu liberación de la ira, la amargura y el deseo de venganza, debes perdonar. Cuando más seria sea la herida, más largo será el

> proceso. Pero fallar en perdonar, en este sentido, le da poder al que te agravió. Eres tú, no ellos, quien sale dañado por tu rechazo a perdonar.
>
> Pero en la segunda dimensión del perdón —extender misericordia a aquellos que te han agraviado— *puede que en realidad dañemos a los ofensores si extendemos misericordia demasiado rápido.* Luchar con el daño que han causado es parte del proceso redentor, y para los cristianos, la redención siempre debe ser el objetivo.[16]

Como seguidores de Cristo, la primera dimensión del perdón comienza inmediatamente. Dependiendo de la profundidad de la ofensa, el proceso de perdonar puede llevar instantes, días, meses o años. Pero la segunda dimensión —el acto de extender misericordia, especialmente por ofensas graves— requiere sabiduría y discernimiento, con la redención de la otra persona como el objetivo final. Eliminar las consecuencias naturales de las ofensas de alguien, en realidad, puede dañar el proceso de redención. Un «Te perdono» frívolo enfrente de un daño importante evita que el ofensor sienta todo el peso de lo que ha hecho, haciendo más difícil que experimente la redención que viene de un arrepentimiento sincero.

Conocer con exactitud nuestros defectos delante de un Dios santo nos capacita para elegir un perdón radical.

UNA CLASE DIFERENTE DE CORAZÓN

El perdón radical es algo poderoso. Corta la respiración. Hace que se pregunten: «¿Cómo has podido hacerlo? Un corazón humano normal buscaría venganza. ¿Cómo has hecho hueco en tu corazón para perdonar?».

Se necesita una clase diferente de corazón para elegir el perdón en vez de la venganza. Jesús fue el modelo de esta clase de corazón cuando perdonó a Sus asesinos mientras todavía lo estaban matando.

¿Qué transforma un corazón humano normal en uno nuevo, diferente… un corazón que pueda expresar perdón radical incluso en tragedias de categoría 3?

Comienza cuando experimentamos el perdón de nuestros propios pecados por medio de la Cruz de Cristo y la gracia transformadora de Dios. Conocer con exactitud nuestros defectos delante de un Dios santo nos capacita a su vez para elegir un perdón radical.

Jesús dijo esto acerca de una prostituta que estaba ungiendo Sus pies con un caro perfume: «Te digo que sus pecados —que son muchos— han sido perdonados, por eso ella me demostró tanto amor; pero una persona a quien se le perdona poco, demuestra poco amor».[17] Comprender del todo el perdón radical que Dios nos extendió mientras éramos todavía pecadores supone a su vez un cambio de corazón. Es mucho más fácil ofrecer perdón a los demás cuando somos totalmente conscientes de cuánto nos ha perdonado Dios a nosotros.

Cuando tu corazón está lleno diariamente de la generosidad del Padre, rebosa suficiente gracia de Dios en ti como para que puedas extendérsela a los demás. Cuando en tu corazón están grabadas las verdades prácticas de la Palabra de Dios acerca de lo que hacer cuando nos ofenden, tendrás idea de cómo sortear las situaciones de categoría 2 y 3. Comprenderás las alternativas a la hostilidad, la amargura y la búsqueda de venganza. Si tu corazón ha aprendido que la búsqueda de venganza destruye lentamente el alma de la persona que lo intenta, la única opción viable —aunque hayas sido terriblemente ultrajado— es regresar a la oración de Jesús: «Padre, perdónalos, porque no saben lo que hacen».[18]

No hace mucho, una mujer me paró después de un servicio. Cuando comenzó a describirme el daño que había sufrido, supe que era una injusticia de categoría 3: su única hija había sido atropellada por un conductor borracho y había muerto. Simplemente la abracé y le dije: «No tengo palabras. Lo siento mucho». Oramos, y después hablamos un poco más.

Puedes apostar que no le llené los oídos de triviales soluciones rápidas. Todavía está tan conmocionada por el dolor que no puede empezar a poner sus energías hacia el perdón. Le presenté a alguien de nuestro equipo de cuidado pastoral para que nuestra iglesia pueda caminar a su lado, proporcionarle ayuda para el duelo y hacer lo que sea para ayudarla a pasar por esta tragedia.

Pero un día, en el camino, tendremos que sentarnos y hablar de nuevo; porque, en algún momento, ella tendrá que decidir qué hacer con aquel conductor borracho. Lo único más descorazonador que una mujer que pierde a su única hija sería que esa mujer destrozada se pasara el resto de su vida esclavizada al rencor.

He visto a personas trágicamente heridas liberarse de la tiranía de la amargura de la búsqueda de venganza.

Y si me lo pregunta, solo tengo una cosa que decirle en su situación. Con toda la dulzura que pueda, dirigiré su atención a la oración de ocho palabras pronunciada por Alguien que estaba siendo ultrajado del peor modo concebible. La injusticia le costó la vida, pero Jesús se liberó de la tentación de la amargura por medio de estas palabras profundamente simples: «Padre, perdónalos, porque no saben lo que hacen».

A lo largo de los años, he visto a personas trágicamente heridas liberarse de la tiranía de la amargura de la búsqueda de venganza. He visto a personas que fueron gravemente abusadas y maltratadas liberadas de décadas de hostilidad y de desearle lo peor a alguien; he visto a gente exonerada del ácido de la necesidad de revancha que abrasa las almas. No es fácil para ellos. El perdón es un proceso de por vida. Y de vez en cuando tienen que volver y enderezar de nuevo sus corazones. Muchos encuentran útil permanecer cerca de la oración de ocho palabras de Jesús. Algunos la recitan cada día, solo por permanecer limpios delante de Dios y libres de la amargura.

Las tragedias que han experimentado estos héroes no desaparecen solo porque hayan perdonado a quienes les hirieron. Pero tampoco esos delitos se multiplican y reproducen. Las vidas de estas personas se han simplificado por su compromiso a seguir el ejemplo de Jesús.

No permitas que la falta de perdón te esclavice. No dejes que te robe el tiempo y la energía que debería estar mejor invertida en actividades significativas. Cuanto antes ores por el perdón y liberes a los que te han herido, antes podrás vivir una nueva clase de liberación. Cuando pasas de herido a sanado, pasas a una vida más simplificada.

PASO DE ACCIÓN: LIBÉRATE DE LAS OFENSAS MENORES

CATEGORÍA 1: OFENSAS MENORES

¿A menudo te sientes ultrajado por cosas pequeñas? ¿Los demás te dicen que eres demasiado sensible o que sacas las cosas de quicio? Si es así, amigo, te ofendes fácilmente. Te irritas con demasiada facilidad. Son simples reveses. Déjalo ir.

Cuando sientes que se te ha ofendido por un asunto menor, pregúntate (con un poco de sarcasmo en tu voz, si es posible): «*¡¿En serio?! ¿De verdad* voy a dejar que esta pequeña ofensa me succione mis valiosos pensamientos, mi tiempo y energía?».

Tal vez sea hora de que reenfoques tu perspectiva. Ora: «Padre, perdóname. Perdóname por ser un seguidor de Cristo tan susceptible e irritable. Esto tiene que parar». Aquí tienes tres pasos prácticos que te pueden ayudar a liberarte de las ofensas menores:

1. **Haz una exploración interior.**
   ¿Qué está provocando que explotes de furia con tanta facilidad? ¿Cuál es la raíz? Escribe tus sospechas de la causa subyacente de tus rápidos estallidos. Una vez tengas una idea clara de lo que te está llevando a reaccionar de manera exagerada frente a los baches de todos los días, invita a Dios a que te ayude a crecer en esas áreas. Pídele que te ayude a darte cuenta cuando vayas de víctima.

2. **Llena tu corazón.**
   Actúa con propósito para llenar tu corazón del amor de Dios, para que las pequeñas molestias de la vida se puedan perdonar con facilidad, olvidar y superar con gentileza.

3. **Pídele ayuda a Dios.**
   Cuando veas que empiezas a ofenderte, pídele a Dios Su perspectiva. Aprende a preguntarte: «¿Merece mi energía disgustarme por esto? ¿O es algo que puedo dejar pasar?». Si llevas mucho tiempo ofendiéndote rápidamente —o si te viene a la cabeza una ofensa menor específica— tal vez tengas que reparar algunas relaciones. Acércate a los que han sido víctimas de tu naturaleza susceptible y diles: «Oye, sé que no me hace falta mucho para irritarme. Pero ahora sé que son cosas de categoría 1. Baches. Niñerías. Y lo siento. ¿Me perdonas?».

■ ■ ■

PASO DE ACCIÓN: RESUELVE HERIDAS LEGÍTIMAS

¿Tienes una ofensa de categoría 2 sin resolver en tu vida? Tal vez alguien te haya disgustado, haya abusado de ti, haya traicionado tu confianza o haya roto una promesa y tú tengas razones para estar herido. Pero te has estado agarrando a esa herida demasiado tiempo. Se tiene que ir.

Examina los cincos principios con «Ir» para reconciliar relaciones. ¿Por dónde se ha roto tu reconciliación con esta persona? Comprueba el nivel en el que te has quedado atascado:

1. Ve.

2. Ve solo.

3. Ve a restaurar la relación.

4. Ve ahora.

5. Déjalo ir.

Donde sea que se haya encallado la reconciliación, vuelve allí y sigue hasta el final. Por la gracia de Dios, puede terminar bien. Si no lo hace —si la persona está empeñada en aferrarse al rencor—, tienes la liberación de Romanos 12.18 de tu parte: «Si es posible, y en cuanto dependa de ustedes, vivan en paz con todos».

Si la persona que te ha herido alguna vez cambia de idea hacia ti, estate abierto a ello. Pero hasta entonces, déjalo ir. Sigue con tu vida.

PASO DE ACCIÓN: PERDONAR LAS INJUSTICIAS QUE DESTROZAN VIDAS

Si has experimentado una ofensa de categoría 3 —un desastre que ha cambiado tu vida—, lo primero de todo, tienes toda mi compasión y respeto. No quisiera estar en tu lugar. Admiro tu valor.

Segundo, te invito a que avances continuamente hacia el perdón. Quizá crees que no serás nunca capaz de perdonar a la persona que te hizo aquello tan horrible a ti o a alguien que amas. Te sugeriría humildemente que el Espíritu Santo te dará el poder de perdonar, en su momento, si tú le ofreces tu deseo de hacerlo.

El perdón es un viaje, y puedes elegir el camino difícil pero mejor de lidiar con la ofensa. Como Robi Damelin y Bassam Aramin, puedes ser conocido por tu búsqueda de la paz, la reconciliación y las relaciones restauradas. Puedes volverte esa clase de persona.

El perdón en la categoría 3 es complejo. No hay una solución rápida que te haga acelerar. Pero quizá los siguientes «marcadores» te ayudarán a dar algunos pasos en el viaje del perdón.

MARCADOR 1: NOMBRA LO QUE HA PASADO.

Muchos de los que han experimentado un trauma que ha alterado su vida a manos de otra persona encuentran útil apartar un tiempo para revivir los detalles de la tragedia; no con el propósito de reavivar los sucesos dolorosos o permanecer atascado en el pasado, sino para apreciar la profundidad de lo que pasó. Algunos encuentran consuelo al leer el atestado policial o el informe del accidente, asistiendo al juicio o hablando con los testigos del incidente. A veces los detalles que obtienen pueden proporcionar respuestas a las preguntas que les han molestado, permitiéndoles apreciar el alcance de su pérdida.

Encuentra modos saludables de nombrar lo que te ha pasado: si tienes preguntas sin respuesta, soluciónalas, si es posible. Después escribe los detalles de cómo fuiste herido, o comparte tu historia con un amigo de confianza o un consejero cristiano, alguien que tenga experiencia en ayudar a la gente a superar traumas. Al hacerlo, darás un importante primer paso hacia el perdón.

MARCADOR 2: IDENTIFICA TU PÉRDIDA.

Cuando experimentas una ofensa importante, puede resultar más cómodo quedarte en el Marcador 1 de tu duelo: permanecer centrado en lo que otro *hizo*, donde emociones como la ira, la amargura y el odio perpetuo tienen sentido. Pero al final esas emociones llevan a un callejón sin salida. Tienes trabajo que hacer más allá.

En algún momento tendrás que pasar de lo que alguien *te hizo* a lo que *has perdido en consecuencia.* En el Marcador 2, haces ese cambio y le dices que sí a una emoción más vulnerable: *la tristeza.* Aquí tienes algunos ejemplos de cómo ocurre este cambio:

Marcador 1: «Él conducía borracho y mató a mi única hija».

Marcador 2: «Nunca llevaré a mi hija al altar. Nunca tomaré en brazos a mi nieto».

Marcador 1: «¡Se jugó todos nuestros ahorros!».

Marcador 2: «Ahora deberé seguir trabajando en mi puesto más allá de la edad de jubilación». «Ya no puedo confiarle nuestras finanzas».

Marcador 1: «¡Ella me engañó!».

Marcador 2: «La pureza de nuestro matrimonio ha sido violada». «No puedo confiar en ella». «Me siento traicionado».

¿Puedes ver el cambio? Escribe unas frases parecidas acerca de tu experiencia de categoría 3 y permítete empezar a sentir la tristeza que tu pérdida ha causado. Hazlo en pequeñas dosis, a tu ritmo. Al hacer el cambio de identificar *lo que pasó* a describir *lo que perdiste,* darás un paso importante en tu proceso de duelo.

MARCADOR 3: ÁBRETE AL PERDÓN.

Una vez te hayas dado suficiente tiempo para doler la tristeza de tu pérdida, estarás listo finalmente para la posibilidad del perdón. Serás capaz de prever el día en que puedas rendir totalmente (o volver a rendir) a Dios la herida abierta de tu tragedia.

Puede que hoy no seas capaz de abrazar a tu verdugo del modo en que Victoria Ruvolo abrazó a Ryan Cushing. Pero puedes dar un pequeño paso. En Marcos 9.24 el padre de un chico poseído le dice a Jesús: «¡Sí creo! ¡Ayúdame en mi poca fe!».

Diciendo que sí a que *algún día* perdones a aquellos que te han agraviado en la categoría 3, comienzas a abrir camino para ser capaz de orar: «Padre, perdónalos; y ayúdame a mí a perdonarlos también. Abandono mi derecho a una justa venganza. Abandono mi deseo de control. Perdónalos, porque no saben lo que hacen». Y esa, amigo, es una oración que simplificará tu vida grandemente.

Capítulo seis

De ansioso a tranquilo

Conquista tus miedos

CUANDO UNOS AMIGOS se mudaron a una casa en alquiler hace poco, el casero les pidió que tomaran nota de cualquier daño preexistente. Había un puñado de cosas evidentes a simple vista —unas cuantas abolladuras en la pared, un pomo que faltaba en uno de los armarios—, y mis amigos apuntaron un lista para dársela al propietario.

La mañana siguiente a la mudanza, otra cosa les llamó la atención. Unos cuantos azulejos del aseo de arriba no estaban bien pegados. Al inspeccionarlos más de cerca, se dieron cuenta de que la lechada estaba cascada y que mostraba signos de moho.

«Presioné suavemente los azulejos e inmediatamente sentí que cedían», me dijo mi amigo. El daño de la humedad bajo la superficie había debilitado la pared.

Al día siguiente, el casero se presentó con un manitas para arreglar las rozaduras y las abolladuras. Cuando mi amigo le mostró los azulejos de la bañera, el manitas exploró un poco y descubrió que muchos de ellos estaban totalmente despegados y que el Pladur de detrás de la pared de la bañera estaba empapado, se estaba desquebrajando y estaba cubierto de moho negro. Si este problema hubiera seguido pasando desapercibido y mi amigo se hubiera apoyado sin saberlo contra los azulejos, la pared entera se habría derrumbado. El casero le pidió a su manitas que tirase abajo la ducha y rehiciera el baño de arriba.

A primera vista, el daño de la pared de la ducha no tenía tan mala pinta; sin embargo, con un pequeño empujón el Pladur húmedo y mohoso se desintegraba. La estructura debilitada no proporcionaba la fuerza necesaria para aguantar una mínima presión. Lo que parecía bastante bueno por fuera de hecho no estaba bien para nada. Había que reconstruir la pared.

Simplificar nuestras vidas significa erradicar los focos de miedo allá donde acechen.

Se puede decir lo mismo de nosotros cuando se trata del tema del miedo. Puede que hayamos tenido éxito simplificando áreas importantes de nuestras vidas, y podemos lucir muy bien por fuera. Pero si el miedo corre a sus anchas debajo de la superficie, estamos a punto de derrumbarnos igual que el Pladur mojado cuando la más mínima presión se aplique en nuestras vidas. Simplificar nuestras vidas significa erradicar los focos de miedo allá donde acechen.

VIVIR EN *SHALOM*

El estado preferido de Dios para la humanidad es que vivamos libres de miedo, experimentando *shalom*, o paz. Desde Génesis hasta Apocalipsis, la Escritura está llena de referencias que enfatizan el deseo de Dios de un mundo libre de miedo y lleno de paz.

En el libro de Números, Dios ordena a Moisés que dé esta bendición a los israelitas:

> «El Señor te bendiga y te guarde; el Señor te mire con agrado y te extienda su amor; el Señor te muestre su favor y *te conceda la paz*».

La paz también fue uno de los últimos dones que Jesús impartió a Sus discípulos antes de ascender al cielo:

> *La paz les dejo; mi paz les doy.* Yo no se la doy a ustedes como la da el mundo. No se angustien *ni se acobarden...* Yo les he dicho estas cosas para que *en mí hallen paz.* En este mundo afrontarán aflicciones, pero ¡anímense! Yo he vencido al mundo.[2]

Además, tanto Pablo como Juan se refieren a *shalom* en sus cartas a la iglesia primitiva:

> *No se inquieten* por nada; más bien, en toda ocasión, con oración y ruego, presenten sus peticiones a Dios y denle gracias. *Y la paz de Dios,* que sobrepasa todo entendimiento, cuidará sus corazones y sus pensamientos en Cristo Jesús.[3]

> *En el amor no hay temor,* sino que el amor perfecto echa fuera el temor.[4]

Estos no son más que unos pocos de los numerosos pasajes acerca de *shalom* que se encuentran en la Escritura. El estado preferido de Dios para el mundo —para cada individuo que lo habita— es que Su paz prevalezca. El miedo no puedo mandar en los corazones de la gente que permite que Dios reine completamente.

¿DÓNDE ESTÁ LA PAZ?

Si eres totalmente sincero contigo mismo, sin duda podrás identificar al menos unos cuantos focos de miedo escondidos en los huecos de tu mundo interior. Yo también. Conozco a muy poca gente que viva constantemente con «una paz que sobrepasa todo entendimiento» en sus corazones. ¿Pero por qué tan pocas personas experimentan paz?

El miedo es la barrera fundamental para la paz, y es un aguafiestas cuando se trata de llegar a una vida simplificada. El miedo debilita. No importa lo mucho que hayamos simplificado nuestros calendarios, nuestras relaciones, las finanzas y cosas así; cuando el miedo golpea, todo se viene abajo. No importa lo bien que luzcamos por fuera, nos quebraremos si el miedo se ha filtrado bajo el barniz de nuestras vidas.

El miedo es la barrera fundamental para la paz, y es un aguafiestas cuando se trata de llegar a una vida simplificada.

Cuando estaba en la universidad, tenía un compañero de habitación cuya vida parecía perfecta. Sacaba buenas notas, tenía buenos amigos y un trabajo a tiempo parcial. Pero bajo la superficie albergaba profundas cicatrices que hacían imposible una verdadera paz interior.

A veces, en mitad de la noche, saltaba de la cama gritando de terror a pleno pulmón. Hacía poco había terminado su periodo de servicio en Vietnam durante la guerra. Aunque nunca lo hubieras averiguando mirándole, le habían herido gravemente allí. Sus cicatrices estaban dentro.

Aunque mi compañero estaba seguro en una tranquila residencia en una universidad en medio de un campo de maíz de Iowa, a medio mundo de distancia del sureste asiático, el miedo y el terror que había experimentado en el campo de batalla todavía acechaba detrás de los azulejos de su mundo interior.

DESTRUCTORES DE PAZ

Es fácil comprender por qué, durante años, mi compañero de cuarto no pudo encontrar paz. Sufría un trastorno de estrés post-traumático para el que al final buscó ayuda. Pero aunque no hubiera tenido un TEPT, todos nos topamos con destructores de paz que nos roban el *shalom* que Dios desea para su gente.

Los destructores de paz son fuerzas o circunstancias que sacuden nuestra tranquilidad interior. Irrumpen en nuestras vidas sin ser invitados. Incitan el miedo. Causan ansiedad. Y cuando no se les presta atención, se filtran detrás de nuestras paredes y nos ponen en riesgo de derrumbarnos bajo las presiones de la vida cuando nuestros miedos se disparan.

Los destructores de paz son fuerzas o circunstancias que sacuden nuestra tranquilidad interior. Irrumpen en nuestras vidas sin ser invitados.

Tal vez hayas experimentado uno de estos destructores de paz comunes: la presión económica, la crisis de una relación, malas noticias inesperadas, un fracaso moral, la mortalidad inminente. O quizá estés atrapado en medio de uno de estos ahora mismo. Ya hemos pasado tiempo con los dos primeros —las cuestiones relacionales y económicas—, así que le echaremos una breve ojeada a las otras tres.

Malas noticias inesperadas

Una llamada de teléfono. Una carta certificada. Un correo electrónico marcado como «urgente». Una llamada a la puerta. Una carta de despido en tu correo del trabajo. En un instante, las malas noticias te golpean en la cara, y las plácidas aguas de tu vida se convierten en un *tsunami*. Has pasado el umbral de tu antigua vida relativamente tranquila hacia una nueva e inesperada donde la tragedia y el caos quieren reinar. Desearías poder hacer retroceder el reloj y deshacer lo que ha pasado, pero está fuera de tu control. *Shalom* se ha marchado.

Fracaso moral

Cuando cruzas una importante frontera moral, la ola de miedo, remordimiento, culpa y vergüenza que inunda tu alma arrasa con cualquier sensación de paz que alguna vez hubo allí.

Así es como ocurre: la última vez que cediste ante cierta tentación, te sentiste tan culpable delante de Dios, tan lleno de ansiedad y vergüenza, que le confesaste tu pecado y dijiste: «Esto nunca volverá a pasar. Voy a vivir por Tu poder y a andar en Tu camino. No volveré a hacerlo».

Pero cuando la tentación se te cruza de nuevo, haces el salto del ángel en el mismo viejo hoyo. Estás furioso contigo mismo, y te sientes sucio y avergonzado. Esa idea de paz con Dios —*shalom*— parece distante y perdida para siempre. Por tu mente revolotean palabras como *juicio, vergüenza, esconderse, secreto* y *miedo.* ¿Cómo puede reinar la paz en tu corazón cuando has traspasado las fronteras morales que Dios ha impuesto... esas que Él sabe que nos protegen de la vergüenza y el remordimiento? Pocas cosas hacen añicos nuestra paz como un fracaso moral.

Mortalidad inminente

Algún día —y nadie sabe cuándo— todos llegaremos a un momento en que nos enfrentaremos cara a cara con nuestra propia mortalidad, cuando reconozcamos que nuestra vida toca a su fin.

> ¿Cómo dejar que la paz de Dios reine en tu vida cuando sabes que pasarás a la otra vida en un futuro no muy lejano?

Tal vez ya vives con dificultades físicas. Quizá hay un informe médico negativo en algún cajón de la casa. Quizá has llegado a la mediana edad y te das cuenta de que tienes más años a las espaldas que por delante. O tal vez solo te haces mayor y has llegado a una edad en la que es probable que no veas otros diez años, o cinco, o uno. ¿Cómo dejar que la paz de Dios reine cuando sabes que pasarás a la otra vida en un futuro no muy lejano? Esa es la tensión. Una inminente mortalidad puede ser una gran causa de destrucción de paz.

Nunca olvidaré el día en que uno de mis amigos me llamó desde su coche mientras conducía a casa desde el trabajo. No sonaba bien, y me dijo que se había perdido cinco veces desde que dejó la oficina, que estaba solo a cinco kilómetros de su casa. La ruta no era compleja; requería solo unos tres giros. Algo iba muy mal. Agarré corriendo mi coche, conduje hasta donde él se encontraba y le ayudé a llegar al hospital. Allí los médicos descubrieron que tenía un cáncer cerebral inoperable.

Desde aquel día hasta el final, se despertaba todas las mañanas y se preguntaba: *¿Voy a vivir en la paz de Dios hoy? O voy a permitir que mis circunstancias me roben el* shalom*?* Y a pesar de las circunstancias, muchas mañanas era capaz de acomodar una profunda sensación de la paz de Dios en su día. No permitía que su mortalidad inminente le robara la paz.

Los destructores de paz como las malas noticias, las desgracias económicas, las crisis relacionales, los fracasos morales y nuestra inminente mortalidad tienen el potencial de evitar que la paz de Dios reine en nuestras vidas. Puedes quebrar nuestro *shalom.*

Cuando un destructor de paz irrumpe en tu vida, ¿qué haces? ¿Simplemente abandonas la idea de la paz? ¿Lo racionalizas? *Bueno, tiendo a preocuparme por naturaleza. Siempre he sido un poco miedica. Así es como me han diseñado.* ¿Te resignas a vivir con un grado bajo de miedo y la sensación siempre presente de ansiedad?

Puedes hacerlo mejor. Puedes vivir en *shalom* a pesar de los destructores de paz que intentan socavar tu vida. Cuando el miedo amenace con echarlo todo a perder, puedes ponerte en pie y luchar. Simplemente necesitas aprender algunas tácticas nuevas para luchar contra él.

MIEDO CONSTRUCTIVO

Antes de continuar, sería bueno señalar que, a veces, el miedo es algo bueno. No se debe luchar contra algunos miedos; se les debe hacer caso. Yo los llamo *miedos constructivos.*

No se debe luchar contra algunos miedos; se les debe hacer caso. Yo los llamo *miedos constructivos.*

Cuando te pone un poco nervioso conducir sobre carreteras heladas, ese miedo permite que apartes el pie del pedal y que el coche no acabe en la cuneta. Cuando te preocupas por una gran presentación en el trabajo, o un examen en la escuela, cierta cantidad de ese miedo te motiva a prepararte y hacerlo lo mejor posible. En algunas circunstancias, un poco de miedo te ayuda a valorar una oportunidad, para que no desperdicies el privilegio de tu trabajo o tu educación. Eso es miedo constructivo.

Cuando evitas con éxito una tentación porque temes el daño que podría causar —o incluso si solo temes que te puedan pillar—, ese miedo te mantiene alerta y centrado en las consecuencias de tus acciones.

Cuando decides decir que no a un desafío peligroso porque eres un «gallina», llamamos a esa clase de miedo constructivo *buen juicio.*

El miedo constructivo es algo bueno. Nos motiva a abrocharnos el cinturón de seguridad, a ir al trabajo todos los días y a pagar nuestros impuestos.

A lo largo de los años he fallado a la hora de hacer caso a la sabiduría del miedo constructivo a veces, especialmente cuando era más joven y me inclinaba por las actividades emocionantes. Una de las experiencias más terroríficas de mi vida sucedió hace muchos años cuando estábamos en la fase de construcción de Willow. Le estábamos añadiendo una grada a nuestro auditorio, lo que implicaba extender unas vigas de un lado a otro de la sala, a unos seis metros del suelo del auditorio.

Mientras paseaba por el edificio una mañana, supervisando el progreso de la grada, vi aquellas vigas recién puestas. Fui a la parte de arriba a comprobar la construcción... ¡como si yo supiera algo de cómo debían instalarse unas vigas!

Mientras estaba allí, me vi atrapado por el extraño deseo de caminar de un lado a otro del auditorio subido en lo alto de aquellas vigas de veinticinco centímetros de ancho, como había visto que hacían los albañiles el día anterior.

El miedo constructivo me gritaba en la oreja, diciéndome que no a aquel impulso loco. Pero lo ignoré. *No podía ser tan difícil, ¿verdad?* No me asustan las alturas. Tengo licencia de piloto, y ya me había atrevido a hacer caída libre, *puenting* y otras actividades que hacen que se te suba la sangre a la cabeza sin problema. Así que no era un gran reto.

Como Karl Wallenda en la cuerda floja, comencé a caminar, paso a paso, como había visto hacer a los montadores con tanta facilidad el día anterior. *No es tan difícil...*

Cuando estaba más o menos a mitad de la viga, un miembro del equipo entró en el auditorio y me vio. Creo que fue la mirada de puro horro de su cara lo que lo provocó, pero me dio algo. No conozco la definición médica de un ataque de pánico, pero de pie sobre un listón de acero de veinticinco centímetros, a seis metros de suelo de hormigón del auditorio, experimenté falta de aire, pulso acelerado, mareo, parálisis, sobrecarga emocional... todo el lote. Sentí un deseo imparable de gritar una palabra de cuatro letras: *¡Mamá!*

A seis metros de suelo de hormigón del auditorio, experimenté falta de aire, pulso acelerado, mareo, parálisis.

¡¿En qué estaba pensando?! Fue un momento de puro terror. Después de obligarme a calmar las emociones, al final completé mi primera y última actuación de equilibrismo.

Hay un versículo en el Antiguo Testamento que describe a alguien que está teniendo un ataque de pánico. Topé con ese versículo poco después de mi episodio Wallenda: «El rostro le palideció del susto, las rodillas comenzaron a temblarle, y apenas podía sostenerse».[5]

Creo que la frase en el hebreo original significa: «¡Estaba muerto de miedo!».

El miedo constructivo no solo nos advierte de daños físicos, sino que también intenta advertirnos de daños más profundos y espirituales. Jesús, que a menudo les decía a Sus oyentes que «no temiesen», también dijo esto: «No teman a los que matan el cuerpo pero no pueden matar el alma. Teman más bien al que puede destruir alma y cuerpo en el infierno».[6]

Algunos miedos son legítimos e importantes. Debemos vivir con un ojo puesto en la eternidad. Hay un cielo y hay un infierno, y la gente real elige uno u otro lugar para la eternidad. Jesús nos aconseja temer las cosas que pueden poner en peligro nuestro destino eterno. Eso es miedo constructivo.

Equivocarnos en la pregunta acerca de la eternidad acarrea terribles consecuencias. El otro día vi una pegatina en un coche que decía: «El verdadero éxito es acabar en el cielo». No se andaba por las ramas. Fallar a la hora de escoger tu destino final da pie a un miedo real que durará toda la eternidad.

El miedo constructivo nos mantiene alerta y nos ayuda a lidiar con las realidades de la vida y de la eternidad, pero debemos derrotar a otra clase de miedo si esperamos tener vidas simplificadas.

MIEDO DESTRUCTIVO

A diferencia del miedo constructivo que beneficia nuestras vidas, existe un miedo *destructivo* que no tiene base, ni utilidad y que paraliza. No nos protege de peligros razonables ni nos llama a ponderar la eternidad con actitud seria. Simplemente carcome nuestro bienestar emocional, confundiendo y complicando nuestras vidas levantando falsas barreras en nuestro trabajo, nuestras relaciones e incluso en nuestras actividades recreacionales.

El miedo destructivo debe ser parado en seco o socavará la vida que Dios nos invita a vivir.

El miedo destructivo disminuye la calidad de nuestras vidas. Nos engaña para que creamos, más allá de lo razonable, que el mundo es un lugar oscuro y peligroso. Silencia nuestro gozo y nos roba la satisfacción. Hace que nos anticipemos al futuro con temor más que con excitación.

El miedo destructivo debe ser parado en seco o socavará la vida que Dios nos invita a vivir. La historia está llena de hombres y mujeres que dijeron que *no* al miedo destructivo y cambiaron el mundo.

Pero imagina si hubieran cedido a los efectos paralizantes del miedo en sus vidas.

Imagina al apóstol Pablo, temiendo la resistencia o el rechazo, eligiendo quedarse en casa en vez de embarcarse en los viajes misioneros que llevaron el mensaje de Cristo por todo el mundo conocido.

Imagina al reverendo Martin Luther King Jr. dando discursos llenos de amables indirectas acerca de los males de la segregación, porque temía presionar demasiado. En vez de eso, King lideró el movimiento de los derechos civiles contra la segregación racial en Estados Unidos. Aunque todavía tenemos mucho camino que recorrer como país en lo que concierne al fin del racismo, el legado de King es extraordinariamente importante.

Imagina a Rosa Parks, durante esa misma época de la historia estadounidense, sometiéndose dócilmente a la orden del conductor de que cediera su asiento a una persona blanca. En vez de eso, ella resistió, y su poderosa protesta contra la segregación racial se convirtió en un pararrayos que culminó con el boicot a los autobuses Montgomery y ayudó a catalizar el movimiento de derechos civiles durante los años sesenta.

Imagina a Nelson Mandela mirando para otro lado mientras presenciaba y experimentaba el *apartheid* en Sudáfrica, porque no quería causar un alboroto. En vez de eso, pasó veintisiete años en la cárcel —dieciocho de los cuales en aquella diminuta celda de Robben Island— e hizo visible el *apartheid* para el resto del mundo, ayudando a terminar con el ancestral régimen de opresión.

Imagina a Malala Yousafzai dejando pasivamente la escuela, porque estaba demasiado asustada por las amenazas de muerte que recibía de los extremistas talibanes, que aborrecen que las niñas se eduquen. En vez de eso, levantó aún más la voz acerca de los derechos educativos de las niñas y las mujeres, sobrevivió a un intento de asesinato en 2012 y estuvo nominada al Premio Nobel de la Paz en 2013 y 2014. Su respuesta descarada al miedo ha puesto bajo el foco internacional la situación opresiva de la mujer en el distrito de Swat de Paquistán, y a las culturas opresivas con la mujer de todo el mundo.

Imagínate a ti, totalmente consciente de la misión y la visión que Dios ha colocado en tu corazón para instaurar Su reino en este mundo, y aun así esclavizado a fobias, preocupaciones irracionales y miedos destructivos al fracaso, el daño o el rechazo. Si no cumples la misión que Dios te asignó, ¿quién lo hará?

Él quiere ayudarte a conquistar las preocupaciones agotadoras y paralizantes que acarreas y ahogan tu gozo.

El apóstol Pablo, en una carta a su protegido Timoteo, escribe: «Pues Dios no nos ha dado un espíritu de temor y timidez sino de poder, amor y autodisciplina».[7]

Dios no quiere que vivas con un espíritu de timidez, bajo una capa de miedos destructivos. Quiere que vivas con un espíritu de poder, amor y una mente serena: un patrón de pensamiento disciplinado.[8] Él quiere ayudarte a conquistar las preocupaciones agotadoras y paralizantes que acarreas y ahogan tu gozo.

Una comprensión sana de lo que la Biblia dice acerca de conquistar nuestros miedos es vital para experimentar *shalom.* Algunas personas que enseñan verdades cristianas crean una falsa impresión cuando se trata de conquistar el miedo. Exageran el ejemplo bíblico, prometiendo que Dios se llevará todo tu miedo simplemente pidiéndoselo. Algunos añaden una cucharada de vergüenza espiritual a la ecuación diciendo: «Ni siquiera tendrían miedos si tuvieran suficiente fe».

Esta exageración pone a la gente en situación de fracasar y les da una imagen incompleta del proceso de superación de nuestros miedos destructivos. Según creo yo, la Biblia presenta el viaje hacia la superación de miedo como una empresa mixta, en donde trabajamos conjuntamente con Dios. Dios hará Su papel. Él no fallará. Y tú debes hacer tu parte también. Es una asociación.

CONQUISTAR TU MIEDO

Si te tomas en serio lo de simplificar tu vida superando los miedos destructivos, prepárate para el trabajo duro. Pero hay mucha esperanza. Cuanto tú haces tu parte y Dios hace la Suya, puedes esperar de verdad recoger las recompensas de una vida nunca más esclavizada al miedo.

Cuando lucho con un miedo destructivo —como hacemos todos de vez en cuando—, encuentro que hay un puñado de pasos que me ayudan a unirme a esta aventura de la caza de miedos con Dios y hacer mi parte para producir mi liberación.

Paso 1: Comprender el origen del miedo

Antes de que puedas conquistar tu miedo, debes comprender dónde se origina.

Una terapeuta familiar que conozco me transmitió una historia desgarradora —con nombres y detalles omitidos— de un paciente al que había visto hacía poco. El paciente era un niño en edad escolar que fue llevado a la clínica por culpa de sus arrebatos de ira, sus pataletas y fobias extremas que no podía controlar. Tenía miedo a la oscuridad, a los lugares nuevos, a las multitudes y a la gente. Sus miedos eran tan paralizantes que afectaban a su capacidad de funcionar en casa, en la escuela y en público. Cada mañana se resistía a dejar la casa para ir a la escuela, y una vez en la escuela, se resistía a salir para el recreo, o a dejar el aula para caminar hasta la cafetería o el gimnasio.

> Mucha gente vive toda su vida atormentada por un miedo particular surgido de un único suceso traumático.

Después de una exploración, la psicóloga vio que cuando el niño era más pequeño solía correr afuera sin vigilancia. En un intento de protegerle, su madre le había advertido repetidas veces contra los peligros y las cosas horribles que podían pasar si se iba solo por el vecindario. Le podían atracar. Le podían secuestrar, o disparar.

Este chico tenía una imaginación activa y rápidamente sumó dos y dos. Como había experimentado más traumas en sus primeros años de lo que cualquier niño se merece, ahora imaginaba horrores inexplicables basados en las advertencias de su madre que le llevaban a temer el mundo exterior y a la gente malvada que le esperaba para hacerle daño. No era extraño que le aterrorizara ir a la escuela. No era extraño que temiera la oscuridad, las multitudes y a la gente. Al tratar de proteger a su hijo de los peligros reales de irse solo por el vecindario, su bienintencionada madre había avivado multitud de miedos imaginarios que ahora paralizaban su vida.

Solo cuando comprendieron el origen de los miedos de este niño pudieron la terapeuta y su equipo empezar a ayudarle a superarlos.

El doctor Joseph Wolpe, psiquiatra sudafricano del siglo veinte que dedicó su vida al estudio del origen de las fobias en las personas, descubrió que mucha gente vive toda su vida atormentada por un miedo particular basado en un único suceso traumático de su infancia.

Por ejemplo, un hombre adulto que se negaba a acercarse al agua porque cuando tenía ocho o nueve años un niño del vecindario le hizo una aguadilla en la piscina pública y lo mantuvo allí debajo, y el creyó que iba a morir ahogado. Desde aquel único episodio aterrador había evolucionado una fobia extrema al agua; no solo resistencia a dar clases de natación, sino una vida entera de miedo al agua, los barcos, las playas y todo eso. Su fobia radical se basaba en una mala experiencia en sus primeros años.

Hablar en público copa las listas de las fobias más comunes. El doctor Wolpe descubrió que casi todos los que experimentan altos grados de miedo a hablar frente a una audiencia pueden recordar un momento en que hicieron una reseña oral de un libro en la escuela primaria, o una exposición de tres minutos frente a la clase en séptimo curso —o un momento similar en que todos los ojos de la sala estuvieron fijos en él— y alguien se rio, la exposición no fue bien o el profesor le avergonzó de algún modo. Desde aquel momento el simple pensamiento de hablar en público les ha causado miedo y temblores.

Conozco a un líder cristiano que escribe libros y hace programas de radio y televisión en directo. Habla con total seguridad frente a miles de personas, pero solo acudirá a esos compromisos en coche o en tren, porque tiene miedo a volar. Cuando era pequeño pasó una tormenta eléctrica mientras volaba en un pequeño avión de pasajeros y esa simple experiencia aterradora le ha mantenido en el suelo durante los últimos treinta y cinco años.

Conozco a gente que no conduce porque metieron su coche en la cuneta hace treinta años. Conozco a gente que no se sube en barcos porque se marearon una vez cuando tenían catorce años. Conozco a gente que no buscará relaciones profundas porque tienen miedo de ser heridos como lo fueron hace veinte años. Mucha gente se aleja de Dios y de todas las cosas religiosas porque una vez tuvieron una mala experiencia en la iglesia.

Es descorazonador ver a algunas personas pasarse la vida entera cautivas por miedos debilitantes. Cuando les quitas las capas de autoprotección que cubren sus miedos destructivos, a menudo encontrarás uno o dos sucesos significativos en el interior. Estos sucesos pueden no parecer terroríficos al observador casual, pero fueron lo suficientemente terroríficos para empezar una caída de fichas de dominó que causó que la persona levantase muros de evitación.

Una vez comprendas bien los orígenes de tus miedos destructivos, el siguiente paso es exponer las mentiras del miedo.

Paso 2: Exponer las mentiras del miedo

Una vez comprendas bien los orígenes de tus miedos destructivos, el siguiente paso es exponer las mentiras del miedo. En Juan 8.44 Jesús dice que el maligno es mentiroso y padre de mentiras, revelando así la estrategia primordial del diablo para ocasionar fracaso y destrucción: *el engaño.*

Así es como funciona.

Imagina que tienes una cita romántica importante y que la otra persona te dice: «Te llamo esta noche». Cuando esa persona no ha llamado a las once de la noche, el miedo hace su jugada. El miedo destructivo comienza a desplegar pesadillas en tu imaginación, que normalmente toman uno o dos senderos predecibles: *tragedia* o *traición.* O *Está muerto en una cuneta* o *Finalmente me abandonó.* Pensamientos así son buenos para culebrones o cantantes de música country, pero no para tu salud emocional.

El término técnico para fabricar siempre los peores escenarios es *dramatizar.* El maligno adora ayudarte a darle vueltas a los peores escenarios, porque estos te consumen, te distraen y te descarrilan. Cuando el miedo te tiene dominado, es fácil apartar los ojos del poder y la provisión de Dios.

Digamos que te preocupa seriamente el entorno de corrupción de tu trabajo. Sientes que seguir trabajando para esa compañía es una violación de tu relación con Dios, y sientes que Dios te está animando a buscar otro trabajo. Pero entonces el miedo destructivo empieza a hablar y las mentiras comienzan a expandirse. Piensas: *Si averiguan que estoy buscando otro trabajo, me despedirán. Nadie me volverá a contratar. Me echarán a la calle, y perderé mi casa, y, y, y… ¡y mi familia se morirá de hambre delante de mis ojos!*

El miedo prospera en el engaño… Exponer las mentiras que alimentan tus miedos a menudo es la mitad de la batalla.

Puedes sentirte tan paralizado por el miedo destructivo que no te molestas siquiera en buscar el trabajo al que Dios quiere guiarte. Todo porque escuchaste al miedo destructivo y te dio mucho temor moverte.

O imagina que necesitas enfrentarte a tu cónyuge en un asunto serio. Tal vez haya un patrón no saludable en el modo en que se han estado relacionando últimamente que justifica una charla a corazón abierto. Pero entonces el miedo aparece: *Si le saco a relucir esto a mi cónyuge, no irá bien. Terminaremos peleándonos de nuevo, y quizá se marche por la puerta y no vuelva más. Seré padre o madre soltero. Nuestros niños quedarán marcados de por vida, mis padres me repudiarán.*

En realidad, la discusión a corazón abierto puede tener riesgos... pero también los tiene no decir nada. Así es como funciona el dramatismo. Si escuchas a las mentiras dramáticas que corretean por tu mente y decides guardar silencio, estás invitando a entrar a un montón de problemas nuevos. Tu hostilidad hacia tu cónyuge probablemente aumentará, tu calidez y cariño disminuirá, e irás por ahí con un nudo en el estómago que te succionará la energía y la alegría. Y se perderá la oportunidad de mejorar tu matrimonio. Punto para el Equipo Miedo.

El miedo prospera en el engaño. Escucha las mentiras que te dice: esos escenarios horribles frenéticos auspiciados por el maligno. Exponer las mentiras que alimentan tus miedos a menudo es la mitad de la batalla.

Paso 3: Afrontar el miedo cara a cara

Los estudios muestran que evitar nuestros miedos solo hace que aumenten. Los expertos en el campo de la gestión del miedo están de acuerdo en que el poder del miedo comienza a disminuir cuando una persona se toma el tiempo de comprender sus orígenes, exponer sus mentiras y enfrentarlo cara a cara.

El Espíritu de Dios hará Su parte al ayudarte a discernir el origen de tus miedos y revelar las mentiras del maligno. Pero también tú tienes que hacer tu parte de la ecuación. Debes reconocer tus miedos, nombrarlos por lo que son (y por lo que no) y avanzar para liberarte de la esclavitud del miedo destructivo.

El único camino por el que conquistarás tu miedo es agarrarte a la mano firme de Dios y enfrentarte a lo que temes. Tienes que asomarte y atravesarlo. No hay otro camino.

«Uno nunca debe darle la espalda a un peligro aterrador y tratar de huir de él», dijo Winston Churchill, el primer ministro que derrotó a Hitler y lideró a Gran Bretaña a la victoria en la Segunda Guerra Mundial. «Si haces eso, doblarás el peligro. Pero si lo enfrentas inmediatamente y sin titubear, reducirás el peligro a la mitad».[9]

El padre tiene dos opciones: ceder ante el miedo del niño... o ayudarle a superarlo.

La primera dama Eleanor Roosevelt, contemporánea de Churchill, expresó un punto de vista similar acerca de afrontar los miedos: «Ganas fuerza, coraje y confianza en cada experiencia en la que te paras y miras al miedo a la cara… Debes hacer lo que crees que no puedes».[10]

Debes enfrentarte a tus miedos. Comprender el origen de tus miedos es el primer paso: hablar con amigos, volver a los recuerdos del pasado, escribir un diario, acudir a un consejero cristiano si lo necesitas y llegar al fondo de lo que hace que esa escalada de miedo comience. Todo eso está bien. Pero entonces es cuando debes «hacer lo que crees que no puedes». Debes enfrentar el miedo cara a cara.

Una nota para padres: no afirmen los miedos de infancia de sus hijos. Demasiado a menudo escucho historias de padres bienintencionados que reaccionan al miedo irracional de su hijo o hija dándoles lo que sea para solucionar o reafirmar lo que el niño está demandando, sin pararse a pensar lo que implica dárselo.

Imagina esta escena: un padre tiene un niño en cuarto grado que se despierta aterrorizado una noche de enero por una terrible pesadilla. El niño ha soñado que él y su padre se caen a través del hielo de un estanque helado de la zona. El padre le da el consuelo apropiado a su hijo y le ayuda a quedarse de nuevo dormido.

La mañana siguiente, un sábado en que padre e hijo habían planeado jugar al hockey en el estanque congelado, el niño suplica: «¡Por favor, papá, no! ¡Por favor! ¡No me hagas ir al hielo! ¡Tengo miedo de que nos caigamos!».

El miedo del niño es propio de su edad y comprensible a la luz de la perturbadora pesadilla. El padre tiene dos opciones: ceder ante el miedo del niño y evitar el estanque, o ayudar al niño a superar sus miedos a pesar de sus protestas. Muchos padres en situaciones parecidas creen que lo bueno es tranquilizar al niño aterrorizado y quedarse en casa. *Quizá el sábado que viene se sienta mejor...*

Pero piensa esto: si el padre cede ante la demanda de su hijo y evita el estanque congelado, el niño se sentirá aliviado... *por ahora.* Pero el mensaje que se le queda al hijo grabado es este: *Mi padre piensa que mi miedo es legítimo. De hecho, él cree que deberíamos evitar el estanque.* Y este: *Creo que se debe creer en las pesadillas.* Sin quererlo, el padre ha afirmado el miedo del niño en vez de aplacarlo.

¿Pero qué ocurre si el padre lo enfoca de la otra manera? Si, en vez de dejar que su hijo aterrorizado lleve la iniciativa, él ayuda a su hijo a *enfrentarse* al miedo, primero mostrándole lo sólida que es la superficie congelada del estanque y después haciendo lo necesario para ayudar a que el niño disfrute de nuevo patinando con seguridad. En el segundo escenario, el hijo no solo gana la victoria al miedo irracional y destructivo; también crece su confianza de que su papá es una fuente confiable cuando llegue el miedo.

Cuando tu hijo se enfrente a un miedo irracional, proporciónale consuelo, eso seguro. Pero haz todo lo que puedas para evitar que confirme que ese miedo es razonable.

Puedes poner orden y disciplina en tu pensamiento sometiendo tus miedos al poder de Jesucristo.

Si estás luchando contra tus propias fobias, haz todo lo que puedas para evitar pasarle tus miedos a tu hijo. Si temes a los perros, por ejemplo, ayuda a que tu niño se sienta cómodo en medio de ellos. Evita hacer afirmaciones o usar un lenguaje corporal que le dé a tu hijo una razón para temer. Deja que tu deseo de ser un buen padre te motive a superar cualquier fobia con la que luches, para que terminen en ti y no pasen a la siguiente generación.

El miedo destructivo es una batalla mental. Decenas de pasajes de la Escritura nos desafían a ser sobrios, prudentes y reflexivos para no ser tiranizados por patrones destructivos basados en el miedo. En 2 Corintios 10.5, el conocido pasaje del Nuevo Testamento sobre este tema, Pablo anima a los seguidores de Cristo a rechazar ser dominados por ideas inducidas por el miedo: «Llevamos cautivo todo pensamiento para que se someta a Cristo».

Incluso cuando tu mente esté tambaleándose por los miedos destructivos, puedes poner orden y disciplina en tu pensamiento sometiendo tus miedos al poder de Jesucristo y llevándole todo pensamiento cautivo.

Paso 4: Hablar palabras de verdad

La verdad vence, siempre. Si quieres obtener la victoria sobre las mentiras que habla el miedo en tu vida, entonces es importantísimo que hables con verdad cuando el miedo comience a tomar el control del volante en tu mente. Estas son tres clases de palabras de verdad que puedes hablar para responder a tus miedos y poner el *shalom* de Dios de nuevo en el asiento del conductor.

1. Hablar contigo mismo. ¿Recuerdas mi desastre a lo Wallenda? Cuando estaba a medio camino de la viga, a seis metros en el aire, te aseguro que dramaticé un poco. Esto es lo que decían las voces que se ponían en lo peor:

Bill, te vas a caer. No hay modo de que mantengas el equilibrio en lo que queda de trayecto. Nunca antes lo has hecho. Eres un estúpido por intentarlo. Te vas a estrellar contra el suelo de cemento. Se acabó tu vida. Termina aquí. Vas a morir.

Estos eran los frenéticos mensajes que me decía a mí mismo y que daban vueltas por mi mente mientras intentaba salir del aprieto. En cierto momento, cuando alcancé a ver la seriedad de mi situación, decidía afrontarla con palabras de verdad. Empecé a hablar así:

Estoy de pie en una robusta viga de acero, no en una endeble cuerda floja. No es un cable de medio centímetro lanzado sobre las cataratas del Niágara. Es una viga de acero de veinticinco o treinta centímetros. Si estuviera en un andén de la carretera y alguien pintase una línea de la anchura de mi pie delante de mí, la podría seguir fácilmente durante kilómetros.

Después me recordé: *Soy un buen atleta. He tenido un buen sentido del equilibrio toda mi vida. No tengo para nada la costumbre de caerme sin motivo.*

Deja de creer que no puedes hacer retroceder los sentimientos de pánico con el poder de Cristo y el poder de las palabras de verdad, ¡porque puedes!

Al final me hablé con un poco más de firmeza. Recuerdo haberme dicho algo como: *Bill, para. Para este pánico ridículo. ¡No está ayudando! Hazte con el control. Cálmate. Respira. Recobra tu equilibrio. Organízate. Para.*

Cuando esas palabras llenas de verdad se asentaron en mi mente, sentí que mi pulso volvía a su ritmo normal poco a poco. Cesó mi temblor de manos y piernas. Mi visión volvió a enfocarse, y el pánico comenzó a amainar. Me visualicé agarrándome a la firme mano de Dios y di un paso. Y después caminé lentamente, paso a paso, hacia el otro lado de aquella viga.

Creo que el compañero que estaba en el suelo del auditorio estaba incluso más aliviado que yo.

¿Recuerdas la loción Mennen para después del afeitado de los anuncios de los años setenta, donde un chico se abofeteaba a sí mismo en la cara y decía: «Gracias, lo necesitaba»? Eso es lo que hice conmigo subido en aquella viga. Me di una bofetada mental en la cara. Funcionó. Tal vez funcione también para ti.

Cuando te encuentres en una situación en la que estés sobrepasado por el miedo, cálmate. Dite *¡para!* Los expertos en gestión del miedo dicen que puede ser útil decirlo en voz alta: «*¡Para!*». Deja de fabricarte los peores escenarios. Deja de exagerar y de dramatizar. Deja de creer que no puedes hacer retroceder los sentimientos de pánico con el poder de Cristo y el poder de las palabras de verdad, ¡porque puedes! Di cosas ciertas y valientes acerca de tu situación, tus habilidades y la voluntad de Dios de ayudarte en situaciones como esta. Esto te ayudará a recobrar el equilibrio, tanto física como emocionalmente.

2. La Escritura. Los seguidores de Cristo que se sobreponen al miedo con éxito han descubierto que cuando afrontan sus miedos, Dios hace Su parte. Él aparece y Su presencia es tangible. Él es un compañero de viaje más que apropiado. Y Él ha llenado la Escritura con palabras de verdad que pueden mantener tus temores a raya.

El salmista David experimentó miedos debilitadores a veces, y encontró que Dios era un fiel libertador: «Busqué al Señor, y él me respondió; me libró de todos mis temores».[11]

Josué, que tenía la tarea poco envidiable de seguir los pasos de Moisés y liderar a los israelitas hacia la Tierra Prometida, recibió este mensaje de Dios: «Así como estuve con Moisés, también estaré contigo; no te dejaré ni te abandonaré... Ya te lo he ordenado: ¡Sé fuerte y valiente! ¡No tengas miedo ni te desanimes! Porque el Señor tu Dios te acompañará dondequiera que vayas».[12]

Puedo entender lo de realizar oraciones valientes y después quedarte sorprendido cuando Dios las contesta.

Se puede contar con que Dios aparecerá y hará Su parte. Estará contigo cuando te enfrentes a tu miedo. Hablar palabras de verdad de Sus promesas es la clave para conquistar aquello que temes. El arte de hablar la verdad con palabras de la Escritura es una herramienta que se puede fortalecer con práctica. Con el tiempo se volverá automático, y será un arma poderosa en tu arsenal contra el miedo.

3. Oración. La iglesia primitiva estaba traumatizada por miedos genuinos y amenazantes diariamente. Detenciones, palizas y encarcelamientos por sus opresores romanos y por los líderes religiosos judíos eran sucesos comunes. Cuando Pedro fue arrestado por negarse a dejar de decir la verdad acerca de Jesucristo, ¿qué hizo la iglesia? ¿Se dispersó? ¿Se achicaron? ¿Se encogieron de miedo? No. Oraron.

«Pero mientras mantenían a Pedro en la cárcel, la iglesia oraba constante y fervientemente a Dios por él».[13] La iglesia se reunió en una casa cercana y los amigos de Pedro oraron por él fervientemente.

Permíteme que presione el botón de pausa en esta historia y haga una pregunta: ¿qué crees que estaban pidiendo específicamente que hiciera Dios por Pedro? El texto no lo dice. Me gusta pensar que oraban atrevidamente: «Dios, ¡saca a Pedro de la cárcel!». Cuando, por medio de un milagro espectacular, Pedro fue efectivamente liberado de prisión y se presentó en la casa de sus amigos, donde todos estaban orando, se sorprendieron tanto que no podían creer que fuera él. Adoro la autenticidad de la iglesia primitiva. Puedo entender lo de realizar oraciones valientes y después quedarte sorprendido cuando Dios las contesta.

He estado en multitud de reuniones de oración en las que a mí me parecía que podían realizarse esa clase específica de oraciones, mientras que el resto de seguidores de Cristo que estaban en la reunión no se sentían con libertad para orar de ese modo. Aquí tengo un ejemplo:

En los primeros días de Willow fui al hospital para estar con la familia de un hombre al que estaban a punto de hacer una operación a corazón abierto. Llegué justo antes de que se lo llevaran al quirófano. La esposa estaba comprensiblemente afligida. Los hijos tenían miedo de perder a su padre en este procedimiento tan serio, y el padre parecía petrificado: como se espera que estaría un tipo al que están a punto de abrirle el pecho.

Apiñé a la familia alrededor de la camilla del padre para que pudiéramos orar. La esposa oró primero, y sus palabras tuvieron este efecto: «Oh, Dios, no tengo ni idea de lo que pedirte. No sé cuál es tu voluntad divina en esta situación. No sé qué te complacería en el cielo en la situación que estamos enfrentando como familia aquí hoy».

Y ella siguió y siguió, adoptando las ideas más indefinidas y bondadosas que he escuchado en mucho tiempo. Me sentí tentado de interrumpirla y decir: «Señora, ¿usted quiere que su marido viva o que muera? Quiero decir, ¿le gusta este tipo? ¿Merece la pena? ¿Por qué está orando de este modo? (Por esto es que no me permiten hacer visitas al hospital muy a menudo, por cierto. Estos son los pensamientos que a veces se me cruzan por la cabeza. ¡No ayudan mucho!)

Sin importar las consecuencias de tu circunstancia, Dios siempre está contigo, y puedes esperar que Su paz le siga.

Esta esposa estaba tan preocupada por no forzar la mano de Dios que en realidad estaba complicando las cosas. Me preocupa que a veces hagamos lo mismo. Hacemos oraciones recatadas, inespecíficas, del modo de «hágase Tu voluntad», en vez de, simplemente, decirle a Dios exactamente lo que queremos que haga.

Así es cómo el apóstol Pablo dice que debemos afrontar las situaciones cuando algo grande nos amenaza y nuestros miedos crecen: «No se inquieten por nada; más bien, en toda ocasión, con oración y ruego, presenten sus peticiones a Dios y denle gracias. Y la paz de Dios, que sobrepasa todo entendimiento, cuidará sus corazones y sus pensamientos en Cristo Jesús».[14]

Presenta tus peticiones. Cuando te enfrentes a tus miedos cara a cara, ¡ora! Dile a Dios exactamente qué quieres que haga. Sé simple y valiente: «Señor, ¡sana a mi marido!».

Si te sientes lleno de dudas, comienza contándole de nuevo a Dios todos los modos en que Él ha respondido a tus oraciones en el pasado. Esto te ayudará a recordar lo fiel y confiable que es. Y ora tanto como necesites hasta que el miedo amaine. Sin importar las consecuencias de tu circunstancia, Dios siempre está contigo, y puedes esperar que Su paz le siga.

PONLO A PRUEBA

Hace unos años experimenté una situación aterradora que me dio la oportunidad de poner a prueba mis habilidades para «hablar palabras de verdad» en lo que se refería a hablar conmigo mismo, la Escritura y la oración.

Tenía reservado asiento en un vuelo internacional que salía de Bangkok, Tailandia. Estaba programado que el avión despegase a medianoche, pero tiempo allá fuera era horrible. Los que esperábamos en la puerta mirábamos la violenta tormenta eléctrica de afuera: truenos, relámpagos, mucha lluvia. Tenía dudas de que fuéramos a volar.

Sin embargo, la tripulación nos hizo embarcar, las puertas del avión se cerraron y rodamos por la pista hasta tomar posición. Mientras la tormenta rugía a nuestro alrededor, se podía cortar la tensión de la cabina con un cuchillo. Nadie hablaba, ni leía el *SkyMall*, ¡y te puedo asegurar que todos fuimos muy sumisos con los cinturones!

Mientras la tormenta crecía, comenzamos a rodar por la pista y despegamos.

Instantes después, mientras todavía estábamos inclinados, una alarma comenzó a sonar y una voz alta y automatizada salió por los altavoces. «Esto es una emergencia. Pongan sus almohadas sobre el regazo. Pongan la cara sobre las almohadas. No es un simulacro. Es una emergencia».

Nadie discutió. La gente comenzó a pelearse por las almohadas, a llorar, a gritar. Casi todos los que me rodeaban perdieron la compostura. Le siguió algo parecido a la histeria. No era bonito.

La voz repitió sus escuetas instrucciones de emergencia varias veces más en dos o tres idiomas diferentes. Yo no tenía almohada, pero permanecí agachado con la cabeza sobre los brazos cruzados, todo lo cerca de mi regazo que pude. Mientras tanto, nuestra altura seguía aumentando y la alarma seguía sonando.

Entonces, de repente, todo quedó en silencio. La alarma sonó, la voz se quedó callada en mitad de una frase y una auxiliar de vuelo habló por el altavoz.

—¡Vaya! Lo siento —dijo con voz alegre—. Apretamos accidentalmente el botón que no era. ¡Culpa nuestra! Espero que no hayamos «alarmado» a nadie.

La cabina entera saltó con furia. No compartíamos su actitud desenfada. Cuando el piloto se dio cuenta de lo que había ocurrido en la cabina, pidió bebidas gratis para todos para lo que quedaba de vuelo. Pronto fue un avión feliz, pero nadie olvidaría aquel error pronto.

Mientras todos a mi alrededor estaban en pánico, mi hábito de hablar la verdad conmigo mismo apareció, y permanecí en calma en medio del caos.

La razón por la que cuento esta historia es que, en aquellos momentos, mientras todos a mi alrededor estaban en pánico, mi hábito de hablar la verdad conmigo mismo apareció, y permanecí en calma en medio del caos. La mujer que estaba sentada a mi lado me lo comentó cuando pasó el momento de pánico. Mi monólogo interior durante aquellos instantes intensos sonaba a algo así: *Bill, has volado miles de veces en tu vida y has aterrizado a salvo en cada ocasión. Has pilotado aviones diminutos en medio de un tiempo semejante, y has aterrizado perfectamente. Estadísticamente, tienes todas las probabilidades a tu favor de que esta vez, también, tu avión aterrizará sano y salvo en el suelo.* Esta charla conmigo mismo me centró en la realidad.

Y después pensé en cómo, incluso en el peor de los casos, estaba en armonía con Dios. Revisé las promesas de la Escritura en mi cabeza. *Dios dice: «Cree en el Señor Jesús; así tú y tu familia serán salvos».*[15] *Y Romanos 10.9: «Si confiesas con tu boca que Jesús es el Señor, y crees en tu corazón que Dios lo levantó de entre los muertos, serás salvo». Bill, tú crees estas verdades. Has centrado tu vida en ellas. Si fueras a morir en este avión, sabes adónde irías. Tu eternidad está asegurada.*

Estos versículos bíblicos, que me aprendí de memoria hacía

muchos, muchos años, transmitieron palabras de verdad espiritual a mi alma en aquel momento. Me calmaron el pulso y mantuvieron el miedo a raya.

Si todavía no tienes un depósito de versículos de la Escritura poderosos en tu memoria para combatir el miedo, considera este uno de tus pasos de acción. Nada trae paz a la mente más rápido que dejar que la verdad de la Palabra de Dios inunde tu alma.

Después oré algo así: *Dios, ayúdanos a aterrizar sanos y salvos. Pero si no lo hacemos, sé que serás fiel a la hora de cuidar de mi familia, igual que Tú cuidaste de mí cuando mi padre murió siendo tan joven. Tú has sido ese Padre para mí, y yo he atesorado esta vida única que me confiaste. Gracias. Y qué narices, si las cosas no salen bien a veinte mil pies en este avión, ¡ya estoy a mitad de camino del cielo!*

Hablar con uno mismo, la Escritura y la oración rindieron beneficios dominando mi ansiedad durante aquel vuelo, y en incontables momentos de miedo desde entonces. Estoy seguro de que harán lo mismo por ti. Cuando somos liberados de las garras del miedo, somos liberados para experimentar la poderosa vida simplificada que Dios soñó para nosotros.

Es hora de que te enfrentes a tu miedo. Has sufrido durante demasiado tiempo bajo la tiranía de la ansiedad y el miedo.

ES HORA

Nada complica tanto nuestras vidas como quedarnos paralizados por un miedo destructivo. Nos roba el *shalom*, la paz satisfactoria que Dios desea para la humanidad. Nadie está libre del miedo, pero ese no es el final de la historia. Podemos equiparnos para luchar contra ese miedo destructivo en vez de permanecer atados a él.

Es hora. Es hora de que te enfrentes a tu miedo. Has sufrido durante demasiado tiempo bajo la tiranía de la ansiedad y el miedo. Ya has pagado tus deudas. No le debes ni un minuto más a ese cruel tirano del Miedo. Te ha robado suficiente gozo, plenitud y paz. Se acabó.

Haz de este día un momento decisivo de tu vida.

Es hora de que busques la mano de Dios y afrontes el miedo que siempre quisiste afrontar si hubieras tenido valor. Es hora de aceptar la ayuda divina de Dios y empezar a vivir tu vida sin el estorbo del miedo destructivo. Es hora de afrontar las pequeñas fobias que plagan tu vida silenciosamente y no te dejan disfrutar de la vida «en abundancia» que Jesús te invita a vivir.[16]

Es hora de empezar a hacer las actividades que siempre has deseado, pero que sentías que no podías hacer por los grilletes del miedo que te han tenido cautivo. Es hora de visitar los lugares que siempre quisiste ver, pero no que viste porque el miedo dijo que no.

Es hora de embarcarse en la misión que Dios te ha dado... pero que nunca has tenido el valor de probar porque el miedo te hacía dar marcha atrás. Es hora de lanzarse hacia nuevos sueños y nuevas visiones que tu timidez evitó que empezaras.

Es hora de dejar marchar tu miedo a comprometer tu vida en su totalidad a Jesucristo. Es hora de abrirle las ventanas de tu corazón y decir: «No voy a reprimirme más; no voy a tener miedo. No me voy a quedar más tiempo en el banquillo. Jesucristo, ven a mi vida. Perdóname el modo en que liado las cosas. Guíame. Elijo ser un miembro de Tu familia, empezando ahora mismo, empezando hoy».

Amigo, es hora de que te pongas firme frente al miedo. Haz de este día un momento decisivo de tu vida: el día en que resolviste comenzar a enfrentarte a tu miedo y dar un paso hacia la libertad.

PASO DE ACCIÓN: PON NOMBRE A TU MIEDO

Todos tenemos focos de miedo erosionando nuestras vidas. ¿Cuáles son tus miedos? Piensa en cada uno de los destructores de paz de abajo. En una hoja de papel o en tu diario, nombra cada miedo que te afecte. No te sientas abrumado si la lista es larga; no tienes que conquistar todos los miedos hoy. Pero un «estado de la nación» sincero es un poderoso punto de partida.

1. Malas noticias inesperadas
2. Crisis relacionales
3. Problemas financieros
4. Fracasos morales
5. Mortalidad inminente
6. Otros

Ahora lee tu lista. ¿Cuáles de estos miedos causan más destrozos en tu vida? ¿Cuál exige el peaje más alto en aquellos que amas? ¿Cuál sería el más sencillo de atacar primero, mientras desarrollas tus «músculos de conquistar miedos»? Haz un círculo sobre los miedos que quieras erradicar primero.

Para cierta clase de miedos y fobias bien arraigados, será necesario que pidas ayuda externa. Si realmente sospechas que un trauma te ha dejado con un TEPT como a mi compañero veterano de Vietnam, consulta a un consejero cristiano que esté especializado en tu situación particular. Para otros miedos, sé valiente e informa a tu familia, amigos, a un mentor o a tu círculo cercano. Elige a gente que sea «segura» emocionalmente y en cuya sabiduría divina confíes. Hazles saber que estás trabajando en ese miedo, e invítales a que te ayuden en el camino.

PASO DE ACCIÓN: DISEÑA UNA ESTRATEGIA PARA SUPERAR TU MIEDO

Cuando se trate de derribar miedos que te han tenido cautivo durante meses, años o décadas, el cambio no ocurre sin un propósito deliberado. Elige uno de los miedos que puedas identificar más arriba y ten en cuenta las indicaciones en los cuatro pasos siguientes. Al escribir tus respuestas, diseñarás una estrategia para comenzar el proceso de liberación del lazo del miedo.

1. **Comprende el origen del miedo.** Describe la primera vez que puedas recordar haber experimentado miedo. ¿Puedes identificar la fuente? Anota cualquier incidente posterior que pudiera haber solidificado tu fobia.

2. **Expón las mentiras del miedo.** ¿Cuáles son las mentiras que alimentan este miedo? (Recuerda, puede que no parezcan mentiras. Pueden parecer racionales.) ¿Por qué estas mentiras parecen creíbles?

3. **Afronta el miedo cara a cara.** ¿Qué pequeño paso darás para enfrentarte a este miedo?

4. **Habla palabras de verdad**
   - Habla contigo mismo. ¿Qué fortalezas poseo que me ayudarán a decir que no a este miedo? ¿Cuál es la verdad lógica que mucha gente cree acerca de este miedo? (Ejemplos: «El ascensor es seguro»; «Muchos perros son cariñosos».)
   - Escritura. ¿Qué dos versículos clave puedes aprender de memoria para ayudarte a dominar tu miedo? Si no te viene nada a la mente, busca una palabra clave, como *miedo*, y encuentra versículos que te hablen. Después memorízalos para poder recordarte las verdades de Dios cuando te enfrentes a tu miedo.
   - Oración. ¿Qué petición específica quieres que Dios te conteste con respecto a tu miedo? Escribe tu petición en una simple frase. Haz esa oración tan a menudo como necesites, siempre el miedo ataque.

Capítulo siete

De aislado a conectado

Ahonda en tus círculos relacionales

SI FUERAS A MORIR ESTA NOCHE, ¿cuántos amigos vendrían a tu funeral? No cuántos *miembros de tu familia*: ellos están obligados por sangre. Pero más allá de tu familia, ¿cuántos *amigos* se presentarían en tu funeral?

Si eres como la mayoría de la gente, supones que muchos… muchísimos. No quiero aguarte la fiesta, pero una de las realidades que he presenciado una y otra vez en mi papel de pastor es que la gente tiene menos amigos de verdad de los que cree. He aquí un ejemplo:

Un tipo muere con cincuenta y tantos años de un problema del corazón. Me reúno con su esposa y sus dos hijos adultos. Están en duelo; están conmocionados. Oramos juntos, rememoran cosas y finalmente, para planear el funeral, le pregunto a la familia cuánta gente vendrá. Queremos encontrar una sala suficientemente grande para el servicio. Es una cuestión práctica que debe preguntarse.

Y entonces la viuda y los hijos dicen: «Mi marido era extrovertido», o «Papá tenía decenas de amigos, empezando desde la secundaria y la universidad. Todos vendrán. Todos sus amigos del golf vendrán, y todos los del trabajo. Y todo el vecindario estará allí, además de los chicos de los equipos de fútbol del distrito donde él solía jugar». En definitiva, suponen que vendrán al funeral unas quinientas o mil personas.

En mis primeros tiempos como pastor, yo hubiera estado de acuerdo con cualquier número que la familia me hubiera dicho. Si decían que esperaban entre quinientos y mil invitados, preparábamos el servicio en nuestro auditorio Lakeside, que podía albergar cómodamente a ese número.

Y luego llegaba el día del funeral. La gente entraba y (como mucho) cien personas se presentaban… en un auditorio para 4,300 asientos. Y setenta y cinco eran de la familia.

Después de la ceremonia junto a la tumba, la viuda y los hijos vendrían directos a mí a preguntarme: «¿Dónde estaba la gente, por el amor de Dios? Tenía todos esos amigos. ¿Y solo han venido cien personas?».

El número de gente que *conocemos* no es igual al número de amigos verdaderos que tenemos.

Ahora ya he pasado por esto tantas veces que entro en modo de protección de la familia en primer lugar. Ahora, antes de preguntar cuánta gente esperan en el funeral, aclaro algunas cosas, como: «Estoy seguro de que este ser querido tenía montones de amigos, pero con la economía actual no todos podrán pedir días en el trabajo y los gastos del viaje son altos si la gente viene de fuera de la ciudad. Eso recortará significativamente el número de personas que podrán venir». Trato de proteger los corazones de las familias ya de por sí golpeados por el dolor, porque nueve de cada diez veces, sobreestiman el número de amigos que se presentarán.

El número de gente que *conocemos* no es igual al número de amigos verdaderos que tenemos. Salomón lo dijo así: «Hay amigos que llevan a la ruina, y hay amigos más fieles que un hermano».[1]

Ya es triste cuando exageramos las amistades de un ser querido para un funeral, pero cuando evaluamos erróneamente los niveles de amistad de nuestras relaciones, el costo puede ser mucho más alto. Un mundo relacional sin analizar, sin desarrollar, puede hacer estragos en nuestra vida. Si tus relaciones están desaliñadas, una vida simplificada será un sueño lejano en vez de una realidad presente. Al evaluar, reducir, expandir, poner límites y profundizar en tus relaciones, puedes maximizar la energía y el gozo que aportan a tu recién estrenada vida simplificada.

DEFINIR LA AMISTAD

Si tuviera que reducir la amistad y todas sus complejidades a pocas palabras, lo definiría así: *conocer y ser conocido.*

En una amistad verdadera, vas más allá de pretender ser alguien que no eres. Te quitas la máscara y le dices a la otra persona: «Así es como soy realmente». Y es recíproco. Un amigo verdadero te acepta como eres y dice a su vez: «Así es como soy también... sin mi máscara». Tú eres aceptado, y aceptas a esa persona.

Los verdaderos amigos se aman, aunque todos seamos un poco raros. Aceptamos los errores de los demás y su forma de ser única. Hay una tremenda aceptación y una seguridad profunda en una amistad verdadera.

Los amigos de verdad se sirven unos a otros. Tú haces lo que es mejor para tus amigos por encima de lo que es mejor para ti. Pones sus intereses por encima de los tuyos, y es algo recíproco. Hay un intercambio que satisface a ambas partes de la amistad.

Los verdaderos amigos celebran junto al otro. Apareces en los eventos importantes de la vida del otro. Te alegras con las victorias del otro. Marcan juntos objetivos en la vida.

Conocer y ser conocido; aceptar y ser aceptado; amar y ser amado; servir y ser servido; celebrar y ser celebrado. Estos son los ingredientes característicos de una amistad verdadera. ¿Quién no querría experimentar una amistad así? Nuestras vidas serían más ricas.

A menudo, sin embargo, nos acomodamos en «amistades» que están muy por debajo de ese estándar.

Las relaciones, como cualquier otra área de la vida, requieren evaluación, poda y refuerzo regulares.

EVALUAR TUS RELACIONES

La estupidez se pega

Cuando era niño, uno de mis buenos amigos se mudó al sur y de vez en cuando le visitaba durante tres o cuatro días. Siempre llevaba mi guante de béisbol porque jugábamos en el parque que había junto a su casa siempre que podíamos.

Las relaciones, como cualquier otra área de la vida, requieren evaluación, poda y refuerzo regulares.

Siempre que dejábamos la casa para ir a jugar, el padre de mi amigo nos decía con su profundo acento del sur: «Vigilen con quién se juntan después del partido, chicos, porque la estupidez se pega».

La estupidez se pega. Nunca había escuchado aquella expresión en el norte, pero sabía lo que significaba. Nos estaba advirtiendo para que no fuéramos influenciados por las decisiones estúpidas de otros chicos, cosas que sabíamos bien que no había que hacer.

La estupidez también se pega en nuestro mundo adulto. Tal vez trabajas en un entorno en que la blasfemia fluye todo el día como un río contaminado. ¿Se puede pegar la blasfemia?

Quizá trabajas en la industria de servicios financieros, donde todo el juego consiste en hacer más dinero, sin importar cómo. ¿Se puede pegar la avaricia?

En las fiestas donde el evento principal es consumir alcohol, ¿se puede pegar la borrachez?

Fui a un partido de hockey de los Blackhawks hace unos años, y hubo como media docena de peleas a puñetazos durante el partido. Más tarde, en el tercer tiempo, estalló una pelea en el banquillo.

Cuando el partido terminó, la multitud estaba excitada. Como todos intentaban salir a la vez, los empujones normales de miles de personas saliendo de un estadio pronto se convirtieron en codazos, patadas y empujones. Me pregunté: *¿Se puede pegar la ira y la violencia?*

Salomón, el hombre más sabio que ha vivido jamás, era tan consciente de esta realidad inalterable que nos amonestó para elegir a nuestros amigos sabiamente: «El que con sabios anda, sabio se vuelve; el que con necios se junta, saldrá mal parado».[2]

«El que con sabios anda, sabio se vuelve; el que con necios se junta, saldrá mal parado».
PROVERBIOS 13.20

He escuchado diferentes versiones de la misma historia miles de veces. Alguien se acerca a mí después de un servicio en la iglesia o fuera de nuestra comunidad, o en un evento social y dice: «Eh, Bill, ¿te acuerdas de mí? Hace mucho tiempo, tú me bautizaste», o «Tú me ayudaste a encontrar un sitio donde servir en Willow», o «Hiciste que me conectase a un grupo pequeño».

Después la historia continúa: «Todo iba genial, pero entonces empecé a quedar con un grupo del trabajo que se reunía los viernes por la noche. Y después empezamos a quedar también los sábados por la noche. Y algunas de aquellas noches de sábado se alocaron un poco, y no podía ir a la iglesia los domingos. Después tuve que dejar mi trabajo de voluntario por el tiempo que pasaba con estos amigos. Y todo se fue al traste a partir de ahí. Supongo que saqué a Dios de la ecuación». Después me cuentan las decisiones estúpidas que tomaron, y cómo ahora su vida es un desastre incontrolable… razón por la cual están hablando conmigo en este momento. «¿Puedes orar por mí?».

Y lo hago. Oro por ellos. Pero entre nosotros, estoy un poco cansado de esta historia. Hay cientos de variantes, pero siempre es la misma historia de tontería que se pega: «Estaba bien con Dios; entonces empecé a quedar con algunos amigos, y empecé a ir a su ritmo en vez de al de Dios… y entonces mi vida tocó fondo. Ahora todo es un desastre. Pastor, ¿puede orar por mí?».

Los padres empiezan a advertir a sus hijos acerca de esto en cuando empiezan la secundaria: «No te juntes con los chicos equivocados en el colegio». Las cosas se pegan.

Los padres dan una vuelta con sus hijos por la manzana antes de llevarlos a la universidad: «Eh, hijo, encuentra un buen grupo de amigos cuando llegues al campus». Las cosas se pegan.

Yo le aconsejo a la gente de la iglesia cuyos trabajos les hacen trasladarse a otras ciudades en el país o en el mundo: «Encuentra una buena iglesia, una en la que se enseñe la Palabra de Dios, donde haya líderes íntegros; una iglesia que te anime a ser las manos y los pies de Cristo en el mundo. Después tómate un tiempo para construir amistades con gente madura y aferrada a Dios en la iglesia y vuélcate en esas relaciones. Si lo haces, te irá bien en esa nueva ciudad». Los animo de esta manera porque las cosas (las buenas y las malas) se pegan.

Lo que dijo Salomón es totalmente cierto: *«El que con sabios anda, sabio se vuelve; el que con necios se junta, saldrá mal parado».* Cuando nos rodeamos de gente tonta, nos volvemos como ellos. Y cuando nos rodeamos de gente sabia, buena y madura, su buen carácter también se nos pega.

Siete luces de advertencia

Hacer una evaluación de tu círculo de amistades es vital para simplificar tu mundo relacional. Por incómodo que te pueda hacer sentir, debes estar dispuesto a hacer las correcciones de rumbo necesarias en tus amistades. Esto no es ser crítico ni condenar a nadie; simplemente es ser un buen administrador de tu vida y tener una comprensión realista de la influencia natural de los demás en ti.

Mucha gente estúpida es perfectamente agradable, sobre todo cuando los conoces, y conlleva una cuidadosa evaluación investigar el interior del carácter de una persona. Salomón hace una lista de siete rasgos de carácter que son tan ofensivos para Dios que deberían actuar como las luces rojas e intermitentes de una señal de «¡Peligro!» cuando las descubrimos en un amigo o un conocido. Esta lista es útil cuando evalúas el carácter de los que están en tu círculo:

> Hay seis cosas que el Señor aborrece, y siete que le son detestables: los ojos que se enaltecen, la lengua que miente, las manos que derraman sangre inocente, el corazón que hace planes perversos, los pies que corren a hacer lo malo, el falso testigo que esparce mentiras, y el que siembra discordia entre hermanos.[3]

Salomón dice que si ves alguno de estos rasgos en gente que esté en tu círculo de conocidos, ponte en guardia. Puedes ser amable con ellos, orar por ellos, o ayudarles a suplir una necesidad en sus vidas. Invítalos a la iglesia contigo. Intenta encaminarlos hacia la fe en Cristo. Pero no llegues a pensar en introducirlos en tu círculo íntimo de amigos. ¿Por qué? Porque las cosas se pegan. No importa lo fuerte que seas, la gente que es orgullosa, deshonesta, malintencionada y meticona influirán negativamente en tu carácter, inhabilitarán tu desarrollo como persona e impedirán tu crecimiento espiritual.

> Por incómodo que te pueda hacer sentir, debes estar dispuesto a hacer las correcciones de rumbo necesarias en tus amistades.

El apóstol Pablo lo dice de este modo: «Las malas compañías corrompen las buenas costumbres».[4]

Una mirada a cada rasgo de la lista de Salomón te ayudará a comprender por qué es importante filtrar a tus amigos cercanos por este estándar.

1. Orgullo («ojos que se enaltecen»). La gente que tiene ojos que se enaltecen miran a los demás por encima del hombro. Podemos llamarlo *arrogancia.* Tal vez hayas conocido a alguien así: «Yo importo; tú no. Yo soy sofisticado; tú eres burdo. Yo tengo educación; tú eres un ignorante. Yo soy guapa; tú eres normalita. Yo soy delgada; tú eres gorda. Yo estoy casada; tú estás soltera. Yo soy espiritual; tú eres secular. Yo soy joven; tú eres viejo. Yo tengo una carrera; tú eres un ama de casa. Yo soy un hombre de negocios; tú eres un proletario. Yo soy de ciudad; tú eres un pueblerino». (Ni siquiera sabía que eso era ofensivo hasta que me lo dijo un tipo de Chicago.)

¿Qué dice la Biblia acerca del orgullo?

«Dios se opone a los orgullosos, pero da gracia a los humildes».[5]

«Al orgullo le sigue la destrucción; a la altanería, el fracaso».[6]

«Nadie tenga un concepto de sí más alto que el que debe tener, sino más bien piense de sí mismo con moderación, según la medida de fe que Dios le haya dado».[7]

El orgullo es corrosivo, y se pega. Vas a pasarlo mal desarrollando una humildad cristiana y teniendo un concepto de ti mismo centrado si tus amigos más cercanos son arrogantes, están llenos de orgullo y miran por encima del hombro a todo aquel que se encuentran.

Es difícil ser de los que dicen la verdad si tus mejores amigos tienen «una lengua mentirosa». Las cosas se pegan.

2. Deshonestidad («lengua que miente»). Casi todos sabemos cómo tratar a la gente que miente descaradamente. Pero es igual de importante mantener las distancias con la gente que edulcora la verdad o que exagera; gente que piense que las mentiras piadosas no importan. Sé amable con estas personas, ora por ellas, invítalas a la iglesia; pero algún día te harán daño si están en tu círculo íntimo. Es fácil copiar sin querer los mismos hábitos que ellos exhiben: exagerar para hacer tu historia más colorida, o darle vueltas a la verdad porque es más fácil que hablar con sinceridad. Es difícil ser de los que dicen la verdad si tus mejores amigos tienen «una lengua mentirosa». Las cosas se pegan.

Por cierto, las omisiones son mentiras. Cuando permitimos que nuestro silencio implique estar de acuerdo, no es diferente a decir una mentira abiertamente. Si tus amigos engañan a los demás intencionadamente guardando secretos, son mentirosos. Y esas cosas también se pegan. Mantente alejado, amigo.

3. Mala intención («manos que derraman sangre inocente»). Esto es obvio, ¿no? No invites al asesino del hacha a tu grupo pequeño. En realidad, el significado de esta frase es un poco más amplio que eso. Salomón nos está aconsejando que seamos cautelosos con la gente que usa su poder para aprovecharse de los demás. Ten cuidado con los que oprimen al débil. Cuidado con los individuos que hinchan pecho y tratan mal a los demás. Cuidado con los tipos malintencionados. Es una señal de peligro.

Regresó a mi memoria una escena en la que no había pensando durante cincuenta años. Estoy dudando si compartirla, porque me pone enfermo, y aunque era un niño, me pregunto si podría haber hecho algo más entonces.

Cuando tenía diez años y asistía a un campamento de verano de dos semanas, estaba en una cabaña con otros ocho niños que no conocía. El primer día todos estábamos evaluándonos. Incluso a esa tierna edad, ya teníamos la idea de intentar averiguar quién sería el líder, quién el chico gracioso, y esas cosas.

Un chico de nuestra cabaña era un poco mayor que el resto, y tenía una clase contagiosa de carisma que hacía que todos quisiéramos ser sus amigos. Un día este chico atrapó una tuza fuera de la cabaña usando un cubo de basura (cosa que, si sabes algo acerca de las tuzas, requiere un talento de nivel olímpico). El resto de nosotros estábamos asombrados cuando trajo su premio a la cabaña.

Nos reunimos a su alrededor, mirando a la pequeña criatura asustada escabulléndose en el fondo del cubo. Entonces el niño que la había atrapado sacó una navaja de bolsillo y dijo: «¡Vamos a torturarla!». Y empezó a pinchar a la tuza con el cuchillo.

Casi todos teníamos sentimientos encontrados acerca de este plan, pero queríamos ser amigos de este chico. Uno a uno, los otros chicos sacaron sus navajas y se unieron a él.

Yo solo tenía diez años, pero sabía que estaba mal. Sabía en mi espíritu que eso no era divertido, que esa tuza había sido creada por Dios y que herirla por diversión estaba mal. Sabía que estaba tan mal que estaba dispuesto a arriesgarme a ser «el perdedor» durante las dos próximas semanas de campamento si era necesario. Así que le dije al niño que tenía la navaja ensangrentada:

—Deja que la tuza se vaya.

—Solo es una tuza —dijo él—. Son difíciles de cazar. Y voy a torturarla hasta que muera. ¿Estás con nosotros o no, Hybels?

—No estoy —dije.

Cuando leo la frase acerca de ser precavido con alguien que derrama sangre inocente, eso salta en mi memoria.

Mientras los otros niños abrían sus navajas de bolsillo y apuñalaban a la pobre tuza hasta la muerte, yo salí al exterior de la cabaña y lo vomité todo porque podía escuchar lo que ocurría dentro.

No había pensado en este episodio en cincuenta años, pero cuando leo la frase acerca de ser precavido con alguien que derrama sangre inocente, eso salta en mi memoria. Proverbios 12.10 dice específicamente con respecto a esto: «Los justos cuidan de sus animales».

Odio la violencia. La odio en cualquiera de sus formas. Odiaba saber que aquellos niños estaban apuñalando a aquella tuza haciéndola sufrir. Odiaba las peleas en el instituto. Cuando los niños iban a empezar a golpearse en el pasillo, yo me iba por otro lado. Me ponía enfermo. Me niego a ver peleas en jaulas en televisión y otros programas de violencia gratuita. He salido del cine más de una vez en estos años cuando la lucha sin sentido perdía el control. Odio la violencia.

Poco antes de cumplir los veinte, justo después de la guerra de Vietnam, pasé por el Centro Médico Walter Reed, el hospital militar a las afueras de Washington D. C., que ya fue cerrado. Pero en aquel entonces Walter Reed tenía quinientas cincuenta habitaciones, que comprendían unas doce hectáreas de superficie.

El día que caminé por aquellos pasillos me cambió. Todas las habitaciones estaban llenas de soldados que habían regresado de Vietnam. Vi a cientos de jóvenes, hombres y mujeres —solo unos pocos años mayores que yo— con cuerpos mutilados, miembros amputados, rostros quemados imposibles de reconocer, miradas perdidas, poca esperanza para el futuro; y eso me hizo odiar la guerra. *Odiarla.* Me hizo desconfiar de líderes y políticos belicistas, no solo de Estados Unidos sino de todo el mundo.

La violencia parece demasiado contraria al corazón de Dios. Parece estar fuera de onda con la naturaleza y el carácter de Dios. Cuando Jesús fue arrestado en el huerto de Getsemaní, Su amigo Pedro recurrió a la violencia para protegerle. Pedro agarró una espada y cortó la oreja del ayudante del sumo sacerdote, uno de los hombres que habían planeado prender a Jesús.

«*“¡Déjenlos!”*, ordenó Jesús. Entonces le tocó la oreja al hombre, y lo sanó».[8]

Frente a la cruda violencia, Jesús sanó. Se agachó, recogió la oreja del tipo y amablemente se la restauró. Sanó a un hombre que iba a arrestarlo y a llevárselo para ser crucificado.

Jesús odiaba la violencia. Él enseñó en contra de ella. Fue modelo de un grado de mansedumbre (poder bajo control) que el mundo no había visto nunca. Incluso mientras los soldados le golpeaban sin piedad, arrancándole la barba y dejándole desnudo y expuesto, Jesús los perdonó.

Vivimos en una cultura violenta. De hecho, nuestra cultura ve la violencia como un entretenimiento, y me pregunto si hemos perdido el juicio. Violencia en los deportes, violencia en la televisión y en las películas, violencia en los videojuegos de los niños... se vuelve tan normal que ni siquiera parpadeamos. Pero las cosas se pegan. ¿Nos hemos inoculado tanto que ya ni siquiera nos percatamos de la violencia? ¿Hemos caído en tal grado de aceptación de la violencia que el Espíritu Santo se nos resiste y nos repele? ¿Desea el Espíritu de Dios que vomitemos con un poco más de reflexión ante la visión de la violencia sin sentido, del derramamiento de sangre inocente?

Lo he pasado bastante mal buscando la mansedumbre. No necesito que se me pegue ninguna bravuconería inútil. En vez de eso, necesito más del Espíritu Santo.

Es difícil cultivar un corazón de mansedumbre en nuestro mundo saturado de violencia, y lo es más aún cuando te rodeas de tipos que se dan golpes en el pecho, aman la violencia y se pelean en los bares. Si te rodeas de gente enamorada de la violencia y que han perdido el sentido del horror ante el derramamiento de sangre inocente, eso se pega.

Lo he pasado bastante mal buscando la mansedumbre. No necesito que se me pegue ninguna bravuconería inútil. En vez de eso, necesito más del Espíritu Santo.

4 y 5. Buscar problemas («el corazón que hace planes perversos, los pies que corren a hacer lo malo»). Todos hemos leído acerca de personas que se atreven con proyectos para conseguir dinero rápidamente o aventuras empresariales que se ceban en los vulnerables. Escuchamos hablar de estafas de una u otra clase en las noticias. Salomón advierte contra estas personas que no tienen escrúpulos a la hora de hacer dinero rápido a costa de la vulnerabilidad o la credulidad de otro.

Conocí a un tipo una vez que sintió el llamado de Dios a dejar su lucrativa carrera para lanzarse a terminar con la producción y distribución de pornografía infantil en Estados Unidos. Conmocionado por la maldad de una industria que se aprovecha de los más vulnerables, se volcó incondicionalmente en esta empresa, y le respeto por hacerlo. Me encontré con él un día para escucharle y apoyar su esfuerzo.

Me contó todas las cosas que hacía para intentar frenar la producción y distribución de pornografía infantil, que es un problema muy complejo. Mientras le daba vueltas, finalmente pregunté: «¿Cómo puede alguien en esta industria dormir por las noches, sabiendo que están sacando beneficios de la violación y el abuso de niños pequeños?».

Me sonrió, como si me dijera: *No lo entiendes, ¿verdad?* Entonces me explicó: «En la industria del porno, las personas frente a la cámara están "actuando", los directores lo llaman "arte", los distribuidores lo llaman "libre empresa", y las tiendas lo llaman "entretenimiento". Todo el mundo justifica su parte… así, nadie es culpable, ¿lo ves?».

Me senté a la mesa sacudiendo la cabeza, mientras pensaba: *Me estás tomando el pelo, ¿verdad?*

> A los ojos de Dios, tus «atajos» y tus «pequeños lapsos de integridad» son un asunto grave.

Se puede distinguir cuando la gente diseña una intriga o promueve una estafa porque hacen todo lo posible por justificarlo. Cuando le preguntas a una de estas personas cómo se gana la vida, no dice: «Hago negocio con la violación de niños pequeños». Con una mirada impávida, justifican sus planes malignos que llenan sus bolsillos a expensas de los inocentes y vulnerables.

Puedes orar por estas personas. Puedes advertirles. Si están violando la ley, puedes llamar a la policía para pararlos. Si están dañando a un niño, ¡debes pararlos! Pero no te rodees de esta gente. La elaboración de ideas malvadas y el hábito de justificar y minimizar los delitos se pega.

Hay un montón de planes retorcidos que no llegan al nivel de la pornografía infantil. Pero no caigas en la trampa de contrastar esas obscenidades con tus «pequeños atajos», y exculparte por comparación. Por supuesto, tú no estás vendiendo porno. Pero a los ojos de Dios, tus «atajos» y tus «pequeños lapsos de integridad» son un asunto grave. Si estás montando un negocio, sabes que es difícil sacar adelante una compañía honrada y con integridad en un mundo éticamente oscuro. Si quisieras, podrías conseguir unos cuantos pavos más con algunos amaños. Pero no lo hagas. Y no te rodees de personas que lo hagan. Las transgresiones son una pendiente resbaladiza en la que no quieres estar.

6. Esparcir chismes y calumnias («el falso testigo que esparce mentiras»). La gente siempre dispuesta a esparcir información falsa por el simple disfrute de derribar a otro... a esos hay que evitarlos. Salomón advierte: «La gente chismosa revela los secretos; la gente confiable es discreta».[9]

Si alguien te cuenta lo que sabe de otra persona, puedes estar seguro de que también le estará contando al otro todo lo que sabe de ti. No te dejes engañar por la calumnia. Mantente alejado de la gente que te cuenta lo jugoso, sea o no verdad. Chismes y calumnias es lo último que necesitas que se te pegue. Tenemos que decir la verdad y ser guardianes de confianza.

No me faltan opiniones firmes, pero toda mi vida he tratado de ser un constructor de puentes.

7. Entrometerse («el que siembra discordia entre hermanos»). Cuidado con cualquiera que *siembre discordia.* Proverbios 16.28 dice: «El perverso provoca contiendas». No lleva mucho averiguar si alguien tiende a polarizar o a unificar; si construye puentes o lanza bombas.

Me encontraba en una reunión social hace poco, disfrutando de una conversación agradable en un círculo de personas que no conocía muy bien. Un tipo con un cóctel en una mano y un plato de entremeses en la otra se presentó y empezó a opinar sobre política y candidatos presidenciales. Empezó a vapulear a uno de los candidatos, diciendo qué «ideas estúpidas» tenía, y cosas así. A los treinta segundos todos los miembros de ese grupo antes afín se habían posicionado, poniéndose bravos sin necesidad de ayuda.

Me los quedé mirando, asintiendo asombrado por la rapidez con la que una persona había polarizado a todos los del círculo, causando disensión y conflicto. Yo me desenredé de la desagradable conversación y salí afuera para tomar aire fresco. Me vino a la cabeza un versículo de la Escritura: «Si es posible, y en cuanto dependa de ustedes, vivan en paz con todos».[10]

Jesús dijo: «Dichosos los que trabajan por la paz».[11] No me faltan opiniones firmes, pero toda mi vida he tratado de ser un constructor de puentes. Todo los progresos hechos en esa dirección han sido fomentados grandemente por la elección de amigos íntimos tan comprometidos como yo con la construcción de puentes. Hoy simplemente me agota estar cerca de gente que polariza y arroja bombas, que con alegría divide grupos y personas.

Una de las grandes bendiciones de estar casado con Lynne es que ella es una constructora de puentes extremadamente eficaz. Pasa muchas semanas al año en algunos de los lugares más cargados de conflictos del planeta: la República Democrática del Congo, a la que se llama la capital mundial de la violación;[12] e Israel y Palestina, donde el conflicto generacional y la violencia divide familias, pueblos y ciudades. Lynne invierte una tremenda energía física, emocional y espiritual en la construcción de puentes entre los grupos de personas, tomando parte de fórums de reconciliación, intentando que los enemigos acérrimos se hablen en vez de derramar la sangre de sus hijos e hijas por otra generación. Cuando vives con una reconciliadora, una pacificadora, una constructora de puentes, se pega. Estoy muy agradecido por todas las maneras en que se me ha pegado el pacifismo de Lynne.

Si estás intentando ser más constructor de puentes que lanzador de bombas, continúa buscando amigos constructores para tu círculo. Y marca un poco de distancia con los que lanzan bombas y polarizan. De nuevo, puedes orar por ellos e invitarlos a la iglesia, donde podrán escuchar acerca de las enseñanzas y la vida de Jesucristo, el mayor constructor de puentes y reconciliador en la historia humana. Pero no te juntes con esta clase de personas, porque las cosas se pegan.

¿Se pega el espíritu de alabanza? Por supuesto que sí... ¿Se pega una actitud positiva? Sí que lo hace.

Las siete luces de advertencia de Salomón nos dan un punto de partida a la hora de evaluar a los que están en nuestro círculo de amistades, para que podamos hacer ajustes de acuerdo con ellas. No te dejes engañar por la idea de que salir con personas cuyo carácter está marcado por estos signos no es gran cosa. Te afectarán. Sus rasgos se convertirán en los tuyos. Da un paso atrás... y en vez de eso busca a personas cuyo carácter fuerte se te pegue.

Nueve signos de bienvenida

Vamos a darle la vuelta a esta idea de que «las cosas se pegan»: estás en un concierto de alabanza durante dos horas seguidas. La gente de tu alrededor canta a pleno pulmón, eleva las manos. No los conoces; puede que no los hayas visto en la vida. Pero no importa. Comparten un vínculo común. ¿Se pega el espíritu de alabanza? Por supuesto que sí.

En el trabajo, tu departamento está liderado por una mujer jovial que no cambia de ánimo en toda la jornada; eleva el espíritu de todos en el departamento. ¿Se pega una actitud positiva? Sí que lo hace.

Acudes a un gimnasio local tres días a la semana. Durante los cuarenta y cinco minutos que estás allí, coincides normalmente con la misma gente. Están en forma; son disciplinados; tienen entusiasmo. Hacen sus ejercicios. Toman sus batidos de proteínas. Se entregan al máximo físicamente. ¿Se pegan los hábitos de ejercicio saludables? ¡Por supuesto!

Estás en una reunión de doce pasos, escuchando a otros hombres y mujeres salir adelante.[13] Admiten sus errores. Se animan unos a otros. Se comprometen a seguir un camino diferente en la vida. ¿Se pega el valor para cambiar de vida? Sin duda.

En la vida, a través de nuestras relaciones, las cosas se pegan. Lo bueno y lo malo se pega.

El apóstol Pablo ofrece un corolario a las siete alarmas de advertencia de Salomón. Si estás buscando a gente cuyo carácter se te pegue de un modo positivo, la lista de Pablo es un buen lugar donde empezar:

> Mas el fruto del Espíritu es amor, gozo, paz, paciencia, benignidad, bondad, fidelidad, mansedumbre, dominio propio; contra tales cosas no hay ley.[14]

Tener un claro conocimiento de dónde encaja cada persona en tu vida te ayuda a clarificar tus expectativas.

Esta lista de rasgos de carácter no es para débiles. En un mundo atraído por el egoísmo, la violencia y la prepotencia, hay que ser duro para vivir con esos rasgos. Se requiere una fortaleza diaria e incesante para ser amable, alegre, pacífico, paciente, benigno, bueno, fiel, manso y sereno sin importar los altibajos de las circunstancias. Cuando busques amigos a los que incluir en tu círculo íntimo, busca gente que exhiba estos frutos fundamentales del Espíritu Santo. Ellos influirán en tu vida de forma positiva. Su carácter se te pegará.

Tres niveles de amistad

Una vez tengas como referencia las luces de alerta y los signos de bienvenida para ayudarte a evaluar las características interiores de tus amigos y conocidos, el siguiente paso es determinar la profundidad de la amistad que tienes con cada persona. Hacer una evaluación sincera de tus niveles de amistad te ayuda a hacer ajustes con intención, mover a los amigos con mejor carácter a los niveles más profundos de tu círculo y quizá tomar distancia de aquellos cuyo carácter débil se te pueda pegar. De nuevo, esto no se hace con la intención de establecer un juicio.

No importa el carácter de una persona, él o ella tiene un valor infinito para Dios y por lo tanto debe tener infinito valor para ti. Pero tener un claro conocimiento de dónde encaja cada persona en tu vida te ayuda a clarificar tus expectativas. Y tener expectativas razonables de lo que puedes esperar de cada amistad te ayudará a simplificar tu mundo relacional, minimizar tus decepciones y maximizar la energía y la intención que pones en tus amigos más cercanos.

1. Amigos circunstanciales. La gente a la que saludamos en el trabajo, el compañero del gimnasio, el cajero de la tienda, el chico de la tintorería... todos son personas muy majas. Son amables con nosotros, y nosotros somos amables con ellos. ¿Pero son amigos verdaderos? ¿O son amigos solamente por las circunstancias de la vida?

Son amigos circunstanciales. No van a venir a tu funeral. No van a venir al mío. Son amigos por las circunstancias, y cuando las circunstancias cambian, la amistad termina. Es así de simple.

A veces alguien que es amigo circunstancial se vuelve un verdadero amigo. Pero casi siempre, si a la cajera de tu supermercado la transfieren a una nueva tienda, no le sigues el rastro y cambias de tienda para continuar con vuestra «amistad». Si el chico que se ha estado poniendo en forma junto a ti en el gimnasio los últimos cuatro años de repente desaparece, no haces una búsqueda en Internet para encontrarlo. Si tu dentista se jubila, buscas a otro, pero no comienzas a quedar para comer con tu viejo dentista cada seis meses para mantenerse al día. Simplemente aceptas el hecho de que la vida sigue. Esta clase de relaciones van y vienen.

Los amigos circunstanciales no son amigos *falsos*. No estás siendo insincero cuando conversas con ellos. Pero lo que les juntó fue un trabajo, una conexión de negocios o un servicio proporcionado. Y cuando esas circunstancias cambian, hay bastantes probabilidades de que nunca vuelvas a verlos. Así que sé amable, pero ten cuidado con añadir amigos circunstanciales a los asistentes a tu funeral.

Hace unos meses estaba hablando con algunas personas en un pequeño grupo del que he sido parte durante quince años. Una de las mujeres profesionales del grupo, que ha puesto corazón y alma en su equipo en el trabajo durante dos décadas, compartía que sentía que Dios le estaba pidiendo que siguiera una vocación diferente para la siguiente etapa de su vida. Estaba bastante segura de que Dios quería que se trasladase a esa nueva vocación, pero estaba recelosa de anunciarlo en el trabajo porque se sentía mal por defraudar a su equipo y su jefe.

«No puedo reunir el valor para ir y renunciar, porque somos como una familia —dijo ella—. Se quedarán desolados».

Después paró y esperó la respuesta del grupo. *Silencio.* Todo lo delicadamente que pude, dije: «Eh, amiga, si Dios te dice que cambies a una carrera diferente, tienes que cambiar. Sé que no quieres decepcionar a nadie en el trabajo, pero la verdad es que el día después de decirles que te marchas ya estarán trazando un plan para ver cómo te reemplazan. No es que no te vayan a echar de menos, pero seguirán adelante sin ti».

Deberías ser radicalmente amable y bondadoso en cada intercambio con tus amigos circunstanciales.

Ella rompió a llorar. No esa clase de lloro reservado y sentimental, sino uno ruidoso, abundante e incontrolable. Al principio me preocupaba que saltase sobre la mesa para estrangularme. Pero se calmó y dijo: «Bill, tienes toda la razón. *Continuarán* sin mí. Estarán bien. Quise creer que éramos una familia, y éramos amigos para siempre, cuando en realidad solo estamos juntos por circunstancias del trabajo. Nos cuidamos unos a otros por los años que hemos trabajando juntos, pero no somos una familia *real*». Tenía razón. Ella y sus compañeros eran unos amigos fantásticos, cariñosos y circunstanciales, pero no eran amigos de verdad ni familia.

Los amigos circunstanciales importan. Puedes y deberías tener un montón. Deberías ser radicalmente amable y bondadoso en cada intercambio con ellos. Debes orar por ellos e invitarlos a ir a la iglesia contigo. Pero si consideras a estas personas amigos verdaderos, te decepcionarán. De nuevo, no irán a tu funeral.

No intentes abarcar demasiado con los amigos circunstanciales. Solo tienes unos cuantos dólares relacionales que gastar, y debes administrarlos sabiamente. «Los justos dan buenos consejos a sus amigos, los perversos los llevan por mal camino», nos avisa Salomón en Proverbios 12.26 (NTV). Asegúrate de elegir a tus verdaderos amigos cuidadosamente… y deja suficiente energía para invertir en ellos.

2. Amigos verdaderos… durante una época. En los primeros tiempos de nuestra iglesia construí una amistad con un tipo de gran carácter. Nuestra amistad creció y evolucionó hasta el nivel de «verdaderos amigos». Pensé que iba a ser una amistad para toda la vida. Llevábamos veinte años invirtiendo en ella.

Los dos salíamos con un pequeño grupo de hombres por aquel entonces. Un día mi amigo llegó a nuestra reunión en un restaurante del pueblo. Cuando se sentó en la mesa, anunció: «Miren, vendí mi compañía este fin de semana, y me voy a mudar a un estado soleado el próximo mes. Gracias por los buenos momentos. Todavía voy a ser de los Bears, sin embargo. Ya me conocen… soy hincha de los Bears hasta la médula».

Me hubiera gustado que alguien me hubiera enseñado cuando era más joven que incluso las amistades verdaderas que desarrollo pueden ser *amistades temporales.*

Me senté, impactado. Nunca había pensado que la amistad con este hombre podía desaparecer de mi vida.

En realidad, estaba desolado. ¿Así es como termina una amistad de veinte años? ¿Con un «Me mudo a un estado soleado; gracias por los buenos momentos. Seré fan de los Bears»? *Será una broma.* Pensé que mi amistad con este tipo iba a perdurar en la distancia. Seguro, seguiríamos llamándonos e intercambiando correos. Podríamos visitarnos de vez en cuando. Pero la cercanía que teníamos al vivir nuestras vidas juntos, día sí y día no, se había hecho pedazos. Estuve desilusionado con la amistad bastante tiempo después de eso.

Me hubiera gustado que alguien me hubiera enseñado cuando era más joven que incluso las amistades verdaderas que desarrollo —como la relación que tenía con este tipo, y quizá la mayoría de los verdaderos amigos— pueden ser *amistades temporales* en vez de para toda la vida. Nuestras vidas fluctúan por etapas, y nuestras amistades siguen el mismo patrón.

En la misma época en la que mi amigo amante de los Bears anunció su traslado inminente, otro amigo, por designio de Dios, me envió un CD por sorpresa. Él es un conferenciante orientado al liderazgo, y en la charla de aquel CD él reflexionaba acerca de cómo algunas de sus amistades más importantes habían durado solo cinco, diez o incluso veinte años; y después, siempre por buenas razones, cambiaban. Alguien se mudaba. Alguien empezaba a pasar los inviernos en Florida. Algunos amigos se divorciaban y las cosas se ponían raras. Sea cual sea la razón, había un suceso que redefinía la dinámica de la amistad.

Lo que señalaba mi amigo era que muchos de nosotros invertiremos y disfrutaremos de algunas amistades significativas y duraderas; pero no debería sorprendernos si, por una razón u otra, la vida remodela el terreno de vez en cuando. Sin ser culpa de nadie, las cosas cambian. Como dijo el sabio rey Salomón en Eclesiastés 3, todo en esta vida tiene un tiempo: incluyendo a la amistad.

Cuanto más reflexiono en la naturaleza pasajera de incluso las mejores amistades, peor me siento acerca de mi proyección cuando comencé Willow Creek. Tenía veintidós años y era muy inocente acerca de la amistad y de cómo funciona la vida. Cuando me ponía en pie ante el equipo y diminuto núcleo de seguidores de Cristo que nos reuníamos en un cine alquilado en Palatine, Illinois, decía cosas como esta: «Eh, chicos, construyamos esta iglesia genial e invitemos a la gente a que venga y tenga una relación con Dios. Trabajemos y esforcémonos juntos y seamos como una familia los unos con los otros. Hagámoslo durante cuarenta años o así, y después nos jubilaremos juntos e iremos a la misma residencia, donde nos sentaremos en nuestras mecedoras todo el día, beberemos limonada, babearemos y hablaremos de los viejos tiempos. Pongamos nuestras manos en el centro de este círculo y vivamos juntos nuestras vidas. ¿Se apuntan?».

Aquellas expectativas tan elevadas que había establecido no eran realistas para el tiempo que podía durar nuestra amistad en el mundo real.

Y como esta visión era tan poderosa y atractiva, mucha gente puso sus manos en el centro del círculo y dijo: «Nos apuntamos. ¡Para toda la vida!».

Pero cada pocos años pasaban cosas. Una familia del núcleo era transferida a causa del trabajo. Otra familia se mudaría al otro lado del país para cuidar de sus padres ancianos. En algunos casos, las familias simplemente decidían que había otra iglesia que se ajustaba mejor a ellos. Y el dolor de esas partidas llegaba mucho más hondo porque sentía como si mi sueño hubiera muerto. Realmente pensé que viviríamos juntos toda nuestra vida.

Ahora sé que mi visión era inocente y quizá causó un daño innecesario a los que salían del círculo. Aquellas expectativas tan elevadas que había establecido no eran realistas para el tiempo que podía durar nuestra amistad en el mundo real.

3. Amistades para toda la vida. A veces las circunstancias y la química se alinean de tal modo que las amistades realmente duran toda la vida. Por la bondad de Dios, las cuatro parejas originales que empezamos nuestra iglesia —Joel y Cathy Jager, Scott y Laurie Pederson, Tim y Erin VandenBos, y Lynne y yo— todavía estamos aquí, cuarenta años después más los que queden, sirviendo juntos y haciendo vida juntos. Muchos otros que alzaron sus manos en aquel momento de los comienzos todavía asisten a nuestra iglesia y están implicados activamente, una gran parte en el equipo. Ha sido uno de los regalos más generosos de Dios en mi vida.

Por razones obvias, no podemos forzar ni fabricar amistades para toda la vida. Se forjan en las trincheras del día a día y, por definición, toman toda la vida para desarrollarse. Creo que si nos implicamos completamente y con libertad, aunque sujetemos esas relaciones con las manos abiertas, Dios en Su gracia nos permitirá que cierto número de amistades *se queden* para el resto de la vida. Estas amistades son una preciada bendición.

Ver cada amistad verdadera como una etapa aumenta nuestra gratitud por cada día, semana y mes que disfrutamos con estas personas.

Hoy en día, cuando hablo a nuestro equipo y a los voluntarios clave de Willow, describo nuestra relación un poco diferente. Digo: «Eh, chicos, escuchen. Dios ha unido nuestros corazones durante esta interesante era de nuestra iglesia. Nadie sabe cuánto va a durar, así que sumerjámonos y disfrutémoslo al máximo. Recibámoslo como un regalo de Dios y aprovechemos cada gota de potencial del amor que compartimos. Si algún día, por cualquier razón, esta época llega a su fin y Dios les manda a otro puesto en Su reino, agradezcámosle de rodillas que pudiéramos vivir esta temporada de amistad y ministerio juntos».

Cuando comparto la visión de este modo suena más fiel a las Escrituras, y sé que estoy estableciendo unas expectativas más realistas acerca de cómo funcionan realmente la vida y la amistad. Y eso libera a la gente a seguir la dirección de Dios con un corazón abierto en todas las etapas de su vida.

Necesitamos esa dosis de realidad de vez en cuando. Ver cada amistad verdadera como una etapa aumenta nuestra gratitud por cada día, semana y mes que disfrutamos con estas personas. No estoy minimizando lo profundas y encantadoras que pueden ser las amistades estacionales. Pueden ser transformadoras. Pueden ser vivificantes y divertidas. Pero quizá no lleguen al porche de la jubilación, a la mecedora, la limonada a sorbos y el babeo. En realidad, puede que te jubiles con un grupo completamente diferente de amigos a los que tienes ahora. Es posible. Y puede que prefieran jugar a las cartas a quedarse en su mecedora; no lo sabes.

REDUCIR TUS CÍRCULOS RELACIONALES

Una amiga me contó una historia que ilustra el proceso de hacer ajustes en nuestro círculo de amigos. Hace muchos años, sus padres compraron una casa que tenía veinte años. La casa estaba en buen estado, pero el patio necesitaba un poco de trabajo. Se veía que nunca habían podado los dos manzanos de la propiedad. Cientos de ramas diminutas se deslizaban por todas las direcciones, cruzándose, bloqueando la luz del sol y evitando así que el aire circulase a través de la intrincada maraña de hojas. Como resultado, aunque los árboles eran bastante grandes, solo colgaban unas pocas manzanas pequeñas de sus ramas.

> Por duro que pueda sonar, probablemente tienes algunas relaciones que se merecen estar en la basura.

Una tarde, el marido sacó su sierra eléctrica y comenzó a cortar los árboles, dejando nada más que el tronco y las ramas centrales. Enormes pilas de ramitas con hojas era todo lo que quedaba del follaje. Su mujer estaba horrorizada.

—¡Pero esos árboles eran muy hermosos! —se quejó.

—Estos árboles están hechos para tener manzanas, no solo para ser bonitos —le dijo él—. Confía en mí, esto es lo que necesitan.

Una vez superó la mujer el horror de la agresión a los árboles de su marido, su brutal poda se convirtió casi en una broma. Siempre que miraba a los manzanos se reía de lo desnudos que estaban. Pero cuando llegó la primavera, su marido fue el último en reírse cuando los árboles sacaron ramas nuevas y saludables que permitían el paso de una gran cantidad de luz y aire. En mayo, las nuevas ramas se cubrieron de flores blancas y en septiembre la pareja recolectó cubos de jugosas manzanas rojas. La esposa se había convertido en creyente. ¡las podas funcionan!

Hemos llegado a la parte más difícil de este capítulo: *reducir tus amistades.* Por duro que pueda sonar, probablemente tienes algunas relaciones que se merecen estar en la basura. Puede que tengas algunos amigos cuyas «cosas» se te estén pegando, y necesitas recortar el tiempo que pasas con ellos. Y probablemente puedes pensar en un puñado de personas con las que desearías pasar más tiempo. Reduciendo a propósito tus relaciones, harás sitio para algunas amistades más nuevas y sanas: relaciones que darán fruto.

> Si estás buscando seguidores de Cristo con ideas afines a ti que se tomen en serio crecer en su fe, comienza a salir allí donde se reúne la gente de fe.

Quizá tu lista de amigos y conocidos no requiere una escabechina como la de los manzanos. Puedes bajar la sierra eléctrica. Pero tómate en serio el desafío de hacer algunos ajustes que llevan un tiempo retrasados: recortes que dejarán espacio para un nuevo crecimiento y nuevos frutos en tu vida.

EXPANDIR TU CÍRCULO DE AMISTADES

Una vez hayas completado la tan necesaria poda en tu círculo de relaciones, encontrarás que tienes espacio para un nuevo crecimiento sano en el área de las amistades. Tendrás margen para hacer inversiones en amistades que traerán energía y alegría a tu mundo relacional ahora simplificado.

Es posible que necesites algunos amigos nuevos de todos modos, gente cuyo gran carácter se te pegue. Necesitas amigos sabios cuya fe sea importante para ellos y que quieran avanzar en esta aventura guiada por Dios. ¿Cómo encuentras a esas personas? ¿Dónde se reúnen? Seguramente no en Hooters o en un bar del pueblo. Probablemente tampoco en una pelea de lucha libre.

Si estás buscando seguidores de Cristo con ideas afines a ti que se tomen en serio crecer en su fe, comienza a salir allí donde se reúne la gente de fe. Únete a un estudio bíblico en el trabajo. Asiste a una función de iglesia. Apúntate para servir en eventos caritativos basados en la fe. Comienza a socializar con tus amigos cristianos y a conocer a *sus* amigos cristianos.

Pero permíteme que sea claro en una cosa: no es trabajo de tu iglesia proveerte de un nuevo grupo de amigos sabios y divertidos que vivan cerca de ti, les gusten los mismos intereses y tengan hijos de la misma edad que los tuyos. La iglesia puede proporcionar un entorno donde tú puedes encontrar esos amigos, pero es *tu* trabajo tomar la iniciativa. Es *tu* trabajo, cuando el Espíritu Santo te anime, tomar esos riesgos. Si avanzas con fe, Dios guiará y proveerá.

> Si solamente uno o dos de tus amigos íntimos están interesados en hacer algo de exploración espiritual contigo, está bien. ¡Llévalos contigo!

PONER LÍMITES A TUS AMISTADES

Reordenar tus amistades puede ser delicado, pero te puedo decir lo que he aprendido de las veces en que lo he visto hacer bien.

Llévalos contigo

Quizá estés en una época en la que estás creciendo en tus relaciones con Dios más rápido y con más sinceridad que nunca. Pero no se puede decir lo mismo de tus amigos más cercanos. Esto es un poco incómodo.

Haz lo que puedas para llevar contigo a tus amigos en tu aventura espiritual. Esto nunca se le ocurre a algunos seguidores de Cristo sinceros, pero en realidad es bastante normal en otras áreas de la amistad. Por ejemplo: una pareja de amigos decide tomar clases de cocina, y les dicen al resto de amigos: «¡Tomemos clases de cocina juntos!».

O una pareja decide apuntarse a clases de baile de salón. Les dicen a sus amigos: «Vayamos todos. ¿Qué tenemos que perder?».

O quizá un chico que juega en un equipo de baloncesto del barrio invita al resto de su equipo a hacer de voluntarios con él en un comedor social en Acción de Gracias. Dice: «Sé que esto está fuera de nuestra zona de confort, ¿pero por qué no salirnos de lo normal? Todos seremos mejores después de la experiencia».

Si tu vida espiritual está arrancando de formas nuevas actualmente, ¿por qué no intentar encender por igual a tus amigos? Invítalos a un servicio de la iglesia o a un evento especial. Invítales a tu grupo pequeño. Invítalos a una clase diseñada para personas que quieren explorar su fe. Eso es lo que hacen los amigos. Intentan cosas nuevas juntos.

Si todo va bien, quizá tú y tu grupo entero de amigos caminen juntos en sus futuros espirituales. Lo he visto. He visto grupos de personas que vienen a Cristo juntos y crecen en fe juntos porque alguien del grupo dijo: «Intentemos juntos esta aventura». He visto grupos de amigos que se han bautizado juntos, y que después aprendieron cómo servir y crecer juntos. Forjaron amistades que pueden durar toda la eternidad.

Si solamente uno o dos de tus amigos íntimos están interesados en hacer algo de exploración espiritual contigo, está bien. ¡Llévalos contigo!

Déjalos ir

Es posible que algunos de tus amigos no estén interesados en seguir el viaje espiritual contigo. ¿Qué hacer entonces?

La mejor solución es ponerte de rodillas y pedirle sabiduría a Dios. No quieres deshacerte de las relaciones innecesariamente. He escuchado muchas historias de terror de amigos que básicamente despidieron a sus amigos no cristianos con un espíritu de juicio. Esos amigos son dejados atrás y se lamentan diciendo: «¿Qué hicimos? Somos las mismas personas que antes. Éramos suficientemente buenos para ti *antes* de que te pusieras con todo eso espiritual. ¿Qué pasó?».

Es mucho mejor ir poco a poco, con suavidad y con un gran discernimiento, porque las amistades importan, y nunca se deben arrancar o cortar de un modo desdeñoso. Te aconsejo que hables con calidez, de forma abierta y humildemente con tu círculo de amigos acerca de este tema. Es perfectamente apropiado decir: «Eh, chicos, los amo. Amo a cada uno de ustedes. Hace poco mi fe ha comenzado a significar algo más para mí. Está haciendo que me replantee algunas cosas. Y como nuestra amistad significa mucho para mí, quiero que sean parte de este viaje conmigo. ¿Se vienen?».

No hay un modo fácil de decirle adiós a una amistad, pero unas maneras son mejores que otras.

Si hablas abiertamente con tu círculo de amigos, ¿quién sabe adónde llegará la conversación? Puede que algunos de tus amigos se asusten o salgan huyendo. Eso ocurre a veces. No puedes evitar que la gente opte por excluirse. Si ocurre, tienes que dejarlos marchar.

Obviamente, permanece en contacto con ellos, aunque sea a distancia. ¿Quién sabe? Algún día quizá se abran a buscar la fe, y puede que tú seas la única persona de fe que conocen. Si se mantienen en contacto, pueden hablar contigo cuando estén listos.

Di adiós

A veces necesitas dejar espacio en una relación, o incluso terminar una amistad. «El que con sabios anda, sabio se vuelve», dice Salomón; «el que con necios se junta, saldrá mal parado».[15]

Para ser sinceros, ciertos amigos son dañinos para ti. Pueden retenerte. Las mismas personas a las que llamas «amigos» te pueden derribar. Si se te está pegando de ellos lo que no debe; si tus amigos no te animan ni buscan tus mejores intereses; si quieren quedarse en la misma rutina en la que están, la que solían disfrutar juntos pero que sabes que no es buena para ti; es hora de moverse.

A veces el amigo que está estancado en la rutina es tu cónyuge. Eso es difícil. Como has hecho un voto delante Dios y has prometido «en lo bueno y en lo malo», no puedes cortar a la ligera con esa relación. Aunque Dios odia el divorcio, la Escritura deja espacio para que un cónyuge que ha sufrido abuso o abandono encuentre protección terminando ese matrimonio. Si estás casado y tu cónyuge te está haciendo daño *no te quedes sentado esperando a que las cosas mejoren por sí solas.* No lo harán. Haz algo. Busca un consejo sabio sobre cómo proceder, especialmente cuando hay niños implicados.

No hay un modo fácil de decirle adiós a una amistad, pero unas maneras son mejores que otras.

No decidas evitarlo. No empieces a esconderte de tus amigos. No ignores sus mensajes de texto o de voz. No dejes de presentarte a compromisos que habías adquirido. En resumen: *no hagas cosas que te hagan ser poco amigo.* Solo porque tu vida esté yendo por un nuevo camino, eso no invalida la amistad que han tenido. Puedes despedirte con elegancia sin «desaparecer». Trata a tus viejos amigos del modo en que quieres ser tratado.

No seas moralista. No hagas juicios de valor acerca de lo tristes que son sus elecciones comparadas con tus nuevas y mejores oportunidades. Recuerda, esas fueron *tus* decisiones también, ¡hasta hace bien poco! Deja que tu ejemplo hable por sí mismo. Haz cambios en tu vida que sean evidentes a tus amigos con el tiempo.

Elige honestidad y bendición. Si tienes que separarte de cierto amigo, siéntate con esa persona y dile: «Sigo adelante con mi vida. Estoy cambiando de dirección. Lo que me funcionó durante muchos años ya no lo hace. Creo que estoy entendiendo algunas cosas, y desearía que pudieras venir conmigo. Si estás totalmente en contra de ello, lo entiendo. Pero yo tengo que avanzar».

Jesús sentó un precedente para nosotros y nos mostró cómo poner límites a las amistades y mantener círculos sanos.

Estas conversaciones son terriblemente difíciles. Pero tienen que ocurrir.

Continúa orando por tus viejos amigos y de vez en cuando ponte en contacto con ellos, con la esperanza de ver algún movimiento. Pero no permitas que una vieja amistad te aparte del camino al que Dios te ha llamado. Nada ni nadie debería retenerte. A veces simplemente ¡necesitas seguir adelante!

LOS CÍRCULOS RELACIONALES DE JESÚS: 72-12-3-3

Jesús sentó un precedente para nosotros y nos mostró cómo poner límites a las amistades y mantener círculos sanos. Tenía un gran círculo de amigos: al menos setenta y dos eran tan cercanos como para ser llamados *discípulos* (según Lucas 10.1). Estas fueron las personas a las que Él mandó a pueblos y ciudades antes de visitarlas. Hacían ministerio juntos y Jesús los formaba.

También tenía doce discípulos seleccionados personalmente para ser Su «pequeño grupo». Durante los tres años de Su ministerio en la tierra, estos doce hombres vivieron día a día con Jesús. Jesús también tenía dos círculos íntimos de amigos: los hombres y mujeres que mejor lo conocían.

Su primer círculo de íntimos incluía a Pedro, Santiago y Juan, Sus tres mejores amigos. A estos tres pidió que se unieran a Él en la oración en la montaña, donde presenciaron la transfiguración de Jesús. Estos mismos tres hombres le acompañaron al huerto de Getsemaní mientras el resto de discípulos se quedaba atrás, justo antes de ser arrestado.

¿Crees que fue incómodo cuando Jesús eligió a estos tres amigos como Su círculo íntimo? Yo lo creo. Pero Jesús comprendía que era más importante invertir en estos tres amigos cercanos más que preocuparse demasiado por que los demás se sintieran celosos o abandonados. Él necesitaba la intimidad de un círculo íntimo, y reconoció que poner límites a Su círculo íntimo suponía hacer algunos recortes. Todavía permanecía cerca de los otros nueve, pero *eligió* a los tres. Y se atuvo a esa decisión.

Su segundo círculo eran tres hermanos —María, Marta y Lázaro— como vimos en el capítulo 1. Estos tres no eran parte de los doce, pero probablemente formaban parte de los setenta y dos. Jesús se sentía en casa con esta familia. Eran los amigos con los se sentaba «a la mesa» a hablar. Se podía relajar con ellos. Podía contar con buena comida, una cama cómoda y una conversación cálida siempre que paraba por allí. Encontró amistad y seguridad en el hogar de María, Marta y Lázaro.

Si el Hijo de Dios necesitó dos círculos de amistades diferentes, ¿qué nos sugiere eso a Sus seguidores?

> Ten paciencia. Da pequeños pasos... y evita tener que dar un incómodo paso atrás solo porque te zambulliste demasiado pronto.

Quizá Dios lleva tiempo pinchándote para que reduzcas tus amistades. Quizá te está animando a que pongas en orden tu mundo relacional. ¿Puede que sea hora de que redefinas algunas de tus relaciones actuales y forjes nuevas amistades?

PROFUNDIZAR TU CÍRCULO ÍNTIMO

Da pequeños pasos

Hay pocas cosas más incómodas que comenzar una amistad con alguien que causó una gran primera impresión, con quien te lanzaste de cabeza hacia una nueva relación, y descubrir al poco que no es alguien a quien quieras tener cerca.

Otra persona, a quien resulta un poco difícil acercarse, puede que sea digna del esfuerzo extra porque tiene la profundidad y la sabiduría que buscas. Ten paciencia. Da pequeños pasos… y evita tener que dar un incómodo paso atrás solo porque te zambulliste demasiado pronto.

Invierte tiempo

Profundizar las amistades toma tiempo. Tu horario simplificado y holístico, que contiene tus compromisos del trabajo, de casa, de la iglesia y de las amistades, es una gran herramienta cuando se trata de profundizar tus relaciones. Si tienes tendencia a dejar que lo urgente (citas, compromisos laborales) tome prioridad frente a lo importante (relaciones), disciplínate para apartar tiempo para estas nuevas amistades.

Crea experiencias compartidas

Quedar juntos para tomar un café o para comer proporciona una oportunidad para la conversación, que es la clave para conocer mejor a otra persona. Pero compartir experiencias más allá de un encuentro casual puede aumentar y cimentar el desarrollo de una amistad. Un amigo mío sabe que tiende a no priorizar las amistades tanto como debería, así que invitó a un nuevo amigo a que se uniera a él en una afición que compartían: la fotografía. Salieron a hacer senderismo con sus cámaras, tomando fotos y conversando durante esas experiencias compartidas.

Mi esposa, Lynne, es fantástica creando experiencias compartidas con amigos. A menudo incita a amigas cuando viaja para hablar o participar en conferencias o eventos. Inevitablemente comparten alguna aventura juntas y crean recuerdos a través de esas experiencias de viaje compartidas. Yo prefiero invitar a amigos a un barco velero o a una lancha. Compartimos el trabajo y disfrutamos de buena comida y buena conversación en mar abierto. Los recuerdos que se hacen allí no se pueden crear ante una sosegada taza de café o una comida en un restaurante.

Hacer de voluntario es otra experiencia compartida eficaz cuando se trata de construir relaciones. Encuentra una causa común y comprométanse juntos.

Espera la pelota

Si ves que estás haciendo todo el esfuerzo para iniciar una nueva amistad, sería sabio esperar a que tu nuevo amigo te devuelva la pelota. Asegúrate de que está interesado en profundizar la amistad contigo, y de que tiene el tiempo y el deseo de invertir en la relación. Si no estás seguro de dónde estás, *pregunta.* Asegúrate de que el interés en profundizar la amistad es mutuo antes de poner todos los huevos en la cesta.

Quítate la máscara (primero)

Cuando has dado algunos pequeños pasos hacia una nueva amistad y te sientes seguro de que el deseo de profundizar en ella es mutuo, comienza quitándote la máscara.

No asustes a la otra persona sacando todos tus trapos sucios tomando un café en Starbucks. Más bien, comienza con una pequeña verdad acerca de ti mismo que no has compartido con nadie, y ve cómo la otra persona maneja la responsabilidad de esa verdad las semanas siguientes. Si se mantiene tu confianza y tu amigo está dispuesto a hacer lo mismo compartiendo algo igual de profundo, estás en camino de una amistad gratificante.

Ten cuidado con la gente que quiere que tú compartas todo y que nunca revelan nada significativo de sus vidas.

Un consejo: ten cuidado con la gente que quiere que tú compartas todo y que nunca revelan nada significativo de sus vidas. La incapacidad, o la falta de voluntad, para ser vulnerable frente a otro, o la resistencia a ver los propios fallos, estas son grandes señales de alarma.

Hay un lugar para la gente que comparte todo de su parte. Se llama terapeuta. Pero en una verdadera amistad, se debe compartir recíprocamente por ambas partes.

En una crisis, muéstrate

No puedes organizar este último consejo. No puedes (¡o al menos no deberías!) planear una crisis en tu vida o en la de un nuevo amigo. Pero en una amistad profunda, cuando la crisis se levanta, *muéstrate.* Las amistades profundas se forjan en el fuego del dolor. Si tu amigo experimenta una pérdida personal de cualquier clase, ofrécete. No esperes a que te lo pidan; dependiendo de la profundidad del dolor, puede que tu amigo no tenga la energía emocional para pedir ayuda. Preséntate con comida, tiempo, ayuda o lo que sea más necesario en la situación. Sobre todo, está presente.

Si eres tú quien se encuentra en una época de dolor, deja que tus amigos te acompañen. No te aísles. Déjales entrar. Una y otra vez, las relaciones han pasado de simples conocidos a amigos cercanos durante épocas de crisis.

UNA VIDA SIMPLIFICADA QUE MERECE LA PENA VIVIR

Simplificarás tu vida grandemente cuando afines tu mundo relacional. Reduce con sabiduría y determinación. Crea espacio para un nuevo crecimiento que traerá frutos a tu vida: frutos espirituales, emocionales y relacionales. La vida es demasiado rica en oportunidades como para caminar solo. Invierte en personas cuyo gran carácter se te pegue.

Cuando simplificas tus amistades te pones en camino de una vida más rica, llena y alegre.

El esfuerzo de pones en reducir tu mundo relacional, expandir tus círculos de amistades y profundizar en tus amigos íntimos tendrá grandes recompensas. Cuando simplificas tus amistades te pones en camino de una vida más rica, llena y alegre. Estás en la senda de una vida simplificada que merece la pena vivir.

PASO DE ACCIÓN: IDENTIFICA TUS CÍRCULOS DE RELACIÓN ACTUALES

En tu diario o en una hoja de cálculo en el ordenador, crea cinco columnas y etiquétalas como siguen: Setenta y dos, Doce, Tres, Distantes y Potenciales.

Setenta y dos

En la primera columna escribe tus amistades actuales a nivel de conocidos. Esta lista incluye a personas de todas las áreas de tu vida: compañeros de trabajo, vecinos, amigos de la iglesia, miembros del comité, familia, etc. Tal vez solo puedas pensar en veinticinco personas en esta columna; o quizá son cien. Los nombres de esta lista son de personas a las que no conoces bien. Es posible que nunca hayas socializado con ellas personalmente o como pareja, y nunca has compartido una conversación importante.

Doce

En la segunda columna, apunta a tus amigos actuales, tus «doce». Puede que haya seis personas en esa lista, o que haya veinte, dependiendo de tu personalidad y de la época de tu vida. Esta lista representa a gente que conoces un poco mejor, con la que socializas a veces, y que podrías considerar amiga: tu familia incluida. Son personas con las que haces vida a lo largo de la semana.

Tres

En la tercera columna apunta a tu círculo íntimo actual. Esto puede incluir a tu cónyuge, a tus hijos adultos o a los mejores amigos. De nuevo, no tienen por qué ser exactamente tres. Pero debería ser un puñado pequeño.

Distantes

En la cuarta columna, apunta las relaciones importantes con personas que viven fuera de tu ciudad. Estas personas estarían entre tus «Doce» o tus «Tres» si vivieran más cerca.

Nota: aunque son amistades valiosas, no es realista que esperes la misma clase de relación de «hacer vida juntos» de esta gente de lo que puedes experimentar con los que viven cerca de ti. Si quieres mantenerlos en tu círculo íntimo, desarrolla una estrategia para conectar al menos una vez por semana.

Potencial

En la última columna, haz una lista de unas cuantas personas a las que te gustaría conocer mejor, que puedan ser amigos potenciales. Debería ser gente de la que tengas la oportunidad de real de hacerte amigo. No pongas a Oprah en tu lista a menos que vivas en la puerta de al lado. No añadas a Chris Tomlin a menos que hagas los coros en su banda y tengas contacto regular con él. Sé realista. ¿A quién conoces y admiras por su carácter cristiano? ¿Por quién crees que merecería la pena hacer un esfuerzo inicial hacia una amistad? Ponlos en tu lista.

Una vez completadas tus cinco listas, guárdalas. Entonces comienza a hacer ajustes en las columnas, creando una imagen ideal de dónde te gustaría ver tu mundo relacional dentro de un año. Mueve a la gente de una columna a la otra, y subraya los nombres que sabes que se tienen que ir.

PASO DE ACCIÓN: RECORTA TU CÍRCULO DE RELACIONES ACTUAL

Revisa los nombres subrayados de amigos actuales que no son sanos para ti, y planea dejar una distancia de seguridad entre ellos y tú. A lo largo de las próximas dos semanas, comienza a orar por la sabiduría de Dios a la hora de hacer los ajustes necesarios en estas relaciones.

Pon una alarma en tu calendario para dentro de dos semanas. Esa es la fecha en la que comenzarás el proceso de entablar con estas personas esa clase de conversaciones amables pero sinceras de las que hablamos. No lo evites. No lo retrases. Honra a esos amigos siendo proactivo, compasivo y directo.

■ ■ ■

PASO DE ACCIÓN: EXPANDE Y PROFUNDIZA TUS NUEVOS CÍRCULOS DE AMISTAD

EXPANDE

Haz una lista de tres riesgos que puedas asumir durante el próximo mes para expandir tu exposición a nuevos amigos potenciales. Haz tu lista y añade cada idea a tu calendario.

PROFUNDIZA

Revisa tu columna de «Tres» y la de «Potenciales». Escribe los nombres de tres personas con las que desearías tener una amistad más cercana, y escribe un pequeño paso que puedes dar con cada amigo potencial. Tal vez quedar para un café. Invitarlos al cine y a tomar algo. Pregúntales si quieren ser voluntarios contigo en el próximo evento de la iglesia. Elige algo fácil y que no intimide, pero que les ayude a explorar su amistad y hacerla un poco más cercana.

Hacer ajustes en nuestros círculos relacionales requiere oración, discernimiento y una gran cantidad de valor. Pero es una de las inversiones de energía más eficaces que podemos hacer cuando tratamos de simplificar nuestras vidas.

Capítulo ocho

De inconstante a centrado

Reivindica el llamado de Dios para tu vida

Mi padre y yo corrimos varias aventuras espeluznantes cuando era pequeño. No era un hombre precavido, la verdad. Una de aquellas aventuras me marcó profundamente, y la recuerdo tan bien como si hubiese sucedido ayer.

Tenía ocho años, y mi padre me había llevado a navegar al lago Michigan. Si has estado alguna vez en el lago Michigan entenderás lo poco apropiada que es la palabra *lago* para describir esta enorme masa de agua. Con una profundidad de 280 metros, tiene un volumen de 4,918 *kilómetros cúbicos* de agua, con un área de superficie de 57,750 kilómetros cuadrados: más o menos el tamaño de Virginia Occidental.[1] El tiempo en el lago Michigan es inestable, y el fondo está sembrado de cascos de barcos, grandes y pequeños, que nunca consiguieron regresar a puerto. A mi padre le encantaba regalarme historias de naufragios pasados, lo que aumentaba mi respeto por los peligros del lago Michigan.

Aquel día en particular, a media mañana, partimos desde South Haven, Michigan, en dirección a Chicago, donde mi padre tenía algunos negocios que dirigir para la compañía de productos agrícolas que poseía nuestra familia. La brisa fresca que llenaba nuestras velas en el puerto pasó a ser un fuerte viento una vez estuvimos en el lago. A mediodía era una ventisca en toda regla, y apenas había visibilidad.

Luchamos contra la tormenta durante más de diez horas, haciendo lentos progresos antes de que la oscuridad se cerniese y el sol se sumergiese bajo el horizonte al oeste. Incluso siendo un niño, sabía que era fácil pasar de largo la entrada del puerto a oscuras. Ambos sabíamos que debía estar muy cerca, pero las condiciones meteorológicas hacían prácticamente imposible que ninguno de los dos viésemos nada. Mi mente estaba acelerada, pero permanecía en silencio, sin querer interrumpir la concentración de mi padre.

«Allí», dijo mi padre al final, señalando en la oscuridad cerca de la amura de estribor. Giré mis ojos en la dirección que estaba señalando, y en la distancia podía verse un vívido punto de color rojo por encima del romper de las olas: el faro de Chicago Breakwater.

Construido hace más de 120 años, este faro ha dado la bienvenida a la seguridad a innumerables veleros de todos los tamaños. Veinte largos minutos después, calados hasta los huesos, pasamos bajo el torrente de luz del faro y entramos en las dóciles aguas del puerto de Chicago, sanos y salvos.

La imagen del faro en medio de la gran tormenta se quedó grabada para siempre en mi memoria, tanto que, más adelante aquella semana en clase de arte pinté un cuadro de nuestra experiencia. Aquella pequeña pintura cuelga hoy en nuestra cocina. Aunque ostenta todo el talento artístico de un niño normal de ocho años, ese dibujo siempre me devuelve a la experiencia de sentirnos totalmente perdidos en la oscuridad, descubrir el faro brillando en medio de las olas y ver a mi padre dirigir nuestro velero hacia la seguridad y la tierra seca.

En la vida, así como en mar abierto, necesitamos una luz que nos dirija hacia un puerto seguro. La Escritura es esa luz:

> Tu palabra es una lámpara a mis pies; es una luz en mi sendero.[2]

Igual que el faro de Chicago nos guió a mi padre y a mí hacia la entrada del puerto, todos necesitamos un vívido punto de luz de la Escritura: un versículo particular que encaje con nuestra personalidad, para guiar nuestro camino y darnos un punto de referencia sin importar el tamaño de las olas. Cuando nos azotan las circunstancias y nos sentimos tentados a salirnos del camino, un simple versículo bien elegido puede llevarnos de vuelta a lo que más importa. Un «versículo para la vida» es una herramienta poderosa y clarificadora cuando se trata de simplificar nuestras vidas.

Un «versículo para la vida» es una herramienta poderosa y clarificadora cuando se trata de simplificar nuestras vidas.

¿QUÉ ES UN VERSÍCULO PARA LA VIDA?

Un versículo para la vida es un pasaje corto de la Escritura que sirve de llamamiento para guiarnos y centrarnos en la etapa actual de nuestras vidas, o en tu vida entera. Elegido cuidadosamente después de orar y considerarlo, un versículo para la vida encaja contigo de un modo personal y sirve como faro que continuamente te devuelve a la misión y la visión de Dios para tu vida.

Deje que empiece diciéndote que no hay un mandato bíblico explícito para la práctica de tener un versículo para la vida. No encontrarás «versículo para la vida» en la concordancia de tu Biblia. Sin embargo, el principio vital de descansar en la Escritura es tan evidente en las palabras de Jesús y en los escritos de los apóstoles, y de David, que puedo defender con tranquilidad que elijas un versículo para la vida sin miedo a hacerte equivocar.

Yo he descubierto que mi versículo para la vida es extraordinariamente útil cuando se trata de mantener mi vida simplificada. He adoptado un versículo global —1 Corintios 15.58—, y en varias ocasiones me he apoyado en otros versículos que me han ayudado a atravesar épocas específicas.

Mi versículo me mantiene anclado a la verdad y continuamente me hace regresar a las cosas que más importan, ayudándome a no perder de vista por qué Dios me puso en esta tierra. Mi versículo es un faro que me señala el puerto cuando me alejo demasiado de la costa. Funciona como una poderosa herramienta para ayudarme a filtrar decisiones y oportunidades que me salen al paso.

EL PODER DE ADOPTAR UN VERSÍCULO PARA LA VIDA

A lo largo de los años, he animado a los seguidores de Cristo a que adopten un versículo como herramienta que les ayude a estar centrados en el llamado de Dios para sus vidas; y como muchos me han informado, tener esos versículos ha dado muchos frutos.

Permíteme que te describa el papel que mi versículo ha jugado en mi vida, que te cuente unas cuantas historias que he escuchado de los versículos de otras personas y que discutamos las características a buscar en la elección de un versículo propio.

MI VERSÍCULO PARA LA VIDA

A lo largo de los años, puedo señalar las veces en que las circunstancias adversas me han dejado tan profundamente abatido y melancólico que no podía encontrar palabras para expresarle a Dios cómo me sentía. En esos momento simplemente escribía mi versículo una y otra vez en las páginas de mi diario de oración para reenfocar mi mente a la verdad de Dios. Leía el versículo en voz alta, solo para escuchar como sus palabras hacían eco en mis oídos. Dejaba que empapara lo más profundo de mi alma. Y esas palabras de la Escritura tenían un efecto sanador,

> He animado a los seguidores de Cristo a que adopten un versículo como herramienta que les ayude a estar centrados en el llamado de Dios para sus vidas

centrándome, anclándome y renovándome una vez más. Podía volver al trabajo y conectarme con Dios y la gente que me rodeaba. Así que, ¿cuál es ese versículo asombroso que cambia vidas?

Este es mi versículo para la vida, 1 Corintios 15.58:

> Por tanto, sé firme, constante, abundando siempre en la obra del Señor, sabiendo que tu trabajo nunca es en vano si es en el Señor.[3]

El apóstol Pablo escribió estas palabras a la iglesia de Corinto, y hay tres razones clave por las que lo he elegido como mi versículo.

Razón nº 1: Aclara lo que más importa

Me encanta este versículo, principalmente, porque aclara lo que más importa en el mundo. Establece claramente que hay «un trabajo del Señor» para cada uno de nosotros. Hay muchas cosas *buenas* que puedes elegir hacer con tu única vida, pero esas cosas buenas pueden distraerte fácilmente de las cosas *mejores* que Dios te ha llamado a hacer. ¿Qué es eso mejor —ese «trabajo para el Señor»— para ti?

> Mi versículo dirige mi atención hacia el llamado único de Dios y hacia Sus tareas para mi vida. Me deja claro dónde debo invertir mi mayor esfuerzo.

Si eres un seguidor de Cristo que ha invitado a Dios a que dirija tu vida, Él te ha dado una tarea en este mundo para la que te ha dotado a ti de forma especial. Tu tarea es diferente de la mía; es única para ti. Tu versículo reflejará la guía particular de Dios en tu vida.

Cuando Dios me dio un toque en el hombro hace décadas, supe que una de Sus tareas clave para mí era usar mi don espiritual del evangelismo para ayudar a la gente a que pase sus vidas terrenales y su eternidad con Él. Otra tarea era usar mis dones de liderazgo y enseñanza para ayudar a los equipos y animar a los pastores a maximizar el impacto del reino en sus iglesias locales. Mi versículo dirige mi atención hacia el llamado único de Dios y hacia Sus tareas para mi vida. Me deja claro dónde debo invertir mi mayor esfuerzo: «abundando siempre en la obra del Señor». (Este versículo también se ajusta a mi personalidad, la cual mi esposa y mi equipo pueden asegurar que puede ser bastante firme y constante a veces.)

Como mi versículo comienza con *por tanto*, necesito comprender a qué se refiere ese *por tanto*. Antes, en 1 Corintios 15, Pablo busca convencer a su audiencia de que, puesto que Jesús resucitó de los muertos, todos los seres humanos, también, serán resucitados en espíritu en el momento en que mueran. En 1 Corintios 15.52 dice: «En un instante, en un abrir y cerrar de ojos», la gente que muere se despierta en una nueva realidad. En 1 Corintios 15.53 añade: «Es necesario que esto corruptible se vista de incorrupción, y esto mortal se vista de inmortalidad».[4] Todos serán resucitados para presentarse ante Dios y dar cuenta de sus vidas: para qué han vivido; para quién han vivido; cómo pasaron su única vida.

Hoy, en nuestra época, ¿qué es lo que la mayoría de la gente cree que les pasará cuando mueran? Durante toda la historia, la mayoría de la gente no ha creído en la inmortalidad. Muchas personas de este planeta, con su variedad de fes y cosmovisiones, creen que cuando mueran —*¡puf!*— su luz se apagará y de repente dejarán de existir. Creen que no hay resurrección al otro lado, ni vida eterna, ni que estarán frente a un Dios santo y que no darán explicaciones de sus vidas aquí en la tierra. Sin recompensas, sin consecuencias, solo un mar de vacío. Un vacío eterno e inconsciente. Estadísticamente, esto es lo que mucha gente cree hoy.

También era la creencia predominante en los tiempos de Pablo. Muchos de sus oyentes todavía creían en la teoría de la muerte como «apagarse». Pablo implora a los cristianos de Corinto que comprendan que esa teoría simplemente no es correcta. Si sigues la teoría del apagón hasta su conclusión lógica, la vida en la tierra pierde todo el significado. No marca, pues, ninguna diferencia el modo en que vivimos nuestras vidas.

Pablo escribe: «Y si no hay resurrección de muertos... vana es entonces nuestra predicación, y vana también vuestra fe».[5] ¿Por qué nada importa en esta vida? Toma prestado el pensamiento secular de su época: si todo lo que hacemos después de la muerte es pasar a un eterno vacío, «si los muertos no resucitan, "comamos y bebamos, que mañana moriremos"».[6] ¿Qué diferencia hay?

Si no hay resurrección, entonces la eternidad de los actuales traficantes de sexo es la misma que la de la Madre Teresa, que pasó setenta años sirviendo a los pobres y tratando de salvar a niñas pequeñas y a sus familias de experiencias así de aterradoras. Con la teoría de la nada eterna, ninguna de sus vidas importan en realidad. Los violadores en serie, los abusadores o los asesinos disfrutarán de la misma nada después de la muerte que Martin Luther King Jr., Nelson Mandela y Billy Graham.

Pablo dice: «Ni lo sueñes». Cada ser humano va a resucitar y estará frente al santo Dios viviente y el Jesús resucitado y dará cuenta de la vida que ha vivido en la tierra: su comportamiento, sus palabras, sus hechos, sus acciones, sus actitudes y sus creencias. Pablo escribe: «Mas ahora Cristo ha resucitado de entre los muertos, primicias de los que durmieron».[7] Pablo explica que todo el que muere será resucitado a una nueva realidad en el momento en que salga de este mundo: consciente, inmediata y corporalmente.

Cuando somos firmes y constantes en nuestro compromiso con las creencias cristianas centrales, eso tiene un efecto simplificador.

«Por tanto», dice Pablo en 1 Corintios 15.58, «estén firmes, constantes...». Estén *firmes* en estas creencias cristianas centrales y en cómo se viven. Sean *constantes* cuando se trate de sus convicciones acerca de quién es Cristo, qué enseñó, por qué murió y cómo Dios lo levantó de los muertos. Sé inamovible en el hecho de que tú y todo el resto de seres humanos que alguna vez hayan vivido van a ser resucitados. Sé inamovible cuando todos los demás traten de venderte la teoría del «apagón». Cuando la cultura de tu alrededor diga: «Comamos y bebamos, que mañana moriremos», no te lo creas. Considéralo detenidamente. Céntrate en vivir tus creencias cristianas. «*Ustedes*», dice Pablo, «estén firmes. *Ustedes* sean los constantes». Cuando somos firmes y constantes en nuestro compromiso con las creencias cristianas centrales, eso aclara cómo viviremos nuestras vidas. Tiene un efecto simplificador.

Ahora voy a contar una pequeña verdad de la que no estoy particularmente orgulloso: parte de la razón por la que elegí 1 Corintios 15.58 como mi versículo para la vida hace muchas décadas es porque es muy tentador para mí caer en la mentalidad del «comamos y bebamos». Era tentador cuando era joven, y todavía me siento tentado por ello. Me descubro deseando secretamente poder vivir para mí mismo un poco más a menudo. Satisfacer mis propios deseos, deshacerme de mis compromisos, dejar de centrar mis energías en la condición del mundo y gastar dinero como un marinero borracho... de lo que soy totalmente capaz. Oh, dejar a un lado lo de ser holandés solo por una semana, ¡o un mes!

En mis momentos más oscuros —y no estoy orgulloso de esto tampoco—, a veces desearía que todo terminase con un simple apagón y que nadie tuviera que rendir cuentas de su vida, yo mismo incluido. Gasto un montón de energía preocupándome y orando por las vidas de aquí y del más allá de la gente que me importa. Y a veces, en mis momentos más oscuros, sería muy práctico creer que no existe nada más allá de la tumba, y que todo es solo paz eterna y silencio. Haría mi vida mucho más fácil. Por egoísta que suene, estas son las emociones internas con las que tengo que pelear.

Pero siempre que me descubro rumiando estas ideas, mi versículo me golpea en la mandíbula. Me recuerda: «Tienes una vida, Bill. No te creas eso del "vacío". No tiene sentido. Algún día, todos los hombres, mujeres y niños —incluido tú— van a estar frente a Dios, y todos tendrán que explicar cómo han invertido sus vidas».

Yo leo, escribo o recito mi versículo *todos los días*, y siempre me recoloca en mi propósito: «Ser firme. Ser constante. Nunca perder de vista la realidad». Me motiva a vivir cada día con la realidad de la resurrección delante de los ojos. Conduce mi actitud, mi comportamiento y mis acciones. ¿Ves ahora por qué amo y necesito este versículo?

¿Vives con una gran sensación de urgencia acerca de las vidas de aquí y del más allá de la gente a la que amas? ¿Oras fervientemente por las personas del trabajo, por la gente de tu vecindario, por tus amigos y familiares? Amigo, hay un reloj eterno avanzando, y si has sido absorbido por la idea de que al final todo se arreglará y que no hay nada en juego, necesitas un toque de advertencia, como me pasa a mí.

Mi versículo me mantiene orando por la gente a la que amo cuando siento que voy a tirar la toalla. Me recuerda qué hay en juego realmente con mis amigos. Me hace tomar riesgos para extenderles a Cristo; hace que dé otra Biblia, otro libro u otro CD que pueda que conectar con alguien a un nivel eterno.

Amo este versículo porque lo necesito. Me golpea en la cabeza todos los días. Me hace volver a la simple verdad. Quizá harías bien en escoger un versículo que haga lo mismo contigo.

Razón nº 2: Saca lo mejor de mí

Mi versículo saca todo lo mejor de mí. No tiene pelos en la lengua; sus órdenes para mi vida son deslumbrantemente claras: «Abunda siempre en la obra del Señor». Otra traducción dice: «Trabajen siempre para el Señor con entusiasmo».[8]

No hay flexibilidad en este versículo. No hay un camino intermedio. Trabajar con entusiasmo no deja sitio para un «si es conveniente», ni hacerle una pequeña concesión a Dios, ni rezongar de vez en cuando en Su trabajo. «Abundar siempre» significa que *estoy centrado en ello todo el tiempo.*

Mi versículo saca todo lo mejor de mí. No tiene pelos en la lengua; sus órdenes para mi vida son deslumbrantemente claras.

Pablo pone el listón todo lo alto que puede estar. Escoge dos palabras —*siempre* y *abundar*— que suenan a algo lleno. Todos los días, llueva o nieve, pase lo que pase, aunque tus biorritmos estén bajos o los planetas no estén alineados a tu gusto, «*abunda siempre* en el trabajo del Señor». Todos los días, haz avanzar Sus propósitos adrede, estratégicamente y con pasión.

En el caso de que pienses que Pablo es un poco demasiado celoso en su desafío a los seguidores de Cristo, echémosle un vistazo a estas palabras de Jesús:

> Mientras sea de día, tenemos que llevar a cabo la obra del que me envió. Viene la noche cuando nadie puede trabajar.[9]

> Es abundante la cosecha —les dijo—, pero son pocos los obreros. Pídanle, por tanto, al Señor de la cosecha que mande obreros a su campo. ¡Vayan ustedes! Miren que los envío como corderos en medio de lobos. No lleven monedero ni bolsa ni sandalias; ni se detengan a saludar a nadie por el camino.[10]

Jesús hace que Pablo parezca un peso ligero. Este mundo importa, dice Jesús. ¡Ve! Haz el trabajo de Dios mientras todavía es de día, porque llega una época en la que la oscuridad caerá y ya no serás capaz de trabajar para Dios. Pero hoy puedes hacer avanzar Sus propósitos.

> Mi Padre es glorificado cuando ustedes *dan mucho fruto* y muestran así que son mis discípulos.[11]

No solo unas nociones de fruta, dice Jesús. No solo una semilla de vez en cuando. Debemos llevar *mucho* fruto con nuestra única vida.

La vida pasa rápidamente, así que *abunda en el trabajo del Señor* y *lleva mucho fruto*, porque llega la noche.

Hace unos años tuve el privilegio de entrevistar a Dallas Willard, uno de los grandes pensadores y escritores espirituales de nuestro tiempo. Su muerte en 2013 fue una profunda pérdida para la comunidad cristiana, aunque el cielo ganó. Todos los que conocían a Dallas pueden dar fe de su personalidad alegre, optimista, amable y extrovertida, y era un placer hablar con él.

Después de terminar la entrevista formal, le pregunté a Dallas si había algo que le hacía bajar el ánimo.

«Te diré lo que me baja el ánimo —dijo sin perder un segundo—. Me molesta que haya seguidores de Cristo que necesiten tantos ánimos y engatusamientos para hacer el trabajo de Dios en el mundo. Conozco a muchos pastores que deben rogar a la gente que se presente a los eventos. Deben rogar a la gente que usen sus dones espirituales dados por Dios para expandir Su reino. Deben rogar a la gente que lea sus Biblias, que ore y diezme. Las iglesias gastan miles de dólares en producir videos emocionales que muevan a la gente a cuidar de los pobres, porque si no les muestran esos videos, su congregación no cuidaría de los pobres realmente».[12]

Me sentí aturdido por su franqueza, pero puedo afirmar que describe lo que muchos pastores pasan. Dallas sacudió la cabeza y dijo: «No debería ser así. La motivación de un seguidor de Cristo debería venirle de dentro».[13]

> Mi versículo me motiva cada día a «abundar en el trabajo del Señor». Tu versículo debería motivarte igual.

La gente que vive según 1 Corintios 15.58 no necesita charlas de ánimo de los pastores ni ruegos de líderes de ministerio exhaustos para que den un paso al frente y se involucren en el trabajo de Dios. El versículo que resuena en sus mentes todo el día los mantiene activos. Son de la clase de personas que dicen: «Hoy será un día para abundar. Solo muéstrame una necesidad: yo voy a rebosar. De esto trata mi vida. Es lo que Dios quiere. Estas son mis órdenes».

En el momento después de morir, cuando resucites «en un abrir y cerrar de ojos» y estés frente al Dios soberano del universo, entenderás de una vez que todo este mundo era Suyo, y que Sus propósitos eran lo más importante que tuvo lugar en él. Y estarás increíblemente agradecido de haber abundado en el trabajo del Señor con tu única vida. Estarás contento de haber vivido completamente para Él.

Por el contrario, imagina lo terrible que sería estar frente a este asombroso Dios amante y admitir que durante tu único intento en esta vida, tu preocupación principal fue comer y beber y estar alegre. Tu propósito principal fue conseguir dinero, poder, placer o autosatisfacción.

Mi versículo me motiva cada día a «abundar en el trabajo del Señor». Tu versículo debería motivarte igual.

Razón nº 3: Trae consuelo

La frase final de 1 Corintios 15.58 me da muchísimo consuelo: «sabiendo que tu trabajo nunca es en vano si es en el Señor».

Detesto hacer cosas en vano. Si por error tomo el camino largo cuando viajo a algún lado en vez de una ruta más conveniente, u olvido guardar algo en mi ordenador y tengo que rehacerlo, me vuelve loco. No me gusta perder tiempo. Quiero que mi tiempo y mi energía estén bien invertidos.

Hace muchos años un amigo mío excavador pasó tres días cavando en el patio de un tipo para instalarle una piscina. El proyecto iba bien, y amigo sentía la profunda satisfacción de un trabajo bien hecho. El agujero estaba bien encuadrado, y a la profundidad perfecta, y todas las especificaciones estaban como debían, listas para que la compañía de piscinas viniera a instalarla.

Entonces el propietario regresó de vacaciones. Vio el agujero y le dijo al excavador: «Yo no encargué una piscina. ¿En qué dirección se suponía que tenía que hacer este agujero?». Mi amigo se había equivocado de dirección por un número. Tuvo que rellenar su agujero perfecto y aplanar todo el patio. Había excavado ese enorme agujero para nada.

Puesto que odio hacer cosas en vano, me encanta que mi versículo me recuerde que cada esfuerzo que pongo en hacer avanzar los propósitos de Dios en este mundo —sin importar lo grandes, pequeños, visibles o escondidos que sean— nunca es en vano. Dios mismo se da cuenta y lo aprecia.

A veces, cuando lo doy todo en una empresa esperando marcar una diferencia en las vidas de las personas, o en su iglesia, y pasa desapercibido, mi versículo me recuerda que no fue una pérdida de tiempo. Dios se ha percatado. Hago lo que hago, al final, para una audiencia de uno. Cada oración, cada regalo, cada gesto amable o acto de servicio, cada sermón bien predicado, cada vuelo que cruza otra zona horaria para animar a algún amigo pastor... todo está grabado en el libro de cuentas del cielo. Y algún día Dios recompensará en consecuencia. Nada de esto es en vano.

Hacer cosas que serían recompensadas en la eternidad motivó también al apóstol Pablo. De hecho, en 1 Corintios 9 Pablo registra esta gráfica comparación de dos clases de carreras:

> ¿No saben que en una carrera todos los corredores compiten, pero solo uno obtiene el premio? Corran, pues, de tal modo que lo obtengan. Todos los deportistas se entrenan con mucha disciplina. Ellos lo hacen para obtener un premio que se echa a perder; nosotros, en cambio, por uno que dura para siempre. Así que yo no corro como quien no tiene meta; no lucho como quien da golpes al aire. Más bien, golpeo mi cuerpo y lo domino, no sea que, después de haber predicado a otros, yo mismo quede descalificado.[14]

Piensa en cuánto tiempo, esfuerzo y entrenamiento acompañan a cada intento olímpico de ganar una simple carrera. Años de sus vidas y multitud de sangre, sudor y lágrimas con el propósito de ganar una carrera que solo durará unos pocos minutos. Y todo lo que los ganadores consiguen por su esfuerzo es una medalla: una joya ostentosa en una cinta que llevarán el resto del día. Después irá a un cajón o en alguna pared.

En la época de Pablo, en vez de dar medallas de oro por ganar el primer puesto en un evento olímpico, se colocaba una corona de hojas de olivo o laurel en la cabeza del ganador. Cuando el atleta llegaba a casa aquella noche, la guirnalda ya estaba marchita y rota. Piensa en ello. Toda la energía gastada en una corona que no duraba ni un día.

Pablo pone esto en contraste con nuestros esfuerzos por correr una carrera de otra clase: una que haga avanzar los propósitos de Dios en el mundo. Si entras en esta carrera y corres duro, Dios te dará una guirnalda imperecedera, una corona eterna, una recompensa que no se marchitará al atardecer, sino que durará para siempre.

¿Estás en la carrera correcta? ¿O has caído accidentalmente en una carrera que es en gran parte en vano? ¿Diriges tus esfuerzos hacia una carrera que resulta en aplausos fugaces? ¿O te esfuerzas por ganancias materiales que se desgastan, se pudren y se deprecian? ¿O por placeres efímeros que no valen un pepino en el esquema eterno de las cosas?

¿Estás en la carrera correcta? ¿O has caído accidentalmente en una carrera que es en gran parte en vano?

Pablo nos advierte: «No llegues al final de tu única vida y descubras que todo fue en vano, que cavaste una piscina en el patio equivocado».

En vez de eso, «sé firme, constante, abundando siempre en la obra del Señor, sabiendo que tu trabajo nunca es en vano si es en el Señor».

NO ESTÁS LOCO

Hace algunos años recibí una llamada de teléfono de un hombre que sabía que tenía el don espiritual de dar. Se podía haber jubilado cinco veces y haber pasado el resto de su vida en un campo de golf; pero en vez de eso eligió seguir trabajando duro viviendo una vida modesta en proporción a sus sustanciosos ingresos para poder respaldar las aventuras del reino lo más generosamente posible. Este hombre se tomaba su don de dar con mucha seriedad. Estaba corriendo la carrera correcta para la clase de corona correcta.

Por teléfono, me pidió que me reuniera con él, así que quedamos para comer. Temía que le hubiera ocurrido algo horrible, pero desde el otro lado de la mesa me dijo:

—Bill, sabes que tengo el don espiritual de dar. Es lo único que puedo hacer realmente bien.

—Soy consciente de ello —dije. Sabía de varios asuntos del reino que habían sido posibles solamente porque este hombre había sido fiel con su don de dar—. Podrías haberlo dejado hace mucho tiempo, y aun así sigues trabajando para poder seguir dando.

No estás loco por dar el máximo para Dios con tu única vida. Tus esfuerzos no son en vano.

—Exacto —me dijo—. Pero mi esposa piensa que estoy loco. Mi compañero de trabajo piensa que estoy loco. Mi contable piensa que estoy loco. Y mi abogado piensa que estoy loco. ¡Y me ayudaría mucho que me dijeras que no estoy loco!

Rompí a reír.

—No solo no estás loco —le dije—, en realidad eres el tipo listo que está haciendo su tesoro al otro lado. Mi versículo para la vida dice: «Sé firme, constante, abundando siempre en la obra del Señor, sabiendo que tu trabajo nunca es en vano si es en el Señor». Invertir en una corona imperecedera *no* es una locura. La gente que corre en una carrera diferente te llama loco; pero eres el tipo más cuerdo que conozco, acumulando en el otro lado.

Si tú, como este hombre, has sido un buen administrador de los dones espirituales que Dios te ha dado —si has sido firme y constante, abundando en el trabajo del Señor—, no estás loco. Te lo repito: *¡No estás loco!* No estás loco por dar el máximo para Dios con tu única vida. Tus esfuerzos no son en vano. Serás ricamente recompensando en el otro lado.

GORRA O *HARDWARE*

Para mí las carreras de veleros son recreativas. Me encanta estar en el agua y adoro la precisión necesaria en el equipo para tener éxito en el deporte. Permíteme que comparta un retrato hablado de lo que sucedió como resultado de una regata en la que participé hace varios veranos.

Una regata es una carrera de veleros. La mayoría de regatas constan de entre siete y diez carreras. Se conceden los puntos por orden de llegada en cada carrera, y quien consigue la puntuación global más baja gana la regata. Ganan la corona, si quieres. En realidad es un trofeo, pero los marineros son demasiado glamurosos para llamarlo trofeo. Se refieren a la copa del campeón como «el *hardware*».

Cuando una tripulación quiere prepararse psicológicamente en el muelle, mientras preparan el bote para la carrera, suelen decir: «Eh, ¿vamos a conseguir algún *hardware* hoy?». «Sí, vamos a por todas por un *hardware*». No un trofeo. *Hardware.*

Durante las carreras individuales, si tu barco llega el primero, toda la tripulación recibe un premio menor, a menudo una gorra con algún logo corporativo como Quantum Sails, Mount Gay Rum o Harken. Las gorras están bien, pero a nadie le importan. Es el *hardware* lo que cuenta. Para eso corremos: para el *hardware.*

Un verano en particular el equipo con el que corría fue a una regata importante. Algunos participantes experimentados de la Copa América estaban esparcidos entre las tripulaciones. Todos los peces gordos estaban allí. No hace falta decir que era extremadamente competitiva.

Nuestro barco lo estaba haciendo bastante bien en las primeras carreras. De hecho, terminamos los primeros en algunas carreras individuales y ya teníamos algunas gorras. Otro barco también había conseguido algunos primeros puestos, pero todos los demás estaban apelotonados en la cola. Al llegar la carrera final, quedó entre nuestro barco y el otro. ¿Quién ganaría el premio global y se llevaría a casa el *hardware*?

Antes de comenzar nuestra tripulación tuvo una pequeña charla en la línea de salida. Todos concordamos un plan para ganar: no necesitábamos quedar los primeros en esta carrera final; solo hacía falta terminar por delante del otro barco. Si conseguíamos dejar al otro por detrás, no importaba quién ganase la carrera, conseguiríamos el *hardware*. Nos dijimos: «¡Concentración! ¡Concentración! ¡Concentración!».

Tuvimos un comienzo perfecto al dar la salida. Éramos los terceros de unos treinta barcos. El barco al que teníamos que vencer estaba pisándonos los talones, como aquel que dice. Todo lo que teníamos que hacer era seguir delante de ellos para llevarnos a casa el *hardware*.

Nuestro táctico, un marinero de la Copa América, no quitaba ojo del barco que teníamos que vencer. Algunos de los que estábamos en otras posiciones de la tripulación comenzamos a mirar los barcos que iban por delante. ¿No sería genial ganar esta carrera final? Íbamos alcanzando al segundo barco de la carrera y en seguida comenzó la cháchara:

—Eh, si nos vamos un poco a la izquierda, podremos pasar al número dos.

—Y si nos vamos todavía un poco más a la izquierda, ¡podríamos alcanzar al líder!

En el calor del momento cambiamos nuestra concentración del único barco que teníamos que vencer a los barcos que estaban por delante de nosotros: barcos que no importaban un pimiento en la carrera por el *hardware*.

> Mi versículo para la vida mantiene mi vida simplificada y centrada en el *«hardware»*.

Nuestro veterano táctico escuchó un rato nuestra cháchara, hasta que oyó todo lo que podía soportar. Con brillante concisión, nos hizo volver a nuestro propósito principal: «Chicos, son las gorras o el hardware».

En otras palabras: «Si quieren ganar otra gorra, podemos alcanzar a los de delante, y arriesgarnos a dejar que el único barco al que tenemos que ganar se nos acerque. O podemos permanecer centrados y llevarnos a casa el *hardware*. ¿Van a poner una gorra barata en la estantería de su casa? No. Es la gorra o el *hardware*. Es su decisión».

Inmediatamente nos dimos cuenta de que habíamos perdido la concentración.

«*Hardware*, John, *hardware*», dijimos todos, algo avergonzados. Nos concentramos de nuevo y seguimos por delante del único barco al que teníamos que vencer. Y al final de aquel día, nos llevamos a casa el *hardware*.

Mi versículo para la vida mantiene mi vida simplificada y centrada en el «*hardware*». Cuando me siento tentado a perseguir otros barcos que no tienen importancia, se me recuerda que esté firme y constante, siempre abundando en el trabajo para el Señor, corriendo por el *hardware* que durará para la eternidad.

EJEMPLOS DE OTROS VERSÍCULOS PARA LA VIDA

Ahora ya has leído una meticulosa explicación de por qué creo que mi versículo para la vida debería ser el de todo el mundo. Pero para ser justos, quiero darte algunos ejemplos de versículos que otros han elegido, y por qué.

Billy Graham, en cierto momento de su vida, eligió el Salmo 16.11 como su versículo: «Me has dado a conocer la senda de la vida; me llenarás de alegría en tu presencia, y de dicha eterna a tu derecha».

He tenido el privilegio de compartir una conversación o dos con Billy, y puedes sentir el mismo gozo y la presencia de Dios en su vida. El versículo ha tenido claramente una influencia formativa sobre él.

El reverendo Martin Luther King Jr. reivindicaba Amos 5.24 como su versículo, que encaja con su pasión ordenada por Dios por corregir las injusticias de los Estados Unidos antes de los derechos civiles: «¡Pero que fluya el derecho como las aguas, y la justicia como arroyo inagotable!».

Una amiga mía describe su versículo, Filipenses 1.21, como una fuerza central en su vida: «Porque para mí el vivir es Cristo y el morir es ganancia». Acababa de terminar la universidad y se hizo esta pregunta: *¿Cuál va a ser la fuerza motriz de mi vida?* Cuando descubrió que el apóstol Pablo había escrito esas palabras mientras estaba encadenado en prisión, eso sacudió su mundo. Hoy, su compromiso global a vivir la vida completamente para Dios —como repiten las palabras de Pablo—, la ha conducido a entregarse a causas de compasión y justicia en nuestro mundo roto. Dios está haciendo cosas extraordinarias por medio de esta mujer.

Un oscuro profeta menor del Antiguo Testamento escribió el versículo de otro amigo mío. Habacuc 3.2 dice: «Señor, he sabido de tu fama; tus obras, Señor, me dejan pasmado. Realízalas de nuevo en nuestros días, dalas a conocer en nuestro tiempo; en tu ira, ten presente tu misericordia». Este amigo vive para ver a Dios hacer la misma clase de hechos asombrosos en nuestros días como hizo en los días de Habacuc. Él y su esposa han lanzado una red de iglesias en una ciudad grande, invitando del todo a Dios a hacer cosas asombrosas allí. Están en buen camino para ver a Dios realizar el versículo de la vida de este hombre.

Otro hombre se apoya en Juan 15.5: «Yo soy la vid y ustedes son las ramas. El que permanece en mí, como yo en él, dará mucho fruto; separados de mí no pueden ustedes hacer nada». Este amigo es franco: «No me encanta mi versículo; simplemente necesito escucharlo». Él se describe como alguien tentado a hacer las cosas por su cuenta en vez de descansar en Dios. Su versículo le recuerda que no puede hacer nada alejado de un Jesús que actúa a través de él. Su dependencia en este versículo de hecho está dando fruto. Hoy se centra en *quién quiere Dios que sea*, no en lo que quiere Dios que haga. Dios le está usando a él y a su esposa para liderar una próspera iglesia de más de cinco mil miembros.

Otro amigo cuenta con este versículo diariamente: «Que su amabilidad sea evidente a todos. El Señor está cerca» (Filipenses 4.5). Este amigo, cuyo trabajo en el reino incluye pastorear en un entorno increíblemente difícil, admite: «No soy de naturaleza amable, pero mi versículo me recuerda que lo sea para lidiar con la gente, sin importar lo que hayan hecho. Y la parte de "El Señor está cerca" me tranquiliza, ya que el resultado final en sus vidas no me pertenece; está en las manos de Dios. Él está cerca».

Una amiga cuya vida ha incluido algunas pérdidas profundas apoya su alma en las palabras dichas por Jesús en Juan 10.10: «El ladrón no viene más que a robar, matar y destruir; yo he venido para que tengan vida, y la tengan en abundancia».

«Este versículo me recuerda que mis circunstancias no dictan la calidad de mi vida —dice—. El maligno puede pretender usar esas circunstancias dolorosas de mi vida para el mal, pero Dios trae bien incluso de las pérdidas más profundas, cuando lo invitamos al desastre. Hoy puedo decir sinceramente que estoy experimentando una "vida en abundancia" a pesar de lo que he perdido».

Tener un versículo para la vida es una de las herramientas más poderosas que conozco para simplificar tu vida. Como un faro en la oscuridad, te mantiene en el rumbo. Te ayuda a tomar decisiones sabias acerca de dónde invertir tu tiempo, energía y dones. Te motiva a recortar sin piedad lo que sobra de tu vida. Te conduce para vivir cada día con fervor y pasión.

Son sombreros o *hardware*, amigo. Escoge un versículo para tu vida que te mantenga centrado en el «hardware», y tenlo siempre presente en tu mente. Deja que te dé poder para correr la carrera que importa, libre de distracciones. Algún día, cuando estés delante de Dios, tu versículo te ayudará a recibir una corona que merece ser guardada.

■ ■ ■

PASO DE ACCIÓN: ENCUENTRA UN VERSÍCULO PARA LA VIDA

Este paso de acción es una obviedad: encuentra un versículo. Y úsalo.

SI YA TIENES UN VERSÍCULO

Si ya tienes un versículo para tu vida, apréndetelo de memoria. Colócalo en lugares donde lo veas regularmente a lo largo del día: en tu escritorio, en el espejo del baño, en la cocina, en tu coche. Incorpóralo estratégicamente a tu tiempo diario de reflexión. ¿Qué te está invitando Dios a hacer como resultado de tu versículo? ¿Qué elementos de tu vida te está invitando a cambiar?

SI NECESITAS UN VERSÍCULO

Si todavía no lo tienes, utiliza los recursos del Apéndice A «Cómo escoger tus versículos para la vida» como una sugerencia de lo que debes buscar en un buen versículo y dónde debes buscarlo. El Apéndice B contiene una sólida lista de versículos potenciales clasificados por tema.

Una vez hayas compilado una lista de varios versículos que encajen contigo, ora sobre ellos. No corras en el proceso: tómate tiempo para discernir qué versículo actuará mejor como un faro para ti, haciéndote regresar a los deseos de Dios para tu vida. ¿Qué versículo te mantiene en la carrera correcta, dándolo todo para el *hardware* eterno?

Capítulo nueve

De estancado a en movimiento

Recibe las nuevas etapas de tu vida

La canción *Turn! Turn! Turn!* fue un himno de los tiempos cambiantes durante los tumultuosos años sesenta. Escrita originalmente por Pete Seeger, la canción la popularizaron The Byrds, quienes la lanzaron en 1965.

Era un adolescente cuando escuché la canción en la radio por primera vez. Pensé que la letra me sonaba familiar, así que indagué un poco. Imagina mi impresión y mi delicia cuando descubrí que los versos de la canción venían del libro de Eclesiastés en el Antiguo Testamento.

Miraba maravillado cómo la canción subía en las listas, convirtiéndose en una de las cien primeras canciones del país, después una de las cincuenta primeras, y después una de las diez primeras. Finalmente, el 4 de diciembre de 1965, se convirtió en la canción número uno en Estados Unidos. Con palabras salidas directamente de la Biblia.

En esa época de mi vida pasaba una parte considerable del verano en un campamento cristiano muy conservador. El campamento tenía un montón de reglas restrictivas, incluyendo la prohibición de transistores de radio, con lo que se pretendía apartarnos de escuchar «música secular» mientras estábamos allí. Los líderes del campamento creían que la música secular corrompería nuestras almas.

«La música rock es diabólica».

«¡Los músicos de rock están poseídos por el demonio!».

Te puedes hacer una idea.

Cada tarde, en el campamento, nos reuníamos para cantar alrededor de la hoguera. Un universitario con una guitarra de doce cuerdas —que era lo más radical que podíamos ver por allí— nos dirigía para cantar himnos de iglesia. Los tensos directores del campamento permanecían detrás en guardia, asegurándose de que nadie estableciera contacto visual con nadie del sexo opuesto, y que ninguno mascara chicle. Estábamos allí para cantar canciones a Dios, ¡no para divertirnos!

Una noche, un grupo de chicos de secundaria hicimos un pacto. Puesto que éramos adolescentes e intrínsecamente rebeldes, decidimos que cuando comenzara el tiempo de alabanza ninguno de nosotros cantaría. Boicotearíamos aquellas viejas canciones remilgadas.

Cuando nos reunimos alrededor de la hoguera y el universitario comenzó a tocar y a cantar, nadie se unió... excepto los grillos. ¡Fue perfecto! Aquello enfureció a los líderes del campamento, cosa que, por supuesto, era exactamente lo que queríamos.

Finalmente el cantante dejó de cantar y nos echó una mirada como si dijera: *¡Miren esto!* Y entonces pasó a los inconfundibles acordes iniciales de *Turn! Turn! Turn!*... ¡la canción número uno del país! Nos miramos unos a otros con sorpresa. *¿Esto está pasando realmente?*

Comenzó a cantar el primer verso, y todos nos unimos a pleno pulmón.

To everything... turn, turn, turn
There is a season... turn, turn, turn
And a time to every purpose under heaven...

Conocíamos cada palabra (evidentemente, yo no era el único estudiante de secundaria pagano que escuchaba música *secular*), y todos cantaron con gran entusiasmo y emoción, con los brazos al aire.

Por supuesto, los vejestorios líderes del campamento, que nunca habían escuchado música secular en sus vidas, no reconocieron la canción como el éxito de rock and roll que estaba barriendo la nación. Solo reconocieron la letra de la Escritura… y por el volumen con el que cantábamos, ¡pensaron que había llegado un avivamiento! Cantamos aquella «canción secular salida del abismo del infierno» con todas nuestras fuerzas, y nuestros líderes permanecieron detrás, secándose los ojos, agradeciendo a Jesús que aquellos jóvenes rebeldes hubieran visto finalmente la luz.

No creo que los líderes del campamento llegaran a darse cuenta nunca de que el avivamiento espiritual que habían presenciado aquella noche fue servido por aquellos «roqueros del demonio», The Byrds.

El rey Salomón nos invita a pensar en las etapas de nuestra vida a través del paisaje de la eternidad; y esa es la clave para simplificar nuestras vidas.

Con un recuerdo así, puedes imaginarte que guardo un cariño especial por Eclesiastés 3, de donde Pete Seeger sacó la letra para *Turn! Turn! Turn!* En estos versículos, el rey Salomón —el hombre más sabio del mundo en su época— habla acerca del cambio de etapas en nuestras vidas. Y aunque esas palabras captaron mi atención en la secundaria a causa de su popularidad en la radio, hoy captan mi atención por una razón más importante: hacen un llamamiento al cambio. Nos invitan a pensar en las etapas de nuestra vida a través del paisaje de la eternidad; y esa es la clave para simplificar nuestras vidas.

Espero que a estas alturas hayas hecho cambios significativos hacia la simplificación de tu vida. Has identificado áreas donde los ajustes ya están en marcha, y has diseñado una estrategia para poner en práctica esos cambios. En este punto quiero invitarte a que formules tu profeso simplificador desde otra perspectiva: pensando en tu vida en términos de *etapas.*

UNA CADENA DE ETAPAS

Cuando vemos nuestras vidas como una cadena de días sueltos conectados solamente por un calendario, es fácil pasar por alto el movimiento activo de Dios. Nuestra habilidad para identificar las épocas de nuestra vida incrementa nuestra habilidad para cooperar con Dios, reconocer Su guía, seguir Su dirección y aceptar el final de una etapa como el inicio de la siguiente.

Salomón fue rey de Israel en el siglo décimo antes de Cristo, y escribió el libro de Eclesiastés siendo ya mayor. Trató de compilar todo lo que había aprendido sobre el significado de la vida y de las cosas que realmente importaban. Abre el capítulo 3 con estas palabras: «Todo tiene su momento oportuno; hay un tiempo para todo lo que se hace bajo el cielo».

Desde el punto de vista de Salomón, la vida no es un penoso viaje monótono y unidimensional desde la cuna hasta la tumba; es un ciclo de etapas.

La extensión de los años que forman tu vida no es un simple camino lineal. Ni tu vida es predecible o controlable. Los días no te caen encima como una lluvia, uno detrás de otro. Más bien, entras en una etapa —de semanas, meses o años de duración— que tiene un principio y un final. Pasas un tiempo en esa etapa y después avanzas a la siguiente.

Todos entendemos de forma básica a qué se refiere Salomón. De hecho, cuando la gente de mi edad hablamos acerca de nuestras familias, rara vez hablamos de las edades específicas de nuestros hijos. Hablamos de *etapas.*

Si Lynne y yo estamos en una fiesta y vemos a alguien a quien no conocemos bien, solemos decir: «¿No tienes hijos de la misma edad más o menos que los nuestros?».

«Sí, tenemos una hija con un niño pequeño, como Shauna».

No hace falta mencionar la edad de su hija. Ella y Shauna están en la misma etapa, y Lynne y yo sabemos exactamente qué estado de la vida es.

Si su respuesta es: «Tenemos una hija con tres adolescentes», posiblemente digamos: «Danos su nombre; ¡oraremos por ella todos los días!». Esa es una etapa definida y específica: tres adolescentes en casa.

Si responden: «Nuestros dos hijos están en la universidad, así que ahora estamos los dos solos en casa», podemos relacionarlo con la etapa del nido vacío; ¡y también la etapa sacacuartos de pagar las matrículas universitarias para dos hijos al mismo tiempo!

No importa la edad que tengas, ya has pasado por varias etapas diferentes, y más que vendrán.

Hace un par de semanas, hablaba con una mujer que casualmente mencionó que tiene cuatro preescolares. *Cuatro preescolares.* Estuve a punto de darle un abrazo allí mismo. Ella está en la etapa de no dormir, de los macarrones con queso en cada comida, de llevar una bolsa para los pañales en vez de bolso y del coche monovolumen. *¡Madre mía!*

No importa la edad que tengas, ya has pasado por varias etapas diferentes, y más que vendrán. La gente habla de sus años de secundaria y de universidad como una etapa. Para muchos, ¡vaya una etapa! Los que están casados dicen que la etapa de recién casados es demasiado corta. La gente de negocios habla de los antiguos trabajos, los antiguos jefes y la antigua orientación de la carrera.

A veces, las circunstancias adversas definen nuestras etapas. Si alguien dice: «Mi padre está en una residencia», comprendes que esa familia está en una etapa difícil, con otra todavía más complicada por llegar. Si alguien te dice que acaba de perder su trabajo, comprendes las presiones y parámetros de su nueva etapa. Si una mujer te dice que su marido la ha dejado y le ha pedido el divorcio, sabes que está pasando de una etapa difícil (un matrimonio desmoronándose) a otra (dividir sus vidas), y que pronto entrará en una tercera etapa difícil (acostumbrarse a ser soltera de nuevo, y posiblemente viviendo con ingresos limitados y con poca o ninguna ayuda con los niños).

A veces, las etapas difíciles vienen una detrás de otra, lo que puede ser un desafío extraordinario.

Las palabras de Salomón sugieren que el modo más acertado de evaluar tu vida es discernir en qué etapa estás, porque las etapas actúan como una subtrama en la narración de tu historia vital global. Pero *no son toda tu vida.* Es de vital importancia que lo recuerdes. Solo es una etapa. Buena o mala, fácil o difícil, cada etapa en esta tierra es temporal.

En aras de una exploración mayor, echemos un ojo a unas cuantas de las etapas que Salomón menciona en Eclesiastés 3:

Tiempo de nacer, y tiempo de morir;
tiempo de plantar, y tiempo de arrancar lo plantado;
tiempo de matar, y tiempo de curar;
tiempo de destruir, y tiempo de edificar;
tiempo de llorar, y tiempo de reír;
tiempo de endechar, y tiempo de bailar;
tiempo de esparcir piedras, y tiempo de juntar piedras;
tiempo de abrazar, y tiempo de abstenerse de abrazar;
tiempo de buscar, y tiempo de perder;
tiempo de guardar, y tiempo de desechar;
tiempo de romper, y tiempo de coser;
tiempo de callar, y tiempo de hablar;
tiempo de amar, y tiempo de aborrecer;
tiempo de guerra, y tiempo de paz.[1]

Endechar o bailar

Salomón dice que hay «un tiempo de endechar, y tiempo de bailar». ¿Conoces a alguien en una etapa de luto? ¿Estás tú en esa etapa? Un amigo mío de South Haven hace poco perdió a su madre. Está en una etapa de luto. Mi propia madre murió hace un par de años, y recuerdo esa etapa de duelo muy bien. Todas las semanas en las noticias escuchamos acerca de otro tiroteo que deja un rastro de luto a su paso. Las impactantes noticias llegan, y después los seres queridos se ven empujados a una etapa de luto que no habían visto venir y que nunca habrían elegido. Pero ahí está, sin embargo.

La muerte de un ser querido no es la única circunstancia que nos arroja a una etapa de duelo. Una pérdida de cualquier clase provoca una necesidad de duelo. Si hace poco has experimentado la pérdida de un trabajo, un matrimonio o un hogar, o cualquier otra decepción importante —y si eres sincero con respecto a su impacto—, te permitirás entrar en una etapa apropiada de luto.

La muerte de un ser querido no es la única circunstancia que nos arroja a una etapa de duelo. Una pérdida de cualquier clase provoca una necesidad de duelo.

Cierto número de factores determinan la duración y características de las épocas de duelo. La profundidad de la pérdida juega un factor importante, por supuesto. Nuestra capacidad natural para manejar las pérdidas también es importante. Algunas personas son más optimistas que otras frente a una pérdida.

Un tercer factor es la intensidad y el ritmo con los que una persona decide pasar el duelo. Algunas personas que han experimentado una pérdida importante se meten de lleno en su etapa de luto. Se duelen de inmediato y en grandes dosis, pensando que el modo más rápido de llegar al otro lado de esta dolorosa etapa es sumergirse en ella: llorar las lágrimas que haga falta y sentir lo que se tenga que sentir. Para otros, la etapa de duelo se pasa mejor en pequeñas dosis en un periodo más largo de tiempo.

No existe un «modo correcto» de pasar el duelo. El estilo lento y a pequeñas dosis no significa que la persona haya sentido menos la pérdida; tampoco significa que en el estilo directo la persona sienta más dolor. La clave es encontrar un estilo que te parezca auténtico, a la vez que aceptas que los otros pueden pasar el duelo de forma diferente.

No confundas diferentes modos de duelo con la ausencia de duelo. No pasar un duelo no es un estilo. Si estás en una etapa de duelo pero en realidad no te estás doliendo, estás estancado. Permítete sentir la pérdida intencionadamente para que, cuando Dios quiera, puedas salir de esta etapa de duelo.

Si estás hundido por el dolor —te sientes sobrepasado o incapacitado—, considera buscar ayuda profesional. Y recuerda, aunque tu *pérdida* puede ser permanente (como la muerte de un ser querido), tu época de duelo no lo es. Con el tiempo, se disipará. Y la vida te traerá de nuevo gozo y paz.

Sé sensible con aquellos que estén en una etapa de duelo en tu mundo. Habla con ellos. Ofréceles tus condolencias. No pretendas que no ha pasado nada. No te excuses diciendo «No quiero recordarles su pérdida y arruinarles el día». Te lo prometo, no han olvidado su pérdida. Decir algo no va a «recordarles» que sus seres queridos han muerto. Más bien, tu reconocimiento de su pérdida es como un sorbo de agua fresca en un día caluroso. Si es posible, asiste al funeral. Acércate. Ofrece ayuda práctica: vigilar a los niños, traer comida o hacer la compra, cortar el césped o meter una tarjeta regalo de un restaurante en su tarjeta de pésame. Todos estos actos de amabilidad ayudarán a que los que están en duelo recobren el equilibrio después de la rompedora alteración de su pérdida.

Si estás leyendo estas palabras hoy y estás en una etapa de duelo, no dejes de asistir a tu iglesia y de reunirte con tu grupo pequeño. Ponte en situaciones en las que la gente pueda abordarte en tu duelo. Puede que no lo hagan bien. Probablemente necesitarán algunos consejos; pero si te quedas en casa, te negaras la posibilidad de que alguien te ayude a llevar el duelo. Permanecer aislado solo aumenta tus sentimientos de pérdida. Al introducirte en una reunión de amigos, le das a Dios espacio para inyectar un poco de esperanza en la ecuación. O quizá Él te dé un poco de ánimo o de perspectiva a través del mensaje del pastor o de una canción.

Tal vez profundices en algunas relaciones durante esta etapa o hagas nuevos amigos. Mucha gente que ha vivido una etapa de una pérdida profunda cree que fue durante esos momentos difíciles cuando conocieron a personas que ahora son sus amigos más íntimos. Es un fenómeno común. Tal vez está será tu historia también. Y a su debido tiempo, saldrás de tu periodo de duelo agudo. Tienes por delante etapas nuevas.

Salomón dice que también hay un momento para bailar. El bebé largamente esperado finalmente es concebido. La adopción sale adelante. Compras tu primera casa. Se abre la puerta a un empleo. Llega al buzón la carta de aceptación de la escuela de posgrado. Los Cubs ganan la Serie Mundial. (Para los de Chicago, ¡eso sí que sería un tiempo para bailar! Si tuviera suficiente fe…)

Hace una década mi hija Shauna se preparaba para entrar en una época de baile. Un músico de pelo largo llamado Aaron le pidió que se casase con él. Ella dijo que sí. Fijaron la fecha de la boda, se planeó todo, y pronto me di cuenta de que se acercaba mi etapa *literal* de bailar: Shauna quería que me uniese a ella en un baile padre-hija en la recepción de la boda.

Vengo de un trasfondo holandés reservado. No somos gente demostrativa. Abrazar supone un esfuerzo para mí. Así que digamos que bailar no es mi pasatiempo favorito. ¿Pero sabes qué? Haría *cualquier cosa* por Shauna, aunque esa «cosa» fuera bailar. En público.

En el transcurso de tu vida, pasarás por incontables etapas de baile. Haz que no pasen desapercibidas.

Unas cuantas mujeres de nuestro grupo pequeño me forzaron a aprender a bailar un paso o dos, y en el día de la boda tomé a mi niña en mis brazos y bailamos como solo un padre y una hija pueden bailar. Fue un momento que siempre atesoraré. Realmente fue una época de baile para los dos, en más de un sentido.

La Escritura está repleta de descripciones de épocas de bailar. El Antiguo Testamento abunda en instrucciones detalladas para festividades y celebraciones que Dios no solo permite sino que *ordena.* Dios es alegre y festivo por naturaleza, y nos da permiso incondicional para estas etapas de baile llenas de gozo.

En el transcurso de tu vida, pasarás por incontables etapas de baile. Haz que no pasen desapercibidas. Si estás en una de esas etapas, ¡baila! Destaca los eventos de tu vida con celebración. Come buena comida, toma buenas bebidas y toma fotografías para recordar los momentos. Ofrece palabras de bendición a aquellos con los que celebras.

Por encima de todo, ofrece palabras de gratitud a Dios, cuyo comportamiento fundamental hacia ti es la bondad. De Él vienen todas las épocas de alegría.

Abrazar o abstenerse de abrazar

Como ya mencioné, no está en mi naturaleza dar abrazos, y me alegra señalar que tengo la Escritura de mi parte cuando se trata del tema de los abrazos: hay un «tiempo de abstenerse de abrazar». Hombre sabio este Salomón.

Si tenemos gente de confianza en nuestras vidas, podemos abrazarlos sin reparos, no solo con abrazos físicos sino con una relación profunda y llena de confianza. Si tenemos gente en nuestra vida cuya confianza no ha sido probada, Salomón nos da permiso para evitar que se acerquen más. Hay un tiempo en que lo sabio es evitar el abrazo.

Guardar o desechar

En Eclesiastés 3.6, Salomón dice que hay «tiempo de guardar, y tiempo de desechar».

Algunos somos de los que guardan y otros somos de los que desechan. Por naturaleza, mi esposa, Lynne, es de las que guardan. Y a causa del buen humor de Dios, yo soy de los que desechan. Cada pocos años me despierto un sábado por la mañana, miro la casa y digo, en palabras de mi filósofo favorito, Popeye: «Eso es todo lo que puedo soportar, y ya no puedo soportar más». Hago traer un contenedor hasta la entrada y compro bolsas de basura de tamaño industrial, con la intención de agarrar todo lo que haya en casa que no esté identificado. Yo quiero deshacerme de todo. Quiero simplificar lo que me rodea deshaciéndome de cualquier rastro de desorden.

Normalmente mi temporada de tirar cosas coincide precisamente con el comienzo de la temporada de *guardar* de Lynne. Yo quiero deshacerme de esa vieja pintura que compramos cuando teníamos veinte años, y ella quiere conservarla. Yo quiero tirar la manta que mi madre nos hizo, y ella quiere guardarla. Se pone nostálgica y quiere guardar estos *recuerdos* (según sus palabras) o *trastos* (según las mías) para dárselos a nuestros hijos y nietos. Justo en ese momento, mi contenedor llega. Si no manejo la colisión de estas dos temporadas con cuidado, ¡tendré una temporada en el sofá asegurada!

Puesto que estás leyendo un libro acerca de simplificar tu vida, voy a jugármela y voy a suponer que estás en una etapa de *deshacerte* del desorden. Estás deshaciéndote de compromisos en tu calendario que no encajan con tus valores. Estás desechando el hábito económico de vivir por encima de tus medios. Estás expulsando algunas relaciones superficiales o dañinas a favor de amistades más profundas y vivificadoras en la comunidad cristiana. Por medio del duro trabajo de la autoevaluación, estás en una época de aclarar y clarificar. Estás simplificando tu vida. Esta es tu etapa.

O quizá estás en una temporada de *mantener:* mantener tu nuevo compromiso de hacer tiempo para tu familia; mantener santo y apartado tu tiempo diario de oración con Dios; mantener tus alineaciones en el trabajo (pasión, cultura, desafío y compensación). Hay un tiempo para una y un tiempo para la otra. Todo en su etapa adecuada.

Con el ritmo frenético de nuestra cultura, el nivel de decibelios en nuestra cabeza hace muy difícil escuchar los suaves susurros de Dios.

Callar o hablar

En Eclesiastés 3.7, Salomón dice que hay «tiempo de callar, y tiempo de hablar».

Con el ritmo frenético de nuestra cultura, el nivel de decibelios en nuestra cabeza hace muy difícil escuchar los suaves susurros de ánimo, guía y corrección de Dios. Hay un tiempo para el silencio.

Un amigo mío muy serio acaba de terminar treinta días de ayuno de todas las redes sociales. Las redes sociales no son algo malo si hay moderación. Yo uso las redes. Pueden ser muy útiles. También pueden ser adictivas. Una conexión las veinticuatro horas los siete días de la semana puede crear un nivel de ruido ambiental tóxico. Mi amigo se toma en serio lo de crecer en su fe, así que ha decidido ayunar de todas las redes sociales.

Durante los tres primeros días de su ayudo, dice, no sabía qué hacer con las manos. «Cuando tenía medio minuto de sobra, solía agarrar mi teléfono sin pensarlo demasiado. Miraba el correo, leía *tweets*, o comprobaba los mensajes de texto. Era tan habitual que ni siquiera sabía qué hacer con treinta segundos de tiempo libre. Tuve que reaprender a estar tranquilo».

Esta etapa de silencio tuvo un impacto tan increíble en él que decidió continuar su ayuno durante una porción de cada día. Ahora continúa con el bloqueo a las redes sociales hasta cierta hora de la mañana. Se asegura de estar en su silla durante quince minutos, leyendo la Palabra de Dios, escribiendo sus oraciones, escuchando los susurros de Dios sin el «ruido» de las redes agobiando sus pensamientos. Toma dirección y ánimos de Dios, e interactúa de forma significativa con los miembros de su familia *antes* de encender su teléfono, comprobar el correo o meterse en el mundo de las redes sociales.

A la hora de la comida pasa otros diez minutos o así con Dios, libre del ruido y de las interrupciones electrónicas. Silencia su teléfono y cierra su portátil. «Le doy gracias a Dios por una estupenda mañana —dice—. Solo toma unos momentos de silencio conectar de nuevo con Él. La tranquilidad permite que mi mente esté sosegada, libre de la sobrecarga de información. Me ayuda a estar centrado a lo largo del día».

En cierto momento de la tarde, su bloqueo a las redes sociales toma de nuevo efecto. Esta vez apaga el teléfono y su ordenador. «He comenzado a leer buena literatura durante los últimos treinta minutos de mi día —dice—. Actualmente estoy leyendo algunos clásicos, como hacía en la universidad. Leo cosas que expanden mi mente y mi corazón, en vez de desperdiciar el tiempo escribiendo mensajes, tuiteando y leyendo o viendo estupideces en Internet».

Mi hijo, Todd, es de naturaleza callada, y he aprendido valiosas lecciones de él en este aspecto. Todd es introvertido y pensador. No llena la sala de palabras solo porque no haya nadie hablando. Cuando tiene algo que decir, lo dice. Pero está cómodo en el silencio. Cuando estamos juntos, no tengo que hablar todo el tiempo. No tengo que actuar. Simplemente puedo *estar*.

En 2007 Todd se embarcó en una circunnavegación del globo durante dieciocho meses. Su barco, *Crisis Mode*, le llevó durante treinta y dos mil millas náuticas por el océano Pacífico, el Índico y el Atlántico: un logro impresionante. Su amigo Jeremiah, que le acompañó en la segunda mitad del viaje, es igual que Todd. Ambos son hombres de pocas palabras.

Hay un tiempo para estar callado, dice Salomón, y otro tiempo para hablar.

«Jer y yo podíamos pasar la mayor parte del día en nuestro velero de cuarenta y dos pies sin apenas decirnos una palabra, y a ambos nos parecía bien —dice Todd—. El silencio no era raro; era de agradecer. Llenábamos los días leyendo buenos libros, escribiendo, orando, atendiendo al mantenimiento y la operativa del barco… ¡y pescando mucho!».

Todd y Jeremiah exudan cierta paz que yo admiro. Están cómodos consigo mismos. No son adictos al ruido. No dejan que una estimulación excesiva les distraiga de sus mundos interno o externo.

¿Cuándo es tu tiempo de estar callado? Si tu ritmo de vida es continuo, ¿cuándo le prestas a Dios toda tu atención? ¿Apartas momentos durante el día para poder pensar, orar, leer y tener conversaciones significativas?

Hay un tiempo para estar callado, dice Salomón, y otro tiempo para hablar. A veces es más fácil permanecer en silencio, pero sientes a Dios pinchándote: *Ahora necesito que hables.*

Si tienes un amigo que está a punto de tomar una decisión autodestructiva, no es tiempo de callarse. No te quedes mirando cómo tu amigo descarrila y hace naufragar su vida. No te excuses pensando: *No es cosa mía decir algo,* o *No quiero que mi amigo se sienta juzgado.* Eso es cobardía. Incluso aunque esté fuera de tu zona de confort, ¡habla! Dile a tu amigo: «Oye, te quiero. Me resulta difícil quedarme mirando lo que estás haciendo. No te estoy juzgando. Solamente veo que si sigues por este camino, tendrás que pagar un precio muy alto al final. Te pido que lo reconsideres».

Un amigo mío tiene un jefe al que realmente admira y respeta, pero este jefe estaba considerando conducir su compañía hacia acciones que estaban en el límite de la integridad. Mi amigo oraba por ello, pero no planeaba decir algo. No quería causar problemas.

Cuanto más se acercaba el momento de la decisión para su jefe, con más insistencia el Espíritu de Dios le decía a mi amigo: *Tienes que hablar. Di algo. Es hora de hablar.*

Mi amigo escuchó. Fue a la oficina de su jefe y dijo: «No intento causar problemas. Ya me conoce. Sabe que le respeto y que amo nuestra compañía. Pero siento que estamos a punto de tomar una decisión que compromete nuestros estándares de integridad».

El jefe respondió con humildad: «Creo que probablemente tienes razón», dijo. La compañía dio marcha atrás en el borde del abismo y tomó una decisión moralmente fuerte. Mi amigo estaba contento de haber hablado. Si hubiera seguido callado y la compañía hubiera cruzado la línea, tendría que haberse enfrentado a nuevos dilemas más desafiantes que la pregunta de si debía hablar o no. Incluso aunque las cosas no hubieran ido bien —si su jefe hubiera respondido airado cuando le confrontó— mi amigo seguiría sabiendo que hizo lo correcto. Sabía que era «tiempo de hablar», y que había sido obediente al susurro de Dios.

Hay ocasiones en las que tienes que hablar, aunque conlleve un riesgo o sea incómodo. Cuando sepas que te toca, habla.

IDENTIFICA TU ETAPA ACTUAL

En Eclesiastés 3 Salomón hace una lista de veintiocho etapas, incluyendo las que he descrito arriba. Solo son retazos de los tipos de etapas que probablemente experimentarás en el curso de tu vida. Algunas etapas son fáciles de identificar; otras son menos evidentes.

Identificar tu etapa actual es vital para simplificar tu vida. Te equipa para estar más presente y comprometido. Le aporta firme claridad a tus días. Es más probable que te percates de la mano activa de Dios, que aprendas las lecciones que Él tiene para ti y que maximices las oportunidades para desarrollar el carácter, la sabiduría y el crecimiento espiritual que trae cada etapa.

También es importante identificar tu etapa actual para que, cuando llegue a su fin, sea menos probable que te aferres a ella y estés más capacitado para salir con elegancia y dar un paso resuelto hacia la nueva etapa que se avecina.

¿QUÉ QUIERE ENSEÑARTE DIOS?

No estás en tu etapa actual por accidente. La mano de Dios está en ella, y hay un propósito en Su actividad. ¿Qué quiere enseñarte Dios durante esta etapa única y que nunca volverá a repetirse en las mismas condiciones?

No estás en tu etapa actual por accidente. La mano de Dios está en ella, y hay un propósito en Su actividad.

En Eclesiastés, Salomón busca definir el significado y el propósito de la vida. Desafía a los lectores a encontrar una satisfacción sostenible invirtiendo sus vidas en cosas que importen para la eternidad. Demasiadas personas —seguidores de Cristo incluidos— giran fuera de control. Actuamos como si no tuviéramos ni idea de la narración de Dios para nuestras vidas.

Un tipo de veintitantos años hace poco me describió que estaba en una etapa de agitación. Sentía que estaba viviendo el guión de sus padres para su vida en vez de vivir su propia aventura, en vez de perseguir el propósito de Dios para su vida. No está solo. He hablado con cientos de jóvenes, hombres y mujeres, que se han dado cuenta de que están viviendo los sueños de sus padres en vez de los propios.

—¿Cuánto tiempo llevas en esta etapa de agitación? —le pregunté.

—Cerca de tres meses —dijo.

—Bueno, ¿qué estás haciendo para solucionarlo?

—¿Sinceramente? —dijo—. Estoy bebiendo cantidades industriales de alcohol.

—Deberías considerar una estrategia diferente —le dije—, o te quedarás estancado en esta etapa durante mucho tiempo. ¿Qué crees que está intentando enseñarte Dios en esta etapa?

Hablamos bastante tiempo, y comenzó a sentir curiosidad por lo que Dios querría estar enseñándole en esta etapa de agitación.

Hay una razón para etapa de tu vida, buena o mala, sencilla o desafiante, gratificante o agotadora. Cuando estás en una mala etapa, es muy tentador querer «medicarte» (podría ser por medio de la comida, el alcohol, las distracciones, los negocios, etc.). Es fácil querer ponerte las anteojeras, escapar de la incomodidad e ignorar la realidad. Si eres un seguidor de Cristo, Dios está trabajando continuamente para refinar tu carácter y hacerte más parecido a Jesús. Tiene buenas lecciones que enseñarte, *especialmente* en las etapas incómodas, agobiantes y dolorosas de tu vida. ¿Qué lecciones son esas? No desperdicies las oportunidades para crecer que vienen con las malas épocas. Aprende todo lo que puedas durante ellas. ¿Qué lecciones quiere enseñarte Dios ahora mismo?

Una etapa de éxito

Hace muchos años, Ken Blanchard escribió un libro de gestión llamado *El ejecutivo al minuto*, que vendió más de *trece millones* de copias.[2] Estuvo en la lista de los más vendidos del *New York Times* durante más de dos años, y continúa vendiendo cerca de diez mil copias al mes hoy en día. ¡Impresionante!

Cuando Ken escribió el libro, estaba lejos de Dios. Y mientras las ventas subían, mes a mes, año tras año, se encontró en una etapa extendida de éxito profesional y económico, con cheques de regalías y miles de peticiones de conferencias llegando a espuertas.

Un día se despertó y pensó: *Un momento, yo no soy* tan *buen escritor. No soy tan buen promotor. No soy tan inteligente. ¿Por qué he tenido tanto éxito?* Quería aprender la lección que fuese durante esta etapa.

Muchas personas que experimentan una etapa de éxito como la de Ken simplemente darían gracias por la suerte y no se lo cuestionarían. Pero Ken dio un paso más. Se dijo: *Hay una* razón *detrás de todo esto. Alguien está intentando captar mi atención, y voy a averiguar quién es, y por qué esa persona quiere mi atención.*

Una de las etapas más desafiantes que cualquiera de nosotros pueda afrontar es una etapa de soledad. Puede ser terrorífico sentirte desconectado.

Eso lanzó a Blanchard a una etapa de exploración. Examinó el cristianismo, y pocos años después entregó su vida a Cristo. Hoy es un seguidor de Cristo completamente entregado, y allá donde le conducen la fama y su nombre, él lleva el nombre de Cristo.

Todo esto surgió de una inesperada etapa de bendición. Pero Blanchard no se tumbó a disfrutar del éxito; dejó que le llevase más lejos. Aprendió la lección que Dios tenía para él en ese momento, y eso fue el elemento de cambio.

Una etapa de soledad

Una de las etapas más desafiantes que cualquiera de nosotros pueda afrontar es una etapa de soledad. Puede ser terrorífico sentirte desconectado del mundo, que nadie te cubre las espaldas. Puede romper nuestro equilibrio sentirnos como si no hubiese nadie caminando a nuestro lado en el mundo. Si estás en una etapa de soledad, quizá Dios quiere enseñarte acerca de la presencia tangible, la proximidad y la amistad de Jesucristo.

Recuerdo con mucha claridad el día en que se me lanzó esta lección, poco después de que mi padre muriese.

Fui a reunirme con mi profesor y mentor de la universidad, el doctor Gilbert Bilezikian. Estaba sentado detrás de su mesa cuando entré en su oficina. Me senté en una silla enfrente de él.

Él dejó lo que estaba haciendo, me miró y dijo:

—¿De qué quieres hablar hoy, Bill?

Yo me encogí de hombros.

—Usted me llamó.

Él se quedó pensativo un segundo o dos. Sabía que había experimentado una etapa de soledad después de la muerte de mi padre, así que contestó:

—Quiero hablarte de la inmanencia (la cercanía) de Cristo.

Yo me resistí.

—Dr. B., crecí en una tradición en la que Dios está sentado en un trono de cierta magnitud muy lejos de mi alcance, adonde mis oraciones tardan mucho en llegar... y toma todavía más tiempo que Él las conteste, si es que acaso me escucha. Así es como siempre he visto a Dios.

El doctor B. no se inmutó.

—Bill, por eso vamos a hablar de lo cerca que está realmente.

Señaló una silla vacía contra la pared, a cosa de un metro de distancia.

—La Biblia enseña que Cristo, por Su Espíritu, está en esa silla —dijo—. Está aquí, en realidad. Él es parte de esta conversación que tú y yo estamos teniendo en este mismo momento.

Era un concepto que no me cabía en la cabeza.

—Eh, mi medidor de cosas raras está a punto de reventar, Dr. B. —le dije.

—Bueno, es verdad —dijo él sin disculparse—. La presencia de Cristo está aquí con nosotros, así que durante la siguiente media hora vamos a hablarle a Jesús en esa silla. Yo voy a hablar con Él, y tú también. Después estaremos callados y veremos si Él se comunica de alguna manera por Su Espíritu. Nos vamos a comunicar con un Cristo que no está sentado en un trono fuera de nuestro alcance, sino que está presente, aquí y ahora.

Me resultó extremadamente difícil preparar mi mente y mi corazón. Pero sabía que el doctor B. no estaba chiflado. Tenía una fe profunda, basada en la teología y aun así íntima, que yo admiraba. Confiaba en él. Así que accedí. Aunque me parecía totalmente fuera de mi concepto tradicional de Dios, oré a Jesús como si estuviese sentado en aquella silla vacía. Entonces el doctor B. oró. Y después simplemente nos sentamos en silencio y escuchamos cualquier impulso que Cristo quisiera dirigirnos por medio de Su Espíritu.

A causa de mis ideas preconcebidas de un Dios distante, me llevó algo de práctica que sentir Su presencia inmanente fuera la norma.

Por tosco que pareciese, había algo verdadero y pacífico en todo aquello.

—Tu tarea para cuando te dirijas a casa es hablar con el que va conduciendo el coche contigo —me dijo el doctor B.—. Jesús está en ese asiento vacío del pasajero igual que está en esta silla.

—Eso también va a ser un esfuerzo —le dije.

—La Escritura está llena de referencias que hablan de la proximidad, la presencia, la amistad y el compañerismo de Cristo —dijo—. Durante ese tiempo en el coche apaga la radio y simplemente háblale,

Bill. Él está contigo. No está a miles de kilómetros. No se necesita el haz de un satélite para que se acerque a ti. Está aquí mismo.

A causa de mis ideas preconcebidas de un Dios distante, me llevó algo de práctica que sentir Su presencia inmanente fuera la norma. Pero con el tiempo, comencé a experimentar lo que el doctor. B. había intentando describirme pacientemente aquel día en su oficina.

Hoy puedo estar en cualquier parte del mundo y sentir la presencia de Jesús. A veces, cuando voy en un avión avanzada la noche —solo, a once mil metros de altura, volando sobre el océano en algún lugar remoto del mundo—, miro por la ventana a la expansión de vacío y cielo, y soy sumamente consciente de lo cerca que está Jesús. Él está justo ahí conmigo. No me siento solo. Donde sea que esté, tengo una curiosa sensación de cercanía, presencia y compañerismo de Cristo: justo como describió el doctor B.

Dios tenía una lección para mí en aquella etapa de soledad. Si no hubiera aprendido aquella lección, hoy me sentiría tentado a dejar que una época de soledad me consumiese, me deprimiese o me paralizase. Estoy muy agradecido por aquella etapa, por dura que fuese en su momento, porque me abrió la puerta a la compañía y presencia tangibles de Jesús. Nunca más me sentí solo. Sé que Él siempre está conmigo. Aprendí aquella lección durante una etapa dura.

Si estás en una etapa de soledad, ¿qué está intentando enseñarte Dios? ¿Puede ser que te esté invitando a aprender la lección que acabo de describir? Cuando la aprendas, podrás pasar a la siguiente etapa.

Tal vez la lección que Dios quiere que aprendas es que te levantes del sofá y asumas algunos riesgos relacionales: conoce a gente. Encuentra un grupo pequeño en tu iglesia. Arriésgate, cosa que no pasará mientras sigas sentado en el sofá, viendo reposiciones u ojeando Facebook. Necesitas amistades terrenales y en persona. Necesitas gente sabia y segura que te ayude a verte tal como eres. Haz *algo*, porque tu soledad no se solucionará hasta que asumas algunos riesgos.

Misma etapa, diferentes lecciones. En cada etapa Dios quiere enseñarte algo específico. Encuentra cuál es la lección única para esta etapa, apréndela y después avanza hasta la siguiente etapa.

ESTÁ PRESENTE EN TU ETAPA

Reconocer la etapa en la que estás te ayuda a simplificar tu vida dándote un objetivo tangible en el que centrar tus esfuerzos, energías y dirección. Una vez hayas nombrado y comprendido la etapa en la que estás, *está plenamente presente* allí. Zambúllete.

Hace varios años tuve el privilegio de entrevistar a uno de los mayores regatistas de la historia del deporte, Dennis Conner. Ganó la Copa América —el trofeo deportivo internacional más antiguo— cuatro veces para Estados Unidos. Ha ganado veintiocho campeonatos mundiales de vela, y ha corrido en toda clase de veleros. Dennis, conocido como «Sr. Copa América», está muy familiarizado con impresionantes épocas de éxito.

En nuestra entrevista, que transcurrió frente a una multitud de líderes empresariales, le hice preguntas acerca de sus muchas victorias en la vela y las etapas de éxito de su vida. Compartió algunas historias sobre aquellas épocas de victoria que ponían los pelos de punta.

«Aprendí más acerca de mí mismo durante aquella época (por penosa que fuese) de lo que aprendí en todas aquellas otras etapas de victoria».

Pero todos aquellos que están familiarizados con el competitivo mundo de la vela sabrán que Dennis perdió la Copa América frente a Australia en 1983. Al perder aquella regata, Dennis se convirtió en el primer capitán en los 132 años de historia de la competición en perder la Copa América para Estados Unidos.

Preguntó a Dennis acerca de esa etapa de su vida. Enfrente de todos aquellos líderes empresariales, se volvió muy sincero y vulnerable, casi hasta las lágrimas.

«Cuando perdí la Copa América para EE. UU. —dijo—, me convertí en la persona más despreciada del mundo de la vela».

Recuerdo la de golpes que se llevó en aquel entonces en la prensa, y sabía que no estaba exagerando.

Dennis se emocionó. «Después de aquella pérdida, llegué a tal punto de abatimiento que no sabía si quería continuar con mi vida».

Se podría haber escuchado el vuelo de una mosca mientras continuaba. «La humillación, la maldad de la prensa, las dudas. Pero tenía que tomar una decisión en aquella etapa. Podía ceder ante el abatimiento y hacerme la víctima, o podía aprender lo que tenía que aprender y levantarme y seguir adelante». Eso fue lo que hizo. Dennis y su tripulación recuperaron la Copa América de las manos de Australia en 1987.

Puedes simplificar grandemente tu vida solo con reconocer cuándo una etapa llega a su fin; cuándo es momento de avanzar.

«Aprendí más acerca de mí mismo durante aquella época (por penosa que fuese) de lo que aprendí en todas aquellas otras etapas de victoria —dijo—. Hoy puedo estar realmente agradecido por aquella etapa, en vez de sentir solo un profundo arrepentimiento».

Dennis aprendió una lección en aquella época que no podía haber aprendido de otro modo.

Job, la figura central del libro más antiguo de la Biblia, pasó por una etapa de espantosa pérdida. Sus hijos, su fortuna, sus rebaños, su tierra... todo se fue. E inmediatamente después de esa pérdida inimaginable, le dice estas palabras a Dios: «Dios podría matarme, pero es mi única esperanza».[3]

Job lo había perdido todo, y se dolía grandemente, como debía ser. Pero dijo: «Todavía tengo a Dios. Él es mi única esperanza. Aunque me eliminase, me iría confiando todavía en Él».

El apóstol Pablo, en una etapa de aflicción particularmente dolorosa, oraba para que Dios le quitase la fuente de su sufrimiento. En vez de eso, Dios le susurró estas palabras: «Te basta con mi gracia».[4] Cuando creas que tu etapa actual es más de lo que puedes soportar, escucha el susurro de Dios: «Te basta con mi gracia, pues mi poder se perfecciona en la debilidad».[5]

Puedes aprender un montón de la gente cuando los ves en épocas de dolor. He presenciado etapas de dolor indescriptible en las vidas de la gente. Algunos se derrumban, mientras que otros encuentran una fuerza que no sabían que tenían: al agarrarse al poder de Dios. Cuando estés en una etapa de dolor o debilidad, puedes sacar fuerzas que no vienen de ti. En vez de intentar esquivar tu etapa desafiante, *sumérgete en ella*, y aprende cómo la fuerza de Dios puede enriquecer tu fragilidad. Aquellos que se agarran al poder de Dios descubren que eso los marca para siempre. Es una lección que llevan consigo para el resto de sus vidas.

¿En qué etapa estás? ¿Qué está tratando Dios de enseñarte? Él está contigo en cada época, y quiere enseñarte lecciones importantísimas y eternas que traerán significado en cada etapa, propósito en tu dolor y la sensación de satisfacción al ver que Él tiene un plan activo en tu vida.

RECONOCE CUÁNDO TERMINA UNA ETAPA

Salomón enlista las etapas de nuestras vidas en parejas, contrastando una con la contra. Luto y baile; plantar y arrancar; estar callado y hablar; etcétera. Hay un punto importante inherente a todos esos contrastes: las etapas terminan, y etapas nuevas comienzan. Puedes simplificar grandemente tu vida solo con reconocer cuándo una etapa llega a su fin; cuándo es momento de avanzar.

Relaciones insanas

A veces las parejas son absorbidas en el vórtice de una relación trágicamente disfuncional. No son malas personas; simplemente, no son buenos el uno para el otro. Son peores versiones de sí mismos cuando están juntos, y todos los de alrededor lo notal. Pero llevan juntos demasiado tiempo, han perdido la objetividad y ninguno tiene el valor para terminar. Todos los que los aman quieren decirles un par de cosas a estas personas: *¡Avancen!* Hay vida más allá de una relación fútil y sin salida, y una mala relación de noviazgo no producirá un buen matrimonio. Corten antes de hacerlo algo permanente. Avancen hacia la siguiente etapa, donde esperan mejores días.

No puedes dejar la fiesta

Algunas personas que lo pasaron realmente bien en la universidad nunca crecen más allá de esa rutina. Les gusta que se les conozca como «el chico o la chica de la fiesta», y les aterroriza dejar marchar esa identidad. Siguen pretendiendo que esos buenos tiempos continúen, mucho después de que todos los demás hayan crecido y encuentren satisfacción en la siguiente etapa de sus vidas.

Estas personas iban a muchas fiestas en la universidad, iban a muchas fiestas con treinta y cuarenta años, y la semana pasada se despertaron con un tatuaje nuevo... y ni idea de cómo se lo hicieron. Las personas que aman a estos fiesteros quieren decirles una cosa: *¡Avancen!* Encuentren una etapa mejor que la que funcionó (o no) en la universidad. Encuentren una etapa mejor antes de que esta se convierta en una adicción que derrumbe su vida.

Adicción

Algunas personas beben mucho, con o sin fiesta. Tal vez no comenzaron así, pero con el tiempo, el beber se hizo muy frecuente y se convirtió en algo demasiado importante. O los calmantes que originalmente sirvieron para un propósito legítimo ahora anestesian un dolor que hace mucho que no es físico... y están causando un dolor mayor por su cuenta. Amigo, esta etapa tiene que terminar. *¡Avanza!*

Si necesitas dejar de beber o de abusar de tus calmantes porque estás viendo un patrón insano en tu vida, hazlo, y *díselo* a alguien. Pon nombre a esta etapa desafiante, y pon a alguien en alerta que pueda ayudarte a salir de esta etapa para bien. Si necesitas entrar en un programa de desintoxicación, hazlo ahora. Encuentra un programa cristiano de doce pasos. Encuentra un patrocinador. Encuentra a un consejero que pueda ayudarte a entender qué hay debajo de tu tendencia a tomar de más. Deja esta etapa del abuso de sustancias detrás. Habrá más daños si rezongas. *¡Avanza!*

Enfadado con la iglesia

Hay un tipo al que conozco desde hace treinta años que tuvo una experiencia horrible en la iglesia en su juventud. Demasiadas reglas, demasiados profesores malos de escuela dominical, demasiados hipócritas, etcétera. Dejó la iglesia y dejó a Dios. En las últimas décadas, ha visitado nuestra iglesia varias veces. Dice que le encanta. Conoce a muchos de nuestros miembros y los ama.

No dejes que los demás te quiten de experimentar la gracia ilimitada de un Dios amante. Avanza. Adéntrate en una nueva etapa espiritual.

De vez en cuando, le pregunto amablemente si está listo para pasar a una nueva etapa en su vida: una en la él pensaría en la posibilidad de una relación con Dios. Pero siempre que lo hago él inmediatamente saca a relucir la horrible experiencia de su infancia, con todas aquellas reglas, y los hipócritas...

La última vez que le sugerí que considerase el camino de la fe, empezó a ponerse de nuevo en el lugar de la víctima. Pero esta vez le miré a los ojos y le dije: «Amigo, eso pasó hace cincuenta años. *¡Avanza!* Hemos ido a la luna y hemos regresado desde la última vez que tuviste una mala clase de escuela dominical. Hemos creado esa cosa llamada Internet desde que tuviste aquel problema con tu pastor. ¿No crees que es hora de seguir adelante?».

Hasta ahora, él no cree que sea hora de avanzar. Todavía está atascado. Ha entregado medio siglo de su vida a cierta gente de una iglesia que probablemente no hacía las cosas como tenían que haberse hecho. Renunció a aquellos años en vez de decidir que avanzaría y exploraría una relación con Dios a pesar de lo que pasó entonces.

Si tienes una herida espiritual como la que tiene este hombre, te invito a que avances. No uses el comportamiento de otra persona como excusa para evitar explorar el tema de la fe por tu cuenta. No dejes que los demás te quiten de experimentar la gracia ilimitada de un Dios amante. Avanza. Adéntrate en una nueva etapa espiritual.

Falta de perdón

Pocas cosas nos atrapan en una etapa expirada como la falta de perdón. Si todavía esperas justicia de alguien que te agravió en el pasado, *avanza*. No te ates a una etapa que solo te traerá amargura. No les des a los que te han agraviado en la vida esa clase de poder sobre ti. Entra en una nueva etapa en la que el perdón puede liberarte de esas cadenas y eximirte de seguir atado a la crueldad, la desconsideración o la brutalidad de otro. Dibuja una línea en la arena y di: «Hoy es el día en que avanzo. Se acabó estar atrapado en esta búsqueda sin salida de justicia. Me tiene atrapado. Tengo que dejar esta etapa. No hay nada más que aprender aquí. Es hora de avanzar. Es hora de dar un paso hacia el perdón y la libertad que otorga».

Cinismo

Hay cínicos para dar y regalar. Creen que ser cínicos es intelectualmente genial, pero si miras debajo de la superficie el cinismo no es más que cobardía intelectual. No es coraje despreciar a otras personas o sus ideas con un comentario escéptico. No es creatividad echar por tierra cosas en vez de ofrecer apoyo, ánimo o una idea mejor. El cinismo no tiene que ver con la realidad; la descarta con una risa barata.

El cinismo es contagioso. Tiene un modo traicionero de filtrarse sin darnos cuenta en los patrones de discurso. Es fácil tomar una actitud cínica de la gente que nos rodea. Además, una conducta cínica es contraria a tener la mente de Cristo. El apóstol Pablo ofrece un antídoto para los que tienden a una mentalidad así:

> Por último, hermanos, consideren bien todo lo verdadero, todo lo respetable, todo lo justo, todo lo puro, todo lo amable, todo lo digno de admiración, en fin, todo lo que sea excelente o merezca elogio.[6]

Si has caído en una etapa de cinismo y te encuentras pensando mal de los demás o haciendo chistes baratos y negativos, humíllate y da el paso para salir de esa etapa. Admite que te has vuelto un poco cínico y entonces di: *Ya no voy a ser ese hombre o esa mujer que se sienta en el banco y se dedica a criticar a otros que en realidad están* haciendo *cosas en este mundo. Voy a salir de esta etapa de cinismo, aunque eso signifique distanciarme de los cínicos que me rodean. Aunque me haga sentir incómodo, voy a dejar el cinismo atrás.*

Si te encuentras en una etapa de abuso de alguna clase, por cualquier razón, toma medidas. No esperes que vaya a llegar otra etapa para facilitar las cosas.

Hacer una declaración así demuestra valor intelectual. Pero hasta que lo hagas, estarás estancado indefinidamente en la espiral del cinismo. Es hora de avanzar.

Abuso

Para algunas etapas solo hay un final feliz: *salir de ellas.* Déjenme decirles algo muy directo a ustedes, las mujeres, en particular: si están en una relación en la que alguien les está hiriendo, o golpeando, salgan de ahí. Salgan de ahí hoy.

El abuso físico, mental, emocional y espiritual es una etapa que Dios nunca diseñó para que nosotros la experimentásemos. Si te encuentras en una etapa de abuso de alguna clase, por cualquier razón, toma medidas. No esperes que vaya a llegar otra etapa para facilitar las cosas.

No pasará. Los abusadores no buscan nuevas etapas; les gusta tenerte donde estás ahora. Tendrás que tomar la decisión de salir. Y salir no solo porque debes, no solo por tu propio bien, sino por el bien de aquellos a los que amas, aquellos que te aman y por el bien del abusador también. No esperes a mañana. Hoy es el día. Avanza.

El cambio es difícil. Nos acomodamos, incluso aunque la etapa en la que estamos no sea buena. Pero no hay forma de simplificar tu vida cuando estás estancado en una etapa terminada. Debes avanzar. Y avanzar significa decir que sí a lo desconocido. Amigo, si has aprendido las lecciones que Dios tenía para ti en esta etapa, o si estás en una etapa que hace mucho que terminó, es hora de un cambio. No hay nada para ti en esta etapa actual, así que no rezongues. Sigue el patrón dado por Salomón, el hombre más sabio del mundo. Cuando hayas terminado con una temporada, en honor a Dios, *avanza;* por ti mismo, *avanza*; y por el bien de todos los que te rodean, *avanza.*

> Si no estás seguro de dónde pasarás tu etapa eterna, resuélvelo ahora. Avanza hacia una etapa de paz y esperanza espiritual.

LA ETAPA FINAL

Quiero cerrar con otro pensamiento más de Salomón:

> Sin embargo, Dios lo hizo todo hermoso para el momento apropiado. Él sembró la eternidad en el corazón humano, pero aun así el ser humano no puede comprender todo el alcance de lo que Dios ha hecho desde el principio hasta el fin.[7]

La vida en la tierra no es nuestra etapa final. Desde la perspectiva eterna de Dios, la vida en este planeta —tus setenta años, más o menos— es una etapa larga y extendida formada de una suerte de etapas cortas. Algún día esta etapa terrenal llegará a su fin y comenzará una nueva realidad.

En lo profundo de ti Dios colocó un sentido de eternidad. Incluso muchos ateos describen la sensación interna en su mente de que hay algo más después de esta vida. Hay una nueva etapa. Dios puso esa sensación en la humanidad. Él ha «sembrado la eternidad» en nuestros corazones.

La Escritura es muy clara en que, si encuentras gracia y perdón a través de Jesucristo en tu etapa de vida en la tierra, puedes avanzar de una etapa terrenal a la siguiente de Su mano, aprendiendo las lecciones que Dios tiene para ti y encontrando significado, propósito y satisfacción en el camino. Cuando llegues al final de tu etapa terrenal, serás invitado a la siguiente con Dios en el cielo para siempre, donde podrás experimentar plenamente Su compañía, gozo y bondad.

Para aquellos que escogen vivir su etapa terrenal lejos de la mano extendida de Dios, los que eligen sus propios caminos en vez del camino de perdón a través de Jesús, la etapa eterna que vivirán será muy diferente. Dios honra las decisiones que tomamos en la tierra; Él nunca forzaría a la gente que le ha rechazado durante sus etapas terrenales a que pasasen la eternidad con Él. Su decisión con respecto a Dios prevalecerá.

La etapa siguiente es para siempre. ¿Has extendido tu mano hacia el único que ofrece un perdón que dura toda la eternidad? Si no estás seguro de dónde pasarás tu etapa eterna, resuélvelo ahora. Avanza desde una etapa con un futuro incierto hacia una etapa de paz y esperanza espiritual. Avanza. Y cuando entres en esa etapa final, descubrirás un nivel de satisfacción que nunca podrías planear para ti mismo aquí en la tierra: una satisfacción que dura por la eternidad.

SIMPLIFICA A TRAVÉS DE LAS ETAPAS

Las palabras de Salomón en Eclesiastés hacen ver la vida como etapas estructuradas. Tus días se aclaran, hay menos desorden y estás más centrado cuando ves tu vida de ese modo. Serás menos propenso a marear la perdiz en una etapa que debería haber terminado hace mucho tiempo, a gastar tu energía en evitar el cambio, a temer lo desconocido y a posponer el esfuerzo que requiere pasar de una etapa a la siguiente.

Cuando tu etapa actual comienza a acercarse al final, no luches contra ello. No arrastres los pies. Adéntrate en la nueva etapa que Dios está abriendo para ti ¡y avanza! Simplifica tu vida dando un paso adelante, dejando la vieja etapa atrás y buscando las lecciones que Dios está preparando para que aprendas en la siguiente. Encontrarás significado, propósito y satisfacción para cada etapa… y más allá.

PASO DE ACCIÓN: IDENTIFICA TU ETAPA

Sin una clara comprensión de cómo Dios trabaja en medio de las etapas de nuestras vidas, estamos mal equipados para pasar de una etapa a la siguiente. Estaremos más capacitados para complicarnos la vida en vez de simplificarla, pasando por cada etapa sin propósito ni dirección. Puedes traer claridad y simplicidad a tu vida aprendiendo a identificar tu etapa actual y averiguando cada lección que Dios quiere que aprendas.

Escribe tus respuestas a estos apuntes.

- ¿En qué etapa estás?
- ¿Qué está tratando de enseñarte Dios en esta etapa?
- ¿Estás totalmente entregado a esta etapa? ¿Cómo puedes abrazarla, sea buena o mala, más incondicionalmente?

PASO DE ACCIÓN: AVANZA

Cuando tratamos de meter con calzador nuestras vidas en etapas en las que ya no cabemos, estando yendo en contra del objetivo de dirigirnos hacia vidas simplificadas. Mientras reflexionas en tu tendencia (ya sea ligera o fuerte) a permanecer en una etapa acabada, piensa en las preguntas de más abajo y contéstalas en un trozo de papel o en tu diario. Trabaja para convertirte en una persona que pueda despojarse de una etapa tan pronto como se haya adoptado y se hayan aprendido sus lecciones, y que puede avanzar hacia la siguiente etapa con anticipación y esperanza.

1. ¿Estás estancado actualmente en una etapa terminada? ¿Qué te hace sentir que esta etapa está llegando a su final? ¿Cómo te resistes a la necesidad de avanzar? ¿Por qué?

2. ¿Qué lecciones te enseñó Dios durante esta etapa?

3. ¿Qué etapa nueva te está abriendo Dios?

4. ¿Qué pasos puedes dar para avanzar?

Capítulo diez

De sin sentido a satisfecho

El legado de una vida simplificada

Todos los que quieren ser pilotos tienen que demostrar su competencia en la navegación para pasar el examen de vuelo. Al poco de empezar mi formación, un instructor me ayudó a planear un viaje de ida y vuelta de trescientos kilómetros hasta un estado vecino. Tenía confianza en que yo estaba preparado para manejar mi primer vuelo solo a través del país.

Despegué en un pequeño Piper Tri-Pacer, con el plan de vuelo a mi lado, y todo iba según lo planeado hasta que una turbulencia a cotas más altas me sacó del rumbo. Muy fuera de rumbo. No pasó mucho hasta que tuve que admitir que estaba completamente perdido. Debajo de mí no había nada más que kilómetros y kilómetros de llanos sin nombre de Indiana.

Mientras veía cómo iba bajando el nivel de combustible, sabía que corría contrarreloj para arreglar las cosas. Si no podía determinar pronto mi localización, aquel vuelo iba a terminar muy mal.

Justo entonces apareció un pequeño pueblo en el horizonte, con exactamente lo que necesitaba —una gran torre de agua— justo en el centro. Si alguna vez has visto una de esas torres de agua en mitad de un pequeño pueblo del Medio Oeste, sabrás que el nombre del pueblo suele estar pintado con orgullo en un lateral. Simplemente bajé y volé lo suficientemente cerca de la torre como para leer el nombre del pueblo. Después lo busqué en mi carta de navegación y en pocos minutos me había vuelto a orientar. Tracé un nuevo rumbo de vuelta a mi aeropuerto de salida, aterricé la avioneta sana y salva y le dije a mi instructor que el vuelo había transcurrido sin incidentes.

Salirme un poco del rumbo en aquella avioneta solo me costó cuarenta y cinco minutos de tiempo y unos cincuenta litros de combustible. Pero salirse del rumbo en el gran escenario de la vida exige un precio mucho mayor. Nadie quiere mirar por el espejo retrovisor de la vida y darse cuenta de que ha invertido tiempo y energía fuera de rumbo y sin saberlo. No puedes desandar esos años perdidos. No hay forma de darle la vuelta al avión.

Capítulo a capítulo en este libro has ido haciendo un trabajo duro para simplificar tu vida. Has abordado temas que no son para débiles. Has hecho un inventario sincero de apartados específicos de tu vida y has hecho algunas correcciones de rumbo. Y por tu esfuerzo, espero que hayas visto que tu balde de energía está más lleno, tus días están marcados por menos caos y tus noches están envueltas en una paz mayor.

> ¿Cómo puedes estar seguro de estar encaminado hacia las cosas que más importan?

Pero ¿cómo puedes estar seguro de estar encaminado hacia las cosas que más importan? Estás en el camino hacia una vida simplificada, pero si fueras capaz de ver tu viaje vital desde una altitud de nueve mil metros, ¿verías que vas en camino de una vida de profunda y sostenible satisfacción?

¿CUÁN SATISFECHO ESTÁS?

No es de extrañar que a menudo nos encontremos buscando satisfacción de un modo equivocado. Tú y yo nos vemos inundados en cualquier lugar por anuncios diseñados para fomentar la insatisfacción en nuestras vidas actuales. Por lo que he visto en televisión, mi vida sería mucho más satisfactoria si tomase Special K para desayunar, si tuviese mi seguro del coche con GEICO y si llevara puesto un reloj Breitling. Nadie es inmune a la influencia de la publicidad.

En una escala del uno al diez, tómate un momento para evaluar tus niveles de satisfacción actuales:

¿Cuán satisfecho estoy con mi trabajo?

¿Cuán satisfecho estoy con mis ingresos?

¿Cuán satisfecho estoy con mi matrimonio? ¿O con mi soltería?

¿Cuán satisfecho estoy con mi hogar? ¿Con mi coche? ¿Con mi ordenador, o teléfono móvil, o mi armario lleno de ropa?

¿Cuán satisfecho estoy con las circunstancias generales y las condiciones de mi vida?

Aquí tienes algunas preguntas difíciles: ¿cuán satisfecho *debería* estar? ¿Cuán satisfecho *puedo* estar? ¿Son mis expectativas demasiado altas o demasiado bajas? ¿No quiero reconocer mi nivel de satisfacción, o estoy esperando un paraíso de 360 grados en este lado del cielo? ¿Debería bajar el baremo de mis expectativas?

La raíz real de nuestra insatisfacción va más allá de nuestra respuesta al bombardeo publicitario. Reside en algún lugar profundo de nuestra alma y traza sus orígenes en el Edén. La pregunta de la serpiente a Eva da en el blanco de nuestro corazón: «¿Es verdad que Dios les dijo que no comieran de ningún árbol del jardín?».[1]

Antes de eso, Eva se había deleitado en la provisión de Dios, pero ahora quiere más. Ella decide que el único fruto que la satisfará cuelga de la rama del único árbol del que Dios le ha prohibido comer. Pero al participar del fruto, descubre —como hemos hecho todos— que vivir fuera de los límites y la provisión de Dios conduce a una insatisfacción fatal. Desde que la humanidad cruzó el umbral hacia una relación rota con Dios, hemos estado insatisfechos.

¿QUÉ ES LO QUE MÁS IMPORTA?

Pocas personas en la historia han tenido éxito al llevar la búsqueda de satisfacción hasta sus últimas consecuencias. En la corta lista de los que lo han intentando está Salomón, el hijo de David y rey de Israel durante el siglo X a. C. La historia lo muestra como el hombre más sabio del mundo en su época, y ciertamente también era uno de los más ricos.

Si alguien puede hablar de la experiencia de obtener todo lo que el corazón desee, era este hombre. Con una riqueza ilimitada a su disposición, Salomón buscó la satisfacción con un desenfreno exhaustivo. Registró sus hallazgos en el libros de Eclesiastés del Antiguo Testamento: doce capítulos de lucha libre intelectual acerca de lo que importa y lo que no en este mundo.

Las reflexiones irreverentes y crudas acerca del tema de la satisfacción y el verdadero significado de la vida impactan y a veces ofenden. Pero son sinceras. Habla de corazón como alguien que realmente «ya está de vuelta de todo eso». Registra lo que nos satisfará y lo que nos dejará con la sensación de que todo lo que hemos hecho con nuestras vidas fue correr tras el viento.

Salomón no pierde el tiempo expresando sus observaciones existenciales. Esta es la gran apertura de su libro:

> Lo más absurdo de lo absurdo, —dice el Maestro—, lo más absurdo de lo absurdo, ¡todo es un absurdo![2]

¡Eso es ser optimista! Recuérdenme de no invitar a este tipo a la fiesta.

En los dos primeros capítulos de Eclesiastés, Salomón reúne pruebas convincentes para apoyar su visión depresiva del mundo. Una a una, descubre el valor temporal de las búsquedas insignificantes que muchos de nosotros pensamos que nos satisfarán. Al final, dice, esas búsquedas mundanas son tan productivas como «correr tras el viento».[3]

SIETE CAMINOS INFALIBLES PARA CORRER TRAS EL VIENTO

Salud física

Una buena salud física es un indicador clave de una «calidad de vida», sin duda. Pocos negaríamos que estar saludables ayuda a que disfrutemos de la vida. Si siempre has tenido buena salud, puede que no hayas pensado mucho en tu bienestar físico. Pero habla con gente cuyos problemas de salud les hayan apartado de disfrutar de sus actividades favoritas y comprenderás por qué la gente asume que lógicamente la salud física y la longevidad son claves para la satisfacción en la vida.

Salomón va al grano con respecto a nuestro tiempo aquí en la tierra.

> Generación va, generación viene, mas la tierra siempre es la misma... Nadie se acuerda de los hombres primeros, como nadie se acordará de los últimos. ¡No habrá memoria de ellos entre los que habrán de sucedernos![4]

Él mira las vetustas montañas, los valles, las rocas y los ríos que le rodean y lo resume así: ¿por qué crees que tu vida es tan significativa y tan llena de propósito si solamente vives unos setenta años? El mundo lleva girando desde mucho antes que tú llegases, y continuará mucho después de tu muerte. Y ya sea que disfrutes de una salud fantástica toda tu vida o que hayas luchado físicamente durante décadas, el fin es el mismo. Morirás, y el mundo seguirá.

Mantén tu vida en perspectiva. Desaparecerás de escena dentro de unas cuantas décadas, pero el mundo permanecerá.

Mantén tu vida en perspectiva. Desaparecerás de escena dentro de unas cuantas décadas, pero el mundo permanecerá. Mi *césped* me sobrevivirá. La próxima vez que lo corte, tendré en cuenta que solo soy su sirviente temporal. Algún día otra persona tomará mi lugar.

Otra persona poseerá mi casa y mi pequeña parcela de tierra, y el césped seguirá allí. Seguirá creciendo, y otra persona lo cortará... hasta que sea sacada de la escena y otro venga a empujar el cortacésped. Así son las cosas. Todos vamos a morir, y el mundo seguirá girando sin nosotros. Poner nuestras esperanzas en la longevidad no es la clave para una vida simplificada y satisfactoria.

Educación

Salomón era reconocido por su sabiduría. Nadie sabía más que él en el mundo del siglo X a. C. No era casualidad: Salomón se había puesto como objetivo obtener conocimiento. Y para muchos como él, la educación parece un camino lógico para encontrar una vida que satisfaga. ¿Pero merecerá la pena?

> Y me dediqué de lleno a explorar e investigar con sabiduría todo cuanto se hace bajo el cielo... Me puse a reflexionar: «Aquí me tienen, engrandecido y con más sabiduría que todos mis antecesores en Jerusalén, y habiendo experimentado abundante sabiduría y conocimiento». Me he dedicado de lleno a la comprensión de la sabiduría, y hasta conozco la necedad y la insensatez. ¡Pero aun esto es querer alcanzar el viento![5]

Traté de hacérselo ver a mis padres cuando me gradué del instituto y no me apetecía ir directamente a la universidad. Les dije: «Eh, el tipo más sabio del mundo dijo que perseguir el conocimiento es como querer alcanzar el viento».

¿Sabes lo que dijeron? «Cállate y vete a la universidad, Bill».

Salomón no está diciendo que el conocimiento y la educación sean malos. Simplemente dice que no traerán la satisfacción del alma que tú crees.

¿Has conocido a estudiantes que terminan la universidad y no saben qué hacer después, así que se sacan una especialización, pensando que eso les dará alguna dirección? Pero después de un máster, todavía no han encontrado lo que buscan, así que lo intentan con estudios de postgraduado, e incluso puede que se saquen un doctorado, aunque siguen insatisfechos. Algunas personas, por lo visto, están en una búsqueda sin fin: más conocimiento, más grados, más tesis, más credenciales y más diplomas colgados en la pared.

Si todo esto te suena, Salomón puede ahorrarte tiempo, y algunos de los pagos de las matrículas. Él llegó todo lo lejos que puede ir un ser humano en la adquisición de conocimiento, y esto es lo que encontró: «Mientras más sabiduría, más problemas; mientras más se sabe, más se sufre».[6]

El conocimiento como objetivo final no merece la pena. Al final del camino no encontrarás lo que estás buscando. La adquisición incesante de conocimiento no llenará ese vacío de tu vida. No importa cuántos grados colecciones ni los logros que acumules, el vacío seguirá ahí. El conocimiento no fue diseñado para llenar ese vacío.

El tono pesimista de Salomón en el primer capítulo de Eclesiastés brilla considerablemente cuando cambia su búsqueda.

Algunas de las personas más cínicas y miserables que he conocido jamás eran personas que pensaban que una ronda más de investigación, una excavación arqueológica más, un artículo más publicado, un libro más con su nombre en la cubierta, les daría lo que estaban buscando. Nunca aprendieron lo que aprendió Salomón: que la educación y el conocimiento son medios para un fin, no un fin en sí mismos. Y cuando esos tristes tipos llegan al final, todavía pendientes de procurarse más conocimiento, más educación, mientras sacrifican las cosas que más importan por el camino, se encontrarán con que su búsqueda no cumple lo prometido. Serán abandonados con pena y dolor por todos esos años gastados en perseguir la clase equivocada de cosas a expensas de las que sí importaban. Tenían sus esperanzas puestas en una gran recompensa que nunca llegó.

Placer

El tono pesimista de Salomón en el primer capítulo de Eclesiastés brilla considerablemente en el capítulo dos, cuando cambia su búsqueda. Regala a sus lectores una zambullida de varios años en una piscina de hedonismo, pensando que una buena botella —o un barril de vino le iluminará y le hará más feliz. Se embarca en una búsqueda desenfrenada de placer, una fiesta universitaria sin fin. Que no paren los buenos tiempos.

> A la risa la considero una locura; en cuanto a los placeres, ¿para qué sirven? Quise luego hacer la prueba de entregarme al vino... y de aferrarme a la necedad.[7]

¿Cuánto vino hace falta para llenar el vacío de los huecos internos de tu corazón? Una pista: no hay suficiente vino en el mundo para eso. Los programas de desintoxicación están llenos de gente que lo intentaron a la manera de la universidad, y ahora persiguen vías más saludables y eficaces para llenar ese vacío. Descubrieron a las malas que el vino (o las drogas, el sexo, el juego, la comida o cualquier otra cosa que la gente use para anestesiar su dolor) no conduce a una vida satisfecha. Y al final es como correr tras el viento.

Trabajo o logros

El concepto de *adicto al trabajo* es probable que te suene familiar, ya sea porque conoces a uno o porque tú eres uno. La gente que busca el trabajo igual que un alcohólico busca su siguiente bebida tienen la misma enfermedad; simplemente han elegido una droga diferente. El objetivo del adicto al trabajo no es un subidón químico: es la adquisición; es el logro. Es ser el de arriba. ¡Salomón corrió por ese camino!

> Realicé grandes obras: me construí casas, me planté viñedos, cultivé mis propios huertos y jardines, y en ellos planté toda clase de árboles frutales. También me construí aljibes para irrigar los muchos árboles que allí crecían.[8]

Salomón no se construyó una linda casa: se construyó *casas.* En plural. Los sitios de Salomón eran suntuosos, con viñedos, jardines, huertos y aljibes.

Conozco a gente cuya obsesión con sus carreras ha producido esta clase de riqueza. Algunos son capaces de gestionar el equilibrio entre su vida y su trabajo de tal modo que sus familias no sufren. La gran mayoría no pueden.

Conozco a una mujer que recuerda a una amiga de secundaria a quien envidiaba grandemente: la chica compraba toda su ropa en Nordstrom, vivía en una enorme mansión y en cuanto cumplió los dieciséis comenzó a conducir un Camaro Z28 nuevo. Sus padres eran peces grandes de una compañía aeronáutica internacional, y estaban extraordinariamente centrados en sus carreras, echando largas horas en el trabajo mientras dejaban que la chica se las arreglara por su cuenta después de clase. Trataron de arreglar su ausencia en casa comprando una casa de verano en un lago, un apartamento en Hawái para las vacaciones de Navidad y otro para esquiar en la Cordillera de las Cascadas en el noroeste del Pacífico.

No corras tras el viento pasando todo tu tiempo en la oficina.

«Yo envidié a esta chica durante toda la secundaria —me dijo la mujer—. Lo tenía todo. Pero un día, cuando llegamos al último año, empezamos a hablar y ella admitió que cambiaría sus exóticas vacaciones y sus lujosas posesiones materiales sin dudarlo por unos padres que estuvieran cerca como los míos. "Tu madre prepara la cena cada noche para tu familia —me dijo—. Tu padre está en casa todas las noches, y los fines de semana. Mis padres siempre están fuera. Dejan muy claro lo que más les importa. Me lo demuestran cada día. Yo solo tengo *cosas*. No puedo comprar lo que tú tienes"».

Yo creo que sus padres pasaban el día en la oficina pensando que sus logros en el trabajo les proporcionaban significado y satisfacción a sus vidas. En realidad, todo lo que proporcionaban eran más cosas. No pueden deshacer los años que perdieron mientras su hija crecía. Aquellos años se fueron.

Si esta historia te revuelve, no es demasiado tarde. Aunque tus hijos hayan crecido, puedes construir y profundizar esas relaciones. No corras tras el viento pasando todo tu tiempo en la oficina. Y si eres un padre que se queda en casa, no pases todo tu tiempo de trabajo dejando la casa completamente limpia; o preparando comidas elaboradísimas para la compañía; o haciendo una carrera como voluntario en la escuela de tus hijos. Una obsesión con tu carrera —incluso la carrera de quedarse en casa— es correr tras el viento. En vez de eso, busca conexiones auténticas con los que amas. Invierte tu tiempo en las relaciones que más te importan. No te arrepentirás.

Riqueza

Es fácil confundir trabajo con riqueza porque a menudo uno lleva al otro. Pero Salomón los diferenció. Uno implica una obsesión con conseguir cosas y logros; el otro implica una obsesión con las posesiones y ganancias materiales.

> Me hice de esclavos y esclavas; y tuve criados, y mucho más ganado vacuno y lanar que todos los que me precedieron en Jerusalén. Amontoné oro y plata, y tesoros que fueron de reyes y provincias.[9]

En los días de Salomón, el número de esclavos que poseías era símbolo de estatus. Salomón llenó todas sus casas con multitud de personal;

su obsesión de obtener más posesiones —sus muchas casas— le condujo a más adquisiciones para mantener sus posesiones. Él había capturado el dragón; ahora tenía que alimentarlo.

El ganado era otro barómetro medible de riqueza. Si los campos de tu propiedad —o propiedades, en el caso de Salomón— estaban llenos de cabras y ovejas pastando, tus vecinos sabían que eras rico. Salomón reconoce que quería mostrarle a todo el mundo lo rico que era, así que amasó innumerables manadas y rebaños para llenar las colinas y pastos de su propiedad. Por supuesto, después necesitó adquirir más personal para atender y cuidar de todos esos animales.

Nada muestra tu riqueza más fácilmente que un montón de frío e irrefutable dinero. En los días de Salomón eso era el oro, la plata y los «tesoros que fueron de reyes y provincias». El comercio internacional era una parte importante del negocio de Salomón, así que la fortuna que amasó incluía tesoros de países extranjeros.

Las artes eran otro indicador de riqueza entonces, igual que hoy en día. Pero solo los ricos podían permitirse tales lujos en los tiempos antiguos. Las artes no pasaron desapercibidas para Salomón. Además de todas las riquezas tangibles que poseía, también dice: «Me hice de cantores y cantoras».[10] Muchos de nosotros hemos ahorrado céntimos y monedas para poder ir a un gran concierto de vez en cuando, pero Salomón fue y compró la banda. Adquirió los mejores músicos y los llevó a su palacio para que pudieran darle un concierto siempre que quisiera.

Salomón estaba decidido. Estaba centrado. Y pensando que la riqueza llenaría el hueco de su vida, la persiguió sin descanso hasta que fue el hombre más rico. Y aun así siguió vacío por dentro.

Hace unos años tuve la oportunidad de entrevistar a Bill Gates, uno de los fundadores de Microsoft. En aquel momento su fortuna neta estaba entre 55 y 60 mil millones de dólares, que es una cantidad de dinero alucinante. Bill y su esposa, Melinda, estaban en proceso de establecer la Fundación Gates, una fundación benéfica que traslada miles de millones de sus beneficios en tratamientos médicos en países en desarrollo, en la búsqueda de curas para las enfermedades, el desarrollo agrícola de Asia y el África subsahariana, la asistencia educativa para los distritos pobres de Estados Unidos, a hogares de bajo coste en las ciudades de EE. UU., y otras empresas de caridad.

Mientras entrevistaba a Bill, le pregunté: «¿Así que estás pasando de construir riqueza a distribuir la riqueza? ¿Por qué lo estás haciendo?».

Su respuesta se hacía eco del pensamiento de Salomón. Dijo: «Me desperté un día y me pregunté: "¿Qué tiene de especial? Puedo ganar mil millones más de dólares, o cinco mil, o diez mil más. ¿Qué tiene de especial? ¿Cuántos miles de millones son suficientes?"». Él y Melisa decidieron cambiar de marcha. Y esa decisión está, casi literalmente, cambiando el mundo.

La fe cristiana en sus orígenes no está en contra de las bendiciones materiales. Dios nos da cosas buenas, y quiere que las disfrutemos.

Pocas personas en el planeta deben tomar la decisión de cómo gastar sus miles de millones, así que tomemos la misma teoría del estrato de Bill Gates y pongámosla en perspectiva para que nos toque más de cerca. Conozco a gente que dice: «Si pudiera tener diez mil dólares más mi cuenta, ya está; estaría satisfecho». O: «Si pudiera hacer llegar mi negocio hasta este número, entonces estaría satisfecho».

O: «Si pudiera hacerme con esa casa más grande... o comprar ese coche tan lindo...».

Parafraseando a Salomón, que llegó a esta misma conclusión hace casi tres mil años: «En algún momento, te despertarás y comenzarás a sentir que estás corriendo tras el viento. No tiene importancia. No satisface».

A lo largo de los años he conocido a personas pasmosamente ricas, y normalmente caen en dos categorías: los que siguen corriendo tras el viento, que piensan que un poco más de dinero, un poco más de poder, les traerá satisfacción; y los que ven su riqueza como una herramienta para hacer el bien en el mundo. Te puedes imaginar el nivel de satisfacción de esos dos grupos.

Permíteme que ponga algunas cosas claras con el tema de la riqueza: la fe cristiana en sus orígenes no está en contra de las bendiciones materiales. Aunque no debemos poner nuestra *esperanza* en la riqueza, Dios nos da cosas buenas, y quiere que las disfrutemos. El apóstol Pablo exhortó a su protegido Timoteo —que era joven, y quizá todavía lidiaba con la cuestión de la «satisfacción»— con estas palabras:

> A los ricos de este mundo, mándales que no sean arrogantes ni pongan su esperanza en las riquezas, que son tan inseguras, sino en Dios, que nos provee de todo en abundancia para que lo disfrutemos.[11]

Aquellos que me conocen saben que poseo algunas cosas. Tengo una Harley (y Lynne también tenía una, hasta que la cambió por un kayak). Durante muchos años hemos tenido también un pequeño velero, que guardábamos en nuestra casa de Michigan, una casa de campo sencilla, de dos habitaciones, de la que disfrutábamos los fines de semana y durante mi descanso veraniego, y donde conectábamos como familia. Estas cosas no son necesidades, claro está, pero nos han dado placer y han añadido algo de esparcimiento y descanso a nuestras vidas. Yo reconozco de buena gana que esa clase de bendiciones vienen de Dios. No las adoro. Las comparto con generosidad. Las disfruto, claro está, pero puedo dejarlas marchar en cualquier

> La Biblia es brutalmente honesta acerca de lo que trae satisfacción profunda y duradera al corazón y al alma del hombre… y acerca de lo que no.

momento. Las cosas vienen y van. No me tienen atrapado, y no me siento culpable por disfrutar de lo que tengo.

Como dije, el cristianismo no está en contra de las bendiciones materiales, ni está en contra del *placer*. El Antiguo Testamento está lleno de descripciones de festivales, fiestas y celebraciones que Dios ordenó para Su pueblo. Fueron los mismos festivales de los que Jesús disfrutó durante Sus años en la tierra. De hecho, Su primer milagro fue convertir el agua en vino en una boda. El cristianismo, en su verdadera forma, abraza el placer que honra a Dios, la alegría y la diversión.

Si tienes una relación con Dios —si tu hueco está lleno y tienes un grupo de amigos cuyo vacío también está lleno— puedes irte de fiesta como cualquiera. Pocas cosas me traen más alegría que una cena, una fiesta de cumpleaños o una celebración con amigos. Pero el placer que traen es temporal. No las busco para una plenitud duradera; las acepto como lo que son. No me disculpo por caminar con Dios y disfrutar de Su generosidad.

La Biblia es brutalmente honesta acerca de lo que trae satisfacción profunda y duradera al corazón y al alma del hombre... y acerca de lo que no. Y la búsqueda y el disfrute de la riqueza nunca te traerán la plenitud que piensas.

Sexo

El sexo es una de las formas más comunes de búsqueda de una satisfacción fútil que oigo como pastor. La gente que usa el sexo como un medio para llenar el dolor de sus almas no está sola; Salomón también intentó este camino: «Disfruté de los deleites de los hombres: ¡formé mi propio harén!».[12]

La Escritura registra que Salomón adquirió «setecientas esposas que eran princesas, y trescientas concubinas».[13] Haz el cálculo. Estuvo casado con mil mujeres. Lo he pasado mal, como marido, haciendo feliz a *una* mujer; ¡no me puedo imaginar hacer felices a *mil* mujeres! Solo pasar una noche con cada una de ellas le llevaría casi tres años.

Aquellas mujeres eran de todo el mundo y de todas las religiones. Como apunta la Escritura: «Todas estas mujeres hicieron que se pervirtiera su corazón».[14]

Hay personas que, como Salomón, intentan llenar el vacío de sus vidas teniendo sexo con montones y montones de personas. Eso corroe sus almas y los deja vacíos. Como dijo el gran teólogo Mick Jagger: «*I can't get no satisfaction*» [No encuentro satisfacción].[15]

Ese camino de correr tras el viento no es exclusivo de los hombres; las mujeres también buscan satisfacción por medio del sexo o buscando a «la persona adecuada». Siempre tienen que estar en una relación o creen que no tienen valor. Creen que encontrarán al mítico Sr. Perfecto que al final las hará felices.

La vida no funciona de esa manera. Ninguna otra persona puede *hacerte* feliz. Ninguna cantidad de sexo te llenará del todo. Buscar satisfacción por medio de otra persona es como correr tras el viento.

Fama

Salomón resume su búsqueda de satisfacción con esto: «Me engrandecí en gran manera, más que todos los que me precedieron en Jerusalén».[16]

Mejor educación; mejores casas; mejores fiestas, mujeres, vino y música. Para los estándares del mundo, Salomón lo tenía todo, y todos lo sabían. Era famoso. Si hubiera habido paparazis en la antigua Jerusalén, no hubiera tenido otro objetivo para sus cámaras.

En nuestra cultura saturada de medios, es fácil pensar que la fama o la popularidad deben traer satisfacción. Pero un breve repaso a las noticias indica que a menudo la verdad es lo contrario. Los músicos y actores famosos son conocidos por quemarse en múltiples matrimonios. Las celebridades que parecen «tenerlo todo» también salen en las noticias con perturbadora frecuencia cuando se suicidan, a propósito o por accidente, por una sobredosis de drogas o alcohol. El número de personas bien conocidas de las que escuchamos que son admitidas en clínicas de desintoxicación no es más que un pequeño porcentaje de aquellos para quienes el alcohol o las drogas siguen siendo un problema escondido. Muy a menudo, la fama rompe las vidas. Realmente no satisface.

YA LO HE HECHO TODO

Salomón resume su intento mundano de llenar el vacío de su vida:

> No le negué a mis ojos ningún deseo, ni a mi corazón privé de placer alguno, sino que disfrutó de todos mis afanes. ¡Solo eso saqué de tanto afanarme! Consideré luego todas mis obras y el trabajo que me había costado realizarlas, y vi que todo era absurdo, un correr tras el viento, y que ningún provecho se saca en esta vida.[17]

Adquisiciones sin límite. Placeres sin límite. Una autoindulgencia total y sin adornos. Si eso no llena el vacío, ¿qué lo hará?

Adquisiciones sin límite. Placeres sin límite. Una autoindulgencia total y sin adornos. Si eso no llena el vacío, ¿qué lo hará?

La sociedad occidental funciona bajo la suposición de que más es mejor. Esta «verdad» no se cuestiona, especialmente en Estados Unidos. De pequeño, ¿alguna vez tuviste una conversación como esta con tus padres?

—Mamá y papá, ¿por qué tengo que estudiar tanto?

—Para que puedes entrar en una escuela mejor.

—¿Por qué tengo que entrar en una escuela mejor?

—Para que puedas tener un trabajo mejor pagado.

—¿Por qué necesito un trabajo mejor pagado?

—Para que puedas permitirte todas las cosas buenas de la vida.

—Eh... ¿qué pasará cuando finalmente consiga todas las cosas buenas de la vida? ¿Seré feliz entonces? ¿Las cosas buenas me hacen feliz? ¿Mamá...? ¿Papá...?

Salomón jugó según las reglas. Trabajó duro y tuvo éxito consiguiendo sus sueños. Y aun así, al final, su experimento hedonista fue un absoluto fracaso. Se pasó la vida haciendo cosas que pensaba que le harían feliz, solo para ver cómo el experimento reventaba al final. «En mi búsqueda de la verdadera satisfacción del alma, puedo tachar la búsqueda desenfrenada de placer de mi lista. Ya lo he hecho. Lo tenido todo, literalmente. Y no merece la pena».

SOLTAR EL TRAPECIO

A pequeña escala, puedo confirmar el resultado del experimento de Salomón, al menos en lo que concierne al dinero.

Nací en una familia bastante adinerada y aprendí a una edad relativamente temprana los límites de lo que el dinero puede comprar. No solo fue una bendición (aunque no del modo que puedas pensar), también me ahorró mucho tiempo. Cuando tienes diecisiete o dieciocho años y ya has tenido a tu disposición un montón de cosas por las que la gente se pasa la vida entera trabajando, miras a tu alrededor y dices: «¿Qué tiene de especial? ¿Me voy a dedicar los próximos cuarenta o cincuenta años de mi vida a conseguir un coche que tome las curvas un poco mejor, o un barco en el que quepa un poco más de gente? ¿De verdad?». Fui afortunado al descubrir temprano que el dinero, los juguetes, las casas y los viajes no llenan el vacío.

Uno de los momentos decisivos de mi vida ocurrió justo en aquella época, cuando trabajaba en la empresa familiar. Lo había hecho bien en un concurso de ventas, y un día el director de ventas me entregó un bonito cheque con una bonificación. Cuando saqué mi billetera para meter el cheque, encontré allí mis dos últimas pagas: sin cobrar. Recuerdo mirar el montón de cheques y dinero en efectivo de mi billetera y venírseme a la cabeza una idea perturbadora: *Puedo seguir engordando esta billetera lo que quiera, pero no me servirá de nada. Al final, el dinero no satisface. ¿Qué lo hará?*

En los meses que siguieron a aquel momento revelador entré en la época más oscura y desilusionada de mi vida. Sabía bien lo que el dinero *no podía* comprar. Sabía qué *no funcionaría* para llenar el vacío. Pero todavía no sabía qué lo haría. Estaba desilusionado con la idea de trabajar el resto de mi vida solo para conseguir más cosas. Me sentía como si estuviera flotando en un espacio abierto sin nada a lo que agarrarme, como soltar el trapecio sin tener a la vista el siguiente.

Todavía estoy asombrado del privilegio de dar mi vida para algo que tiene tanto significado.

Los dos años siguientes fueron los más oscuros de mi vida. Todavía llevo encima la vergüenza y el arrepentimiento por algunas estupideces que hice, algunas decisiones que tomé y algunas personas a las que herí.

Pero por terrorífica y dolorosa que fuera aquella etapa, se me empezó a aclarar quién era Dios realmente, cómo debía ser una relación con Él y qué propósito podía tener en mi vida: y quería más. No tenía otro plan en el horizonte, ni un segundo trapecio, pero era demasiado listo para quedarme atrapado gastando mi vida por caminos que sabía que no me satisfarían. Eran carreteras sin salida. Buscaba una alternativa.

Dios se mostró y empezó a llenar mi vacío con Su amor. Y comenzó a llenar mi mente con Sus propósitos. Poco después, en su momento, conecté con un grupo de personas que estaban descubriendo las mismas cosas de la vida que yo, y experimentamos juntos una comunidad cristiana. Por medio de esta comunidad de amigos, y por medio de lo que Dios me estaba enseñando en unas clases bíblicas universitarias con mi mentor, el doctor Bilezikian, me hice una idea de lo que una iglesia debía ser si funcionaba bien. Comenzamos a soñar con una iglesia que alimentara al hambriento y abrazara al solitario. Imaginamos una iglesia donde la gente haría la vida junta, ayudándose unos a otros a ir por mejor camino y a poner sus energías en arreglar las cosas rotas del mundo.

Esta era una visión para una vida con significado. Se me aceleraba el pulso cada vez que pensaba en ello. Y casi cuarenta años después mi pulso se sigue acelerando, y todavía estoy asombrado del privilegio de dar mi vida para algo que tiene tanto significado.

¿PARA QUÉ?

Hacia el final de su vida Salomón entendió claramente que estas actividades que le hacían «correr tras el viento» nunca le proporcionarían la satisfacción que buscaba. E hizo una astuta observación filosófica a través de algunas palabras dolorosamente honestas:

> Aborrecí entonces la vida, pues todo cuanto se hace en ella me resultaba repugnante. Realmente, todo es absurdo; ¡es correr tras el viento! Aborrecí también el haberme afanado tanto en esta vida, pues el fruto de tanto afán tendría que dejárselo a mi sucesor, y ¿quién sabe si este sería sabio o necio? Sin embargo, se adueñaría de lo que con tantos afanes y sabiduría logré hacer en esta vida. ¡Y también esto es absurdo! Volví a sentirme descorazonado de haberme afanado tanto en esta vida, pues hay quienes ponen a trabajar su sabiduría y sus conocimientos y experiencia, para luego entregarle todos sus bienes a quien jamás movió un dedo. ¡Y también esto es absurdo, y un mal enorme! Pues, ¿qué gana el hombre con todos sus esfuerzos y con tanto preocuparse y afanarse bajo el sol? Todos sus días están plagados de sufrimientos y tareas frustrantes, y ni siquiera de noche descansa su mente. ¡Y también esto es absurdo![18]

¿*Aborreció* la vida? Salomón sacó un aprobado en sinceridad. Pero ¿te gustaría tener a este tipo tan alegre en tu equipo? Su actitud destrozaría cualquier entrevista de trabajo.

Sin embargo, comprendo su desilusión. Le echa un vistazo honesto a la realidad y llega a esta conclusión: «Así que me arruino durante cuarenta o cincuenta años para construir algo importante, y justo cuando tiene sentido y éxito se lo tengo que dejar a algún imbécil cuando me jubile. Y puede que esa persona lo eche todo a perder. El resumen final del trabajo de mi vida se podría evaporar y desaparecer delante de mis ojos. Esto es una locura. No tiene sentido. Correr tras el viento. Ridículo».

UN APARCAMIENTO

La naturaleza temporal de nuestros logros mundanos golpeó de cerca a la familia Hybels. Mi abuelo, John Hybels, emigró desde los Países Bajos en los primeros años de 1900 y trabajó sin descanso para empezar Hybels Produce Company, ubicada en Kalamazoo, Michigan. La compañía sobrevivió a la Primera Guerra Mundial y a duras penas resistió la Depresión; pero mi abuelo trabajó duro *y* fue inteligente, y consiguió salir adelante. Después Hybels Produce sobrevivió también a la Segunda Guerra Mundial. Mi abuelo prácticamente trabajó hasta la temprana tumba, todo para establecer y sostener su empresa de productos.

Cuida dónde pones tus esperanzas y sueños. Todo tu trabajo puede desaparecer por completo.

Mi padre y sus hermanos tomaron el negocio del abuelo a finales de los años cuarenta, y siguieron los pasos de su padre, trabajando ochenta horas a la semana durante décadas, y haciéndose con tumbas tempranas en honor del negocio. Mi padre murió al poco de llegar a los cincuenta, y varios de mis tíos murieron incluso más jóvenes.

Cuando el último de los hermanos se fue, nadie en la familia quiso llevar el negocio, así que accedimos a venderlo. No pasó mucho tiempo antes de que los compradores, un nuevo grupo de inversión, renombraran la compañía y se la llevaran fuera de Kalamazoo. Hoy, en el sitio original de Hybels Produce Company, donde una próspera empresa familiar trabajó durante décadas, no hay nada más que un aparcamiento.

La última vez que estuve en Kalamazoo, conduje hasta el viejo lugar donde trabajé de niño y adolescente, y pensé: *Estoy muy feliz de no haber puesto mis esperanzas de realización en esta compañía, porque ahora no es más que un aparcamiento asfaltado.* De alguna manera, comprendí la clase de frustración que sintió Salomón cuando miró el imperio que había construido y pensó: «¿Y qué? Ahora otro se lo quedará, y lo arruinará del todo».

El reino de Salomón, de hecho, terminó con su muerte, cuando la nación de Israel se dividió en dos: el reino de Israel en el norte, y el reino de Judá en el sur. El lujoso templo que construyó para Dios —posiblemente más suntuoso que cualquier estructura humana previa— fue destruido en el 586 a. C.

Nosotros también hemos visto en nuestra época imperios aparentemente indestructibles derrumbarse. ¿Quién hubiera pensado que compañías como Oldsmobile, Blockbuster y Lehman Brothers —compañías de miles de millones de dólares— quebrarían y desaparecerían?

Cuida dónde pones tus esperanzas y sueños. No es solamente el riesgo de que esas cosas no te satisfarán (eso ya es suficientemente terrible). Es el riesgo de que se puedan evaporar. Todo tu trabajo puede desaparecer por completo. Incluso si tienes éxito al construir algo grande en tu vida... cuando te jubiles o mueras, ¿entonces qué? Podría desmoronarse en un parpadeo. Todo tu tiempo y esfuerzo podrían terminar volando con el viento.

AL FINAL

No tiene sentido simplificar tu vida si, para empezar, te diriges hacia un punto final que no importa. En mi opinión, la Escritura registra la odisea hedonista de Salomón para ayudarnos a evitar malgastar nuestras vidas como él lo hizo. Tenemos la opción de aprender de sus errores.

Ahórrate el dolor. Ahórrate décadas de irte por las ramas. No llegues al final de tus días dándote cuenta de que pasaste tu única vida con distracciones. No llegues al final de tu vida diciendo (con las palabras de la canción de U2), *«I still haven't found what I'm looking for»* [Todavía no he encontrado lo que estoy buscando].

Nadie me ha dicho nunca: «He trabajado muy duro por ese negocio. Solo quiero leer el estado financiero una última vez».

¿Alguna vez te has parado a preguntarte dónde pasarás probablemente tus últimos días en este planeta? Nadie sabe cuándo o dónde morirá, pero por estadística, es muy probable que sea en una cama de hospital. Es muy posible que pases tus horas finales tumbado en una cama de hospital, rodeado de monitores electrónicos, portasueros y cosas así. Como soy pastor, he estado en cientos de habitaciones así. Acerco una silla y me siento junto a la persona que está en la línea de llegada, a veces en las horas o momentos finales. He pasado por esta rutina muchas, muchas veces, y sé cómo va. El patrón apenas varía.

Primero, sin embargo, déjame contarte lo que *nunca* pasa. En las vigilias alrededor de una cama a las que asistido, nunca he escuchado a nadie decir: «Eh, ¿me puedes traer esa placa de agradecimiento que conseguí por ser voluntario en el parque del distrito? Está colgada en la pared de mi sala de juegos. Tráemela para que pueda mirarla y recordar cómo todos me aplaudieron».

Nadie me ha pedido que vaya al banco y les lleve un maletín lleno de dinero conseguido con esfuerzo. Nadie me ha dicho jamás:

«Déjalo aquí junto a mi pecho. Quiero sujetar mi dinero cerca de mi corazón mientras expiro».

Nadie me ha pedido que llevase su fabuloso BMW nuevo a lavar y después lo aparcase al otro lado de la ventana del hospital. Nadie me ha dijo nunca: «Que lo limpien bien. Que le pongan una buena cera. Y después ponlo ahí afuera para que pueda mirarlo mientras doy mi último suspiro».

Nadie me ha pedido nunca que corriese a la oficina de su abogado para traerles una copia del último estado financiero de su compañía. Nadie me ha dicho nunca: «He trabajado muy duro por ese negocio. Solo quiero leer el estado financiero una última vez».

Simplemente, estas no son las conversaciones que tienen lugar cerca del final de una vida. Cuando la gente está a punto de morir, ¿quieres saber de lo que hablan? De dos cosas: de si están bien o mal con sus familias, y de si están listos para encontrarse con su Hacedor. El cien por cien del tiempo, estas son las conversaciones que tengo con la gente en las camas de hospital.

Hablé con un empresario hace algún tiempo en un restaurante. Se estaba recuperando de una batalla reciente con una enfermedad que le había postrado en el hospital durante más de cien días. Casi muere varias veces, pero se había recuperado milagrosamente y había obtenido una prolongación para su vida.

Se emocionó al contármelo.

—Hay algo extremadamente perturbador en esta larga enfermedad —dijo.

—¿Aparte del hecho de que casi mueres varias veces? —pregunté.

—Sí —dijo él—. Fue otra cosa. Ya ves, pocas personas vinieron a visitarme. Quiero decir, literalmente, casi nadie. En *cien días*.

Sus ojos se llenaron de lágrimas. Se me revolvió el estómago.

—¿Cómo fue eso? —le pregunté.

—En mi empresa, he hecho a miles de personas ricas, extremadamente ricas —dijo. Yo conozco su compañía, y es un negocio multinacional, muy exitoso. No estaba exagerando—. Pero es una pena que pocas de esas personas del trabajo vinieran a verme cuando estuve tumbado durante más de tres meses. Di mi vida por esta compañía, pero supongo que para ellos no era más que el director ejecutivo, el jefe.

—¿Y qué hay de tu familia? —pregunté. Sabía que tenía esposa y algunos hijos adultos—. ¿No te visitaron?

Mi amigo no simplificó su vida evitando o quitando las cosas que no satisfacían; *llenó* su vida con las cosas que lo hacían.

—Bueno, para ser sinceros, abandoné un poco a mi familia mientras montaba el negocio y hacía rica a toda esta otra gente —dijo—. Por eso no toda mi familia me visitó mientras estaba en el hospital. Algunos lo hicieron. Pero no todos.

Ahora los dos estábamos llorando. No sabía qué decir, así que fui sincero con él.

—Sí, amigo mío, hiciste eso mal —le dije—. Lo siento mucho.

Hablamos un poco más acerca de cómo, con la vida que había recuperado, podía hacer algunas reparaciones atrasadas desde hace mucho en aquellas relaciones.

Contrasta la historia de este hombre con la de otro amigo mío, el propietario de un negocio que fue un pilar en nuestra iglesia durante veintitantos años. Este hombre pasó bien su única vida. Mantuvo el desorden a raya y llevó adelante días simplificados de propósito, significado y satisfacción. Hace varios años le diagnosticaron una terrible enfermedad incurable, y él se dio cuenta de que tenía los días contados. Recibió tratamiento de los mejores médicos que pudo encontrar. Pero la enfermedad le estaba quitando la vida. Cerca del final, una vez realizados todos los esfuerzos razonables por prolongar su vida, mi amigo no vio la necesidad de luchar por un milagro médico. Estaba tan seguro de su relación con Dios que decidió: *No quiero morir en un hospital. Quiero morir en casa.*

Fui a visitarlo a menudo. Cuando supimos que el final estaba cerca, me llamó y me dijo: «¿Podrías hacerme un favor? ¿Puedes arreglarlo para que algunos amigos —mis colegas de la iglesia— vengan? Mi familia está aquí, y me encantaría que pudiéramos reunirnos y cantar algunas alabanzas a Dios. ¿Podrías prepararlo?».

Así que un grupo —sus amigos cantantes, una banda de voluntarios con la que había trabajado y yo— nos reunimos en su casa con su familia. Nos pusimos alrededor de su cama y durante cerca de una hora y media cantamos las canciones que habíamos cantado juntos en la iglesia por más de veinte años. Él descansaba allí con mucha paz, cantando con nosotros lo mejor que podía, y decía: «Gracias. Gracias. Gracias». Créeme, no había quien no llorara en aquella habitación.

Oramos por él antes de marcharnos, y yo fui el último en dejar la habitación. Agarró mi mano y sonrió. «Bill, cuando me presentaste a Cristo y me bautizaste —dijo— encontré lo que estaba buscando. Amo la comunidad de mi iglesia. Y Dios me recordó a lo largo de toda mi vida que la familia importa. Tengo la mejor familia que se pueda imaginar. Esta noche estaban todos a mi alrededor, familia y amigos. Y sé dónde voy cuando muera. Ha sido una buena vida».

A los dos días murió.

Vaya contraste, ¿verdad? Mi amigo era de todo menos alguien que corría tras el viento. Invirtió su única vida en cosas que importan. No simplificó su vida evitando o quitando las cosas que no satisfacían; *llenó* su vida con las cosas que lo hacían. Comprendió una verdad vital que me desafía cada día, y yo te la ofrezco a ti ahora.

AMUEBLAR EL ESPACIO SAGRADO

Cuando erradicamos el desorden de nuestra vida, creamos un espacio que ansía ser llenado. Una vez hayas ordenado tu alma y hayas limpiado el espacio, rápidamente descubrirás que hay multitud de cosas que intentan meterse de nuevo en el espacio que has preparado con tanto cuidado. ¿Cómo evitas tener que volver a reordenar tu vida? ¿Cómo amueblar tu nuevo y simplificado mundo interior? En resumen, ¿cómo llevar una vida *continua* de simplicidad?

Nunca me ha resultado fácil decir que no a la miríada de oportunidades que golpean mi puerta. Para asegurarme de que amueblo el espacio sagrado en mi alma con las cosas correctas, hago pasar primero cada oportunidad, compromiso e inversión relacional por tres filtros.

Filtro nº 1: Satisfacción

Pregunta clave: ¿me dará verdadera satisfacción? Como Salomón nos dio una clara perspectiva de las cosas que no cuentan para nada más que para correr tras el viento, sé bien que no hay que sentirse embaucado para decir que sí a esas cosas. Sin embargo, cuando un ídolo que persigue el viento se acerca y me llama la atención, me hago esta dura pregunta: *¿Qué deseo no cubierto está siendo tentado aquí?* Al comprender el gran deseo de mi alma, puedo determinar mejor el plan de Dios para rellenar ese anhelo con algo que traiga verdadera satisfacción. Cuando los deseos de mi corazón dados por Dios se suplen de un modo dirigido por Él, es fácil decir que no a las cosas que nunca nos satisfarán.

Filtro nº 2: Propósito

Pregunta clave: ¿encaja esto con el propósito de Dios para mi vida en esta etapa? A veces me siento tentado a llenar un espacio en mi vida con algo bueno, pero eso no encaja con el llamado de Dios para mi vida, al menos no en esta etapa. Me resulta más fácil decir que no a algo cuando puedo decirme a mí mismo: *Ahora no. Quizá luego, pero no en esta etapa.* Si en etapas posteriores siento que Dios redirige mi propósito, puedo revisitar esas cosas a las que dije que no antes.

Filtro nº 3: Importancia

Pregunta clave: ¿esto me ayuda a ir hacia una vida importante? Al mantener la vista en el horizonte eterno, puedo filtrar esas cosas que solo tienen un valor temporal. Eso no significa decir que sí solamente a los compromisos espiritualmente significativos. ¡Al contrario! Si algo de valor divino pero temporal llena mi balde de energía y mantiene mi vida equilibrada, reconozco que la resistencia y el equilibrio emocional que me proporciona me capacita para llevar una vida de significado. Algunos dirán, por ejemplo, que la aventura de buscar tortugas en una barca de madera con mi nieto no tiene mucha importancia espiritual. Pero yo sé que sí. Yo sé que me carga las pilas como pocas otras fuentes de gozo en mi vida; y sé que infunde en ese pequeño niño un sentido indescriptible de su valor para mí, y para Dios.

Di que sí rápidamente a las cosas que te capaciten —directa o indirectamente— para llevar una vida de importancia eterna. Eso es lo que construye un legado, amigo. No te lo pierdas.

Cuando llegas al final de tu vida, te harás las dos mismas preguntas: ¿estoy bien con mi familia? ¿Estoy bien con mi Hacedor?

Es bastante simple, en realidad. Al final, todo se reduce a esto. Si sabes en tu alma que puedes responder que sí a ambas preguntas, entonces cuando te toque yacer en tu cama final, experimentarás la clase de gozo, de paz y satisfacción que vi en el rostro de mi amigo cuando nos reunimos a su alrededor y cantamos. Y dejarás un rico legado para que otros lo sigan.

Cuando llegas al final de tu vida, te harás las dos mismas preguntas: ¿estoy bien con mi familia? ¿Estoy bien con mi Hacedor?

EL LEGADO DE UNA VIDA SIMPLIFICADA

Estos días en la casa de los Hybels, a menudo tengo el privilegio de ver mi vida a través de dos pares de jóvenes ojos: los de mis nietos, Henry y Mac. Nuestra hija Shauna, su marido Aaron y sus hijos viven cerca, así que regularmente tengo dosis vivificadoras de Henry y Mac.

Llevaba mucho tiempo esperando convertirme en abuelo, pero no tenía ni idea de cómo esos dos preciosos regalos sacudirían mi mundo. El tiempo con ellos cambia mi perspectiva de mi propia vida. Me ayuda a frenar. Me ayuda a simplificar.

Cuando veo el potencial de las jóvenes vidas de Henry y Mac, se me recuerda de nuevo que debo evaluar mi vida. ¿La estoy empleando bien? ¿Estoy viviendo una vida que les hará estar orgullosos? ¿Estoy utilizando mi influencia como abuelo para moldear en quiénes se convertirán y encender su fuego por seguir a Cristo en sus vidas, como yo he tratado de seguirlo con la mía? ¿Les estoy pasando algo de la sabiduría nacida de la experiencia vital que Dios me ha dirigido? ¿Qué legado dejaré en sus jóvenes vidas cuando me marche?

Estas son las preguntas descarnadamente sinceras que me hago a mí mismo, y sería una mala práctica pastoral si no te hiciera las mismas preguntas a ti. ¿Qué legado estás dejando? En tu día final en esta tierra, cuando mires por el espejo retrovisor de tu vida, ¿verás un legado que traiga una profunda satisfacción? ¿O verás un puñado de días caóticos llenos de cosas que al final no importaban?

Has pasado los capítulos de este libro haciendo un duro trabajo de autoevaluación, discerniendo qué correcciones de rumbo necesitas hacer para simplificar tu vida. Espero que el proceso te haya sido útil. Pero simplificar no es simplemente pretender hacer tu vida más sencilla, como ordenar un cajón o un armario. Simplificas tu vida por razones que importan para la eternidad; para dar claridad, propósito y poder a las cosas que más importan en este mundo.

Dices que no conscientemente a cosas que desordenan el alma, como calendarios atiborrados, finanzas fuera de control, miedos profundamente asentados y relaciones rotas. Te apartas de vericuetos que podrían sacarte de la carretera principal y distraerte de aquello de lo que trata realmente tu vida.

Y dices que sí a cosas que importan, como la familia, los amigos, la comunidad cristiana, un trabajo satisfactorio y un papel en un ministerio que maximice los dones que Dios te ha dado para expandir Su reino.

Salomón termina el libro de Eclesiastés con esta conclusión sin pelos en la lengua:

> El fin de este asunto es que ya se ha escuchado todo. Teme, pues, a Dios y cumple sus mandamientos, porque esto es todo para el hombre.[19]

De esto trata la vida, amigo. Esto es lo que llena el vacío de tu alma. Haz lo que tengas que hacer para simplificar radicalmente tu vida. Es el único modo en que serás capaz de decir en tu día final: «Estoy satisfecho».

Solo tenemos un intento en esta vida. Escoge una vida con propósito, con Dios primero, y recibirás recompensas hoy y en la eternidad. Elige una vida donde el vacío con forma de Dios de tu alma se llene hasta sobreabundar, y dejarás un legado para aquellos que te siguen. Invierte tu única vida con toda la claridad y la concentración que puedas. Eso es una vida simplificada. Esa es la vida que satisface.

■ ■ ■

PASO DE ACCIÓN: EVALÚA TUS PATRONES DE PERSEGUIR EL VIENTO

Todos nos distraemos a veces. Me siento más tentado por algunas distracciones que por otras. Para mí, el trabajo es la mayor distracción. ¿Cuál es para ti? Piensa en los siete caminos para correr tras el viento que discutimos en este capítulo:

SIETE CAMINOS PARA CORRER TRAS EL VIENTO

1. Salud física y longevidad
2. Educación

3. Placer
4. Trabajo
5. Riqueza
6. Sexo
7. Fama

Ahora, en tu diario o en un trozo de papel escribe las respuestas a estas preguntas:

¿En qué camino es más probable que me distraiga de vivir una vida que satisfaga?

¿Cuándo me siento más tentado a distraerme en esta área?

¿Qué puedo hacer para sorprenderme a mí mismo antes de distraerme en esta área?

¿Estoy actualmente en este camino? Si es así, ¿qué pasos puedo dar hoy para dar la vuelta y regresar a la carretera principal hacia una vida simplificada y satisfactoria?

PASO DE ACCIÓN: SIMPLIFICA PARA SATISFACER

¿Qué cosas son las que importan por encima de todas las demás en tu vida? Toma un momento para escribir una frase clara que describa una vida que te dejaría satisfecho en tu día final. Si te ayuda, utiliza esto como un comienzo: «Estoy satisfecho con mi vida cuando...».

(A modo de ejemplo, esta es mi frase: *Estoy satisfecho con mi vida cuando uso mis dones para construir la iglesia local y mantener una fuerte relación con Lynne, Shauna, Todd, Aaron, Henry y Mac.*)

Que tu frase sea clara y concisa.

Con tu frase guía en mente, revisa tus pasos de acción de cada capítulo de *Simplifica.* ¿Tienes que dar algún paso más o hacer alguna corrección de rumbo adicional para asegurar que tus pasos para simplificar llevarán a una vida que satisfaga? Si es así, escríbelos en un trozo de papel o en tu diario. Y después introdúcelos en el calendario holístico del que hablamos en el capítulo 2 para ayudarte a vivir las prioridades que más importan.

Aquí tienes un índice de los pasos de acción para ayudarte a revisarlo:

Apéndice A:

Cómo escoger tus versículos para la vida

QUÉ BUSCAR EN UN VERSÍCULO PARA LA VIDA

Los versículos para la vida a menudo reflejan la historia y la personalidad de un individuo. Espero que a estas alturas ya te haya convencido del valor de elegir uno, ya sea para la etapa actual o como un llamamiento para el resto de tu vida. ¿Qué características son importantes en tu propio versículo para la vida?

Busca algunos rasgos clave.

Llamada a la acción

Un versículo para la vida sirve como llamada a la acción. Con esto no quiero decir que necesariamente te diga lo que tienes que hacer. Mi versículo para la vida resulta instructivo en este sentido —*sé firme*—, pero muchos buenos versículos no lo son. Sin embargo, el mensaje de un buen versículo para la vida debería *llamarte* a la acción. En los ejemplos que cité más arriba, el versículo para la vida de una persona le recuerda hacer todo a través de Jesús la Vid, o buscar vivir «en abundancia» a pesar de las trágicas circunstancias. Un buen versículo debería motivarte a correr la carrera adecuada hacia un premio eterno e imperecedero. Encuentra un versículo que no te deje calentando la silla cómodamente, sino que te empuje a *seguir las cosas que más importan.*

Personalizado

Encuentra un versículo que le hable a un área de tu vida donde necesitas refuerzos extra. No escojas uno que simplemente aumente un área en la que ya eres fuerte; busca un versículo que te apoye allí donde eres débil. Alguien que se sienta lleno por naturaleza de la paz de Dios no necesita: «No se angustien ni se acobarden» (Juan 14.27), ¡lo necesita alguien que está esclavizado al miedo! Encuentra un versículo que rellene los huecos en tu vida y te afiance donde más lo necesitas.

Corto y agradable

Para que tu versículo sea una llamada a la acción efectiva a lo largo de tu día, debe ser conciso. No escojas varios versículos. No escojas el Salmo 119, ¡que tiene 176 versículos! Busca un versículo sencillo —o, como mucho, dos cortos—, o un pasaje de tres. Debería ser suficientemente conciso como para memorizarlo y ser recitado en el calor de la batalla según avanza el día.

Lleno de esperanza

Escoge un versículo que te haga sentir mejor de cómo estabas antes de leerlo. No necesitas duras palabras de verdad o convicción taladrándose repetidamente en tu mente a lo largo del día. Así que no escojas Romanos 3.23, por ejemplo: «Pues todos han pecado y están privados de la gloria de Dios». Necesitamos la verdad de esta Escritura, eso seguro. Pero para tu versículo para la vida, encuentra uno que enfatice la benevolencia de Dios hacia ti en vez de tus defectos delante de Él. Elige un versículo que anime, levante y sea positivo; uno que te motive y te infunda esperanza.

DÓNDE BUSCAR UN BUEN VERSÍCULO PARA LA VIDA

He incluido un catálogo de posibles versículos para la vida en el Apéndice B. Estos versículos están clasificados por temas para facilitar que encuentres aquel que encaje contigo. Otros lugares donde buscar versículos potenciales son tu Biblia, una Biblia en línea, un libro que enliste las promesas de Dios por categorías o una aplicación sobre promesas bíblicas en tu dispositivo móvil.

Tu Biblia

Si tienes el hábito de subrayar y resaltar versículos bíblicos como yo, pasa las páginas de tu Biblia y lee los versículos que has marcado. Tal vez ya has subrayado aquel que escogerás para ser el versículo para tu vida. Si encuentras varios, haz una lista de los mejores candidatos.

Si tu Biblia tiene concordancia, puedes buscar palabras clave que te suenen bien, como *paz, gozo, fidelidad*, etc.

Biblia en línea

Utiliza un *software* bíblico como YouVersion (www.bible.com) para buscar palabras clave. Si crees que te vendría bien un versículo sobre el gozo, busca «gozo» y después revisa los versículos de la Biblia que contienen esa palabra.

Libros de promesas bíblicas

Varias editoriales han publicado libros de bolsillo a bajo precio que contienen cientos de promesas de la Escritura, categorizadas en docenas de temas como la ira, el contentamiento, la vida eterna, la esperanza, el amor de Dios, la paz, la redención, la salvación, la confianza, la preocupación y muchos más. Estos libros están disponibles en formato electrónico y en diferentes versiones de la Biblia. Elige el libro que concuerde con la versión de la Biblia que prefieres leer… y después busca según los temas que mejor te parezcan.

Aplicación de promesas bíblicas

Es la misma idea que un libro de promesas bíblicas, pero para llevar. Ve a la *app store* de tu operador y busca «promesas Biblia». Hay disponible una variedad de aplicaciones baratas o gratuitas que te ayudarán a buscar en la Escritura por palabras clave o temas.

ELEGIR UN VERSÍCULO PARA TU VIDA

Usando los recursos que describo arriba, crea una lista de versículos que te suenen bien y después considera cada uno en oración. No tomes una decisión apresurada; más bien, date tiempo hasta que sientas con claridad cuál escoger.

Una vez lo hayas seleccionado, comprométete a memorizarlo y a colocarlo en lugares donde puedas verlo a lo largo del día para mantenerlo fresco en la cabeza.

CAMBIAR EL VERSÍCULO PARA TU VIDA

No hay reglas estrictas en los versículos para la vida. Puedes cambiarlos en cualquier momento. Aunque yo he escogido un versículo principal (1 Corintios 15.58), también me he apoyado en otros en diferentes épocas. Intenta encontrar un versículo que te sirva para todo el trayecto, uno que pueda ser un faro a lo largo del viaje de tu vida.

Apéndice B

Catálogo de versículos para la vida

AMOR

JEREMÍAS 31.3 Hace mucho tiempo se me apareció el SEÑOR y me dijo: «Con amor eterno te he amado; por eso te sigo con fidelidad».

MATEO 22.37-39 «Ama al Señor tu Dios con todo tu corazón, con todo tu ser y con toda tu mente —le respondió Jesús—. Este es el primero y el más importante de los mandamientos. El segundo se parece a este: ama a tu prójimo como a ti mismo».

JUAN 13.34-35 Este mandamiento nuevo les doy: que se amen los unos a los otros. Así como yo los he amado, también ustedes deben amarse los unos a los otros. De este modo todos sabrán que son mis discípulos, si se aman los unos a los otros.

ROMANOS 12.9 El amor debe ser sincero. Aborrezcan el mal; aférrense al bien.

EFESIOS 4.1-3 Por eso yo, que estoy preso por la causa del Señor, les ruego que vivan de una manera digna del llamamiento que han recibido, siempre humildes y amables, pacientes, tolerantes unos con otros en amor. Esfuércense por mantener la unidad del Espíritu mediante el vínculo de la paz.

COLOSENSES 3.13 De modo que se toleren unos a otros y se perdonen si alguno tiene queja contra otro. Así como el Señor los perdonó, perdonen también ustedes.

1 PEDRO 4.8 Sobre todo, ámense los unos a los otros profundamente, porque el amor cubre multitud de pecados.

ASOMBRO

NEHEMÍAS 9.6 ¡Solo tú eres el Señor! Tú has hecho los cielos, y los cielos de los cielos con todas sus estrellas. Tú le das vida a todo lo creado: la tierra y el mar con todo lo que hay en ellos. ¡Por eso te adoran los ejércitos del cielo!

SALMO 27.4 Una sola cosa le pido al Señor, y es lo único que persigo: habitar en la casa del Señor todos los días de mi vida, para contemplar la hermosura del Señor y recrearme en su templo.

SALMO 71.5-6 Tú, Soberano Señor, has sido mi esperanza; en ti he confiado desde mi juventud. De ti he dependido desde que nací; del vientre materno me hiciste nacer. ¡Por siempre te alabaré!

SALMO 116.1-2 Yo amo al Señor porque Él escucha mi voz suplicante. Por cuanto Él inclina a mí su oído, lo invocaré toda mi vida.

HABACUC 3.2 Señor, he sabido de tu fama; tus obras, Señor, me dejan pasmado. Realízalas de nuevo en nuestros días, dalas a conocer en nuestro tiempo; en tu ira, ten presente tu misericordia.

FILIPENSES 4.4 Alégrense siempre en el Señor. Insisto: ¡Alégrense!

CERTEZA

SALMO 3.3-4 Pero tú, Señor, me rodeas cual escudo; tú eres mi gloria; ¡tú mantienes en alto mi cabeza! Clamo al Señor a voz en cuello, y desde su monte santo Él me responde.

LAMENTACIONES 3.22-23 El gran amor del Señor nunca se acaba, y su compasión jamás se agota. Cada mañana se renuevan sus bondades; ¡muy grande es su fidelidad!

SOFONÍAS 3.17 Porque el Señor tu Dios está en medio de ti como guerrero victorioso. Se deleitará en ti con gozo, te renovará con su amor, se alegrará por ti con cantos.

JUAN 10.27-29 Mis ovejas oyen mi voz; yo las conozco y ellas me siguen. Yo les doy vida eterna, y nunca perecerán, ni nadie podrá arrebatármelas de la mano. Mi Padre, que me las ha dado, es más grande que todos; y de la mano del Padre nadie las puede arrebatar.

ROMANOS 8.38-39 Pues estoy convencido de que ni la muerte ni la vida, ni los ángeles ni los demonios, ni lo presente ni lo por venir, ni los poderes, ni lo alto ni lo profundo, ni cosa alguna en toda la creación, podrá apartarnos del amor que Dios nos ha manifestado en Cristo Jesús nuestro Señor.

ROMANOS 10.13 Todo el que invoque el nombre del Señor será salvo.

EFESIOS 1.13 En Él también ustedes, cuando oyeron el mensaje de la verdad, el evangelio que les trajo la salvación, y lo creyeron, fueron marcados con el sello que es el Espíritu Santo prometido.

COMPASIÓN

SALMO 82.3-4 Defiendan la causa del huérfano y del desvalido; al pobre y al oprimido háganles justicia. Salven al menesteroso y al necesitado; líbrenlos de la mano de los impíos.

PROVERBIOS 19.17 Servir al pobre es hacerle un préstamo al Señor; Dios pagará esas buenas acciones.

MATEO 25.37-40 Y le contestarán los justos: «Señor, ¿cuándo te vimos hambriento y te alimentamos, o sediento y te dimos de beber? ¿Cuándo te vimos como forastero y te dimos alojamiento, o necesitado de ropa y te vestimos? ¿Cuándo te vimos enfermo o en la cárcel y te visitamos?». El Rey les responderá: «Les aseguro que todo lo que hicieron por uno de mis hermanos, aun por el más pequeño, lo hicieron por mí».

SANTIAGO 1.27 La religión pura y sin mancha delante de Dios nuestro Padre es esta: atender a los huérfanos y a las viudas en sus aflicciones, y conservarse limpio de la corrupción del mundo.

1 JUAN 3.17-18 Si alguien que posee bienes materiales ve que su hermano está pasando necesidad, y no tiene compasión de él, ¿cómo se puede decir que el amor de Dios habita en él? Queridos hijos, no amemos de palabra ni de labios para afuera, sino con hechos y de verdad.

CONTENTAMIENTO

SALMO 119.37 Aparta mi vista de cosas vanas, dame vida conforme a tu palabra.

MATEO 6.33 Busquen primeramente el reino de Dios y su justicia, y todas estas cosas les serán añadidas.

MATEO 6.34 No se angustien por el mañana, el cual tendrá sus propios afanes. Cada día tiene ya sus problemas.

FILIPENSES 4.12 Sé lo que es vivir en la pobreza, y lo que es vivir en la abundancia. He aprendido a vivir en todas y cada una de las circunstancias, tanto a quedar saciado como a pasar hambre, a tener de sobra como a sufrir escasez.

FILIPENSES 4.19 Así que mi Dios les proveerá de todo lo que necesiten, conforme a las gloriosas riquezas que tiene en Cristo Jesús.

HEBREOS 13.5 Manténganse libres del amor al dinero, y conténtense con lo que tienen, porque Dios ha dicho: «Nunca te dejaré; jamás te abandonaré».

ESPERANZA

SALMO 18.2 El Señor es mi roca, mi amparo, mi libertador; es mi Dios, el peñasco en que me refugio.
Es mi escudo, el poder que me salva, ¡mi más alto escondite!

SALMO 25.4-5 Señor, hazme conocer tus caminos; muéstrame tus sendas. Encamíname en tu verdad, ¡enséñame! Tú eres mi Dios y Salvador, ¡en ti pongo mi esperanza todo el día!

JEREMÍAS 29.11 «Porque yo sé muy bien los planes que tengo para ustedes —afirma el Señor—, planes de bienestar y no de calamidad, a fin de darles un futuro y una esperanza».

MIQUEAS 7.7 Pero yo he puesto mi esperanza en el Señor; yo espero en el Dios de mi salvación. ¡Mi Dios me escuchará!

MARCOS 10.27 «Para los hombres es imposible —aclaró Jesús, mirándolos fijamente—, pero no para Dios; de hecho, para Dios todo es posible».

ROMANOS 8.28 Ahora bien, sabemos que Dios dispone todas las cosas para el bien de quienes lo aman, los que han sido llamados de acuerdo con su propósito.

FILIPENSES 1.6 Estoy convencido de esto: el que comenzó tan buena obra en ustedes la irá perfeccionando hasta el día de Cristo Jesús.

FIDELIDAD

DEUTERONOMIO 6.6-7 Grábate en el corazón estas palabras que hoy te mando. Incúlcaselas continuamente a tus hijos. Háblales de ellas cuando estés en tu casa y cuando vayas por el camino, cuando te acuestes y cuando te levantes.

JOSUÉ 24.15 Por mi parte, mi familia y yo serviremos al Señor.

PROVERBIOS 3.5-6 Confía en el Señor de todo corazón, y no en tu propia inteligencia. Reconócelo en todos tus caminos, y Él allanará tus sendas.

ISAÍAS 40.30-31 Aun los jóvenes se cansan, se fatigan, y los muchachos tropiezan y caen; pero los que confían en el Señor renovarán sus fuerzas; volarán como las águilas: correrán y no se fatigarán, caminarán y no se cansarán.

JUAN 15.5 Yo soy la vid y ustedes son las ramas. El que permanece en mí, como yo en él, dará mucho fruto; separados de mí no pueden ustedes hacer nada.

1 CORINTIOS 10.31 En conclusión, ya sea que coman o beban o hagan cualquier otra cosa, háganlo todo para la gloria de Dios.

COLOSENSES 3.23-24 Hagan lo que hagan, trabajen de buena gana, como para el Señor y no como para nadie en este mundo, conscientes de que el Señor los recompensará con la herencia. Ustedes sirven a Cristo el Señor.

2 TIMOTEO 2.15 Esfuérzate por presentarte a Dios aprobado, como obrero que no tiene de qué avergonzarse y que interpreta rectamente la palabra de verdad.

GRATITUD

SALMO 139.13-14 Tú creaste mis entrañas;
me formaste en el vientre de mi madre. ¡Te alabo porque soy una creación admirable! ¡Tus obras son maravillosas, y esto lo sé muy bien!

ROMANOS 15.13 Que el Dios de la esperanza los llene de toda alegría y paz a ustedes que creen en Él, para que rebosen de esperanza por el poder del Espíritu Santo.

COLOSENSES 2.6-7 Por eso, de la manera que recibieron a Cristo Jesús como Señor, vivan ahora en Él, arraigados y edificados en Él, confirmados en la fe como se les enseñó, y llenos de gratitud.

1 TESALONICENSES 5.16-18 Estén siempre alegres, oren sin cesar, den gracias a Dios en toda situación, porque esta es su voluntad para ustedes en Cristo Jesús.

SANTIAGO 1.17 Toda buena dádiva y todo don perfecto descienden de lo alto, donde está el Padre que creó las lumbreras celestes, y que no cambia como los astros ni se mueve como las sombras.

HUMILDAD

JEREMÍAS 9.23-24 Así dice el Señor: «Que no se gloríe el sabio de su sabiduría, ni el poderoso de su poder, ni el rico de su riqueza. Si alguien ha de gloriarse, que se gloríe de conocerme y de comprender que yo soy el Señor, que actúo en la tierra con amor, con derecho y justicia, pues es lo que a mí me agrada», afirma el Señor.

2 CORINTIOS 12.9-10 Pero Él me dijo: «Te basta con mi gracia, pues mi poder se perfecciona en la debilidad». Por lo tanto, gustosamente haré más bien alarde de mis debilidades, para que permanezca sobre mí el poder de Cristo. Por eso me regocijo en debilidades, insultos, privaciones, persecuciones y dificultades que sufro por Cristo; porque cuando soy débil, entonces soy fuerte.

EFESIOS 2.8-9 Porque por gracia ustedes han sido salvados mediante la fe; esto no procede de ustedes, sino que es el regalo de Dios, no por obras, para que nadie se jacte.

FILIPENSES 2.3-4 No hagan nada por egoísmo o vanidad; más bien, con humildad consideren a los demás como superiores a ustedes mismos. Cada uno debe velar no solo por sus propios intereses sino también por los intereses de los demás.

FILIPENSES 3.7 Sin embargo, todo aquello que para mí era ganancia, ahora lo considero pérdida por causa de Cristo.

SANTIAGO 4.10 Humíllense delante del Señor, y Él los exaltará.

JUSTICIA

PROVERBIOS 31.8-9 ¡Levanta la voz por los que no tienen voz! ¡Defiende los derechos de los desposeídos! ¡Levanta la voz, y hazles justicia! ¡Defiende a los pobres y necesitados!

ISAÍAS 1.17 ¡Aprendan a hacer el bien! ¡Busquen la justicia y reprendan al opresor! ¡Aboguen por el huérfano y defiendan a la viuda!

JEREMÍAS 22.3 Así dice el Señor: «Practiquen el derecho y la justicia. Libren al oprimido del poder del opresor. No maltraten ni hagan violencia al extranjero, ni al huérfano ni a la viuda, ni derramen sangre inocente en este lugar».

MIQUEAS 6.8 ¡Ya se te ha declarado lo que es bueno! Ya se te ha dicho lo que de ti espera el Señor:
practicar la justicia, amar la misericordia y humillarte ante tu Dios.

ZACARÍAS 7.9-10 Así dice el Señor Todopoderoso: «Juzguen con verdadera justicia; muestren amor y compasión los unos por los otros. No opriman a las viudas ni a los huérfanos, ni a los extranjeros ni a los pobres. No maquinen el mal en su corazón los unos contra los otros».

PAZ

ÉXODO 33.14 «Yo mismo iré contigo y te daré descanso», respondió el Señor.

SALMO 46.10 Quédense quietos, reconozcan que yo soy Dios. ¡Yo seré exaltado entre las naciones! ¡Yo seré enaltecido en la tierra!

MATEO 11.28-30 Vengan a mí todos ustedes que están cansados y agobiados, y yo les daré descanso. Carguen con mi yugo y aprendan de mí, pues yo soy apacible y humilde de corazón, y encontrarán descanso para su alma. Porque mi yugo es suave y mi carga es liviana.

ROMANOS 8.1 Por lo tanto, ya no hay ninguna condenación para los que están unidos a Cristo Jesús.

ROMANOS 12.17-18 No paguen a nadie mal por mal. Procuren hacer lo bueno delante de todos. Si es posible, y en cuanto dependa de ustedes, vivan en paz con todos.

FILIPENSES 4.6-7 No se inquieten por nada; más bien, en toda ocasión, con oración y ruego, presenten sus peticiones a Dios y denle gracias. Y la paz de Dios, que sobrepasa todo entendimiento, cuidará sus corazones y sus pensamientos en Cristo Jesús.

1 PEDRO 5.7 Depositen en Él toda ansiedad, porque Él cuida de ustedes.

PERSEVERANCIA

HECHOS 20.24 Sin embargo, considero que mi vida carece de valor para mí mismo, con tal de que termine mi carrera y lleve a cabo el servicio que me ha encomendado el Señor Jesús, que es el de dar testimonio del evangelio de la gracia de Dios.

1 CORINTIOS 9.24 ¿No saben que en una carrera todos los corredores compiten, pero solo uno obtiene el premio? Corran, pues, de tal modo que lo obtengan.

1 CORINTIOS 15.58 Por lo tanto, mis queridos hermanos, manténganse firmes e inconmovibles, progresando siempre en la obra del Señor, conscientes de que su trabajo en el Señor no es en vano.

2 CORINTIOS 4.7-9 Pero tenemos este tesoro en vasijas de barro para que se vea que tan sublime poder viene de Dios y no de nosotros. Nos vemos atribulados en todo, pero no abatidos; perplejos, pero no desesperados; perseguidos, pero no abandonados; derribados, pero no destruidos.

GÁLATAS 6.9 No nos cansemos de hacer el bien, porque a su debido tiempo cosecharemos si no nos damos por vencidos.

FILIPENSES 2.12-13 Así que, mis queridos hermanos, como han obedecido siempre —no solo en mi presencia sino mucho más ahora en mi ausencia— lleven a cabo su salvación con temor y temblor, pues Dios es quien produce en ustedes tanto el querer como el hacer para que se cumpla su buena voluntad.

FILIPENSES 3.14 Sigo avanzando hacia la meta para ganar el premio que Dios ofrece mediante su llamamiento celestial en Cristo Jesús.

HEBREOS 12.1 Por tanto, también nosotros, que estamos rodeados de una multitud tan grande de testigos, despojémonos del lastre que nos estorba, en especial del pecado que nos asedia, y corramos con perseverancia la carrera que tenemos por delante.

SANTIAGO 1.2-3 Hermanos míos, considérense muy dichosos cuando tengan que enfrentarse con diversas pruebas, pues ya saben que la prueba de su fe produce constancia.

SANTIAGO 1.12 Dichoso el que resiste la tentación porque, al salir aprobado, recibirá la corona de la vida que Dios ha prometido a quienes lo aman.

PUREZA

SALMO 51.10 Crea en mí, oh Dios, un corazón limpio, y renueva la firmeza de mi espíritu.

SALMO 139.23-24 Examíname, oh Dios, y sondea mi corazón; ponme a prueba y sondea mis pensamientos. Fíjate si voy por mal camino, y guíame por el camino eterno.

PROVERBIOS 4.23 Por sobre todas las cosas cuida tu corazón, porque de él mana la vida.

EZEQUIEL 36.26-27 Les daré un nuevo corazón, y les infundiré un espíritu nuevo; les quitaré ese corazón de piedra que ahora tienen, y les pondré un corazón de carne. Infundiré mi Espíritu en ustedes, y haré que sigan mis preceptos y obedezcan mis leyes.

ROMANOS 12.1-2 Por lo tanto, hermanos, tomando en cuenta la misericordia de Dios, les ruego que cada uno de ustedes, en adoración espiritual, ofrezca su cuerpo como sacrificio vivo, santo y agradable a Dios. No se amolden al mundo actual, sino sean transformados mediante la renovación de su mente. Así podrán comprobar cuál es la voluntad de Dios, buena, agradable y perfecta.

FILIPENSES 4.8 Por último, hermanos, consideren bien todo lo verdadero, todo lo respetable, todo lo justo, todo lo puro, todo lo amable, todo lo digno de admiración, en fin, todo lo que sea excelente o merezca elogio.

SACRIFICIO

ISAÍAS 6.8 Entonces oí la voz del Señor que decía: «¿A quién enviaré? ¿Quién irá por nosotros?». Y respondí: «Aquí estoy. ¡Envíame a mí!».

JUAN 13.14-15 Pues si yo, el Señor y el Maestro, les he lavado los pies, también ustedes deben lavarse los pies los unos a los otros. Les he puesto el ejemplo, para que hagan lo mismo que yo he hecho con ustedes.

JUAN 15.13 Nadie tiene amor más grande que el dar la vida por sus amigos.

GÁLATAS 2.20 He sido crucificado con Cristo, y ya no vivo yo sino que Cristo vive en mí. Lo que ahora vivo en el cuerpo, lo vivo por la fe en el Hijo de Dios, quien me amó y dio su vida por mí.

EFESIOS 5.1-2 Por tanto, imiten a Dios, como hijos muy amados, y lleven una vida de amor, así como Cristo nos amó y se entregó por nosotros como ofrenda y sacrificio fragante para Dios.

FILIPENSES 1.21 Porque para mí el vivir es Cristo y el morir es ganancia.

1 PEDRO 4.19 Así pues, los que sufren según la voluntad de Dios, entréguense a su fiel Creador y sigan practicando el bien.

VALENTÍA

JOSUÉ 1.9 Ya te lo he ordenado: ¡sé fuerte y valiente! ¡No tengas miedo ni te desanimes! Porque el Señor tu Dios te acompañará dondequiera que vayas.

SALMO 27.1 El Señor es mi luz y mi salvación; ¿a quién temeré? El Señor es el baluarte de mi vida; ¿quién podrá amedrentarme?

ISAÍAS 41.10 Así que no temas, porque yo estoy contigo; no te angusties, porque yo soy tu Dios. Te fortaleceré y te ayudaré; te sostendré con mi diestra victoriosa.

JUAN 16.33 Yo les he dicho estas cosas para que en mí hallen paz. En este mundo afrontarán aflicciones, pero ¡anímense! Yo he vencido al mundo.

ROMANOS 1.16 A la verdad, no me avergüenzo del evangelio, pues es poder de Dios para la salvación de todos los que creen: de los judíos primeramente, pero también de los gentiles.

FILIPENSES 4.13 Todo lo puedo en Cristo que me fortalece.

1 TIMOTEO 6.12 Pelea la buena batalla de la fe; haz tuya la vida eterna, a la que fuiste llamado y por la cual hiciste aquella admirable declaración de fe delante de muchos testigos.

2 TIMOTEO 1.7 Pues Dios no nos ha dado un espíritu de timidez, sino de poder, de amor y de dominio propio.

1 JUAN 4.4 Ustedes, queridos hijos, son de Dios y han vencido a esos falsos profetas, porque el que está en ustedes es más poderoso que el que está en el mundo.

Notas

CAPÍTULO UNO: DE EXHAUSTO A VITALIZADO

1. Lucas 10.38-42.
2. Lucas 10.25-37.
3. Todos los equipos deportivos tienen su archienemigo. Para los fans de los Chicago Bears, cerca de donde nací, son los Green Bay Packers.
4. Gary Thomas, *Sacred Pathways: Discover Your Soul's Path to God* (Grand Rapids, MI: Zondervan, 1996).
5. Salmo 127.3, RVC.
6. Eclesiastés 5.18, paráfrasis del autor.
7. Mateo 14.13.
8. Sam Fahmy, «Low-Intensity Exercise Reduces Fatigue Symptoms by 65 Percent, Study Finds», *UGA Today*, 28 febrero 2008, http://news.uga.edu/releases/article/low-intensity-exercise-reduces-fatigue-symptoms-by-65- percent-study-finds.
9. Jack Groppel, *The Corporate Athlete* (New York: John Wiley & Sons, Inc., 2000).

CAPÍTULO DOS: DE SOBREPROGRAMADO A ORGANIZADO

1. Efesios 5.15-16.
2. Alpha se puede encontrar en iglesias, cafeterías, bares y hogares de todo el mundo. Más de 18 millones de personas han hecho el curso. Para más información acerca de Alpha, visita http://latam.alpha.org o www.alpha.org.
3. Lucas 4.16.
4. Mateo 5.37, RVR95.
5. Mateo 6.33, RVR60.

CAPÍTULO TRES: DE SOBREPASADO A ESTAR AL MANDO

1. Lucas 19.1-10.
2. Hechos 16.31.
3. Santiago 1.17.
4. Michael Weissenstein, «Happiest People on Planet Live in Latin America, Gallup Poll Suggests», *Huffington Post*, 19 diciembre 2012, www.huffingtonpost.com/2012/12/20/happiest-people-on-planet-latin-america_n_2336772.html.
5. Jon Clifton, «Latin Americans Most Positive in the World», *Gallup World*, 19 diciembre 2012, www.gallup.com/poll/159254/latin-americans-positive-world.aspx.
6. Filipenses 4.11-13.
7. Proverbios 3.9-10.
8. Malaquías 3.10.
9. Proverbios 6.6-8, NTV.
10. Adaptado del himno de Charlotte Elliot *Tal como soy de pecador.*

CAPÍTULO CUATRO: DE IMPACIENTE A SATISFECHO

1. Eclesiastés 5.18-19.
2. Salmo 139.14.
3. Parker J. Palmer, *Let Your Life Speak* (New York: John Wiley & Sons, 2000).
4. Estas descripciones de los niveles de salud en una cultura laboral están adaptadas del estudio directo del Best Christian Workplaces Institute. Todos los derechos reservados.
5. «State of the American Workplace», Gallup, 2013, www.gallup.com/strategicconsulting/163007/state-american-workplace.aspx.
6. Mark C. Crowley, «Gallup's Workplace Jedi on How to Fix Our Employee Engagement Problem», *Fast Company*, 4 junio 2013, www.fastcompany.com/3011032/creative-conversations/gallups-workplace-jedi-on-how-to-fix-our-employee-engagement-problem.
7. Josué 1.6.
8. Lucas 10.7.
9. 1 Timoteo 5.8.

CAPÍTULO CINCO: DE HERIDO A SANADO

1. Lucas 23.34, RVR60.
2. Marcos 15.39.
3. Romanos 5.8.
4. Richard Carlson, *Don't Sweat the Small Stuff and It's All Small Stuff* (New York: Hyperion, 1997).
5. Éxodo 21.24, NTV.
6. «... ve y repréndele estando tú y él solos» (Mateo 18.15, RVR60).
7. Mateo 18.15.

8. Paráfrasis del autor.
9. Ver Mateo 5.23-26.
10. Romanos 12.18.
11. Robi Damelin, «A Chain of Change», The Parents Circle Families Forum, 18 noviembre 2005, www.theparentscircle.org/Story.aspx?ID =201. Cursivas añadidas.
12. «Bassam Aramin (Palestine)», The Forgiveness Project, 19 abril 2010, http://theforgivenessproject.com/stories/bassam-aramin-palestine/.
13. Steven Waldman, «Beliefnet's Most Inspiring Person of 2005—Victoria Ruvolo», http://www.beliefnet.com/Inspiration/Most-Inspiring- Person-Of-The-Year/2005/Beliefnets-Most-Inspiring- Person-Of-2005- Victoria-Ruvolo.aspx?p=2.
14. Victoria Ruvolo, Robert Goldman y Lisa Pulitzer, «No Room *for Vengeance*», *In Justice and Healing* (N.P.: No Vengeance Press, 2011), p. 109.
15. Adam Hamilton, *Forgiveness: Finding Peace Through Letting Go* (Nashville, TN: Abingdon Press, 2012).
16. Adam Hamilton, «The Two Dimensions of Forgiveness», 1 agosto 2012, www.adamhamilton.org/blog/view/49/the-two-dimensions-of -forgiveness#.Uss9ZP2Ects. Cursivas en el original.
17. Lucas 7.47, NTV.
18. Lucas 23.34, RVR60.

CAPÍTULO SEIS: DE ANSIOSO A TRANQUILO

1. Números 6.24-26, cursivas añadidas.
2. Juan 14.27; 16.33, cursivas añadidas.
3. Filipenses 4.6-7, cursivas añadidas.
4. 1 Juan 4.17-18, cursivas añadidas.
5. Daniel 5.6.
6. Mateo 10.28.
7. 2 Timoteo 1.7, RVR60.
8. Ver 2 Timoteo 1.7, RVR60.
9. Winston Churchill, «Miscellaneous Wit & Wisdom», National Churchill Museum, www.nationalchurchillmuseum.org/wit-wisdom -quotes.html.
10. Eleanor Roosevelt, *You Learn by Living* (Louisville, KY: Westminster John Knox Press, 1960), pp. 29-30.
11. Salmo 34.4.
12. Josué 1.5, 9.
13. Hechos 12.5.
14. Filipenses 4.6-7.
15. Hechos 16.31.
16. Juan 10.10.

CAPÍTULO SIETE: DE AISLADO A CONECTADO

1. Proverbios 18.24.
2. Proverbios 13.20.
3. Proverbios 6.16-19.
4. 1 Corintios 15.33, BLPH.
5. Santiago 4.6.
6. Proverbios 16.18.
7. Romanos 12.3.
8. Lucas 22.51, cursivas añadidas.
9. Proverbios 11.13.
10. Romanos 12.18.
11. Mateo 5.9.
12. Fiona Lloyd-Davies, «Why Eastern DR Congo Is "Rape Capital of the World"», CNN, 25 noviembre 2011, www.cnn.com/2011/11/24/world/africa/democratic-congo-rape/.
13. Las reuniones de doce pasos son para personas que se están recuperando de varias adicciones, cuya recuperación se basa en los Doce Pasos de Alcohólicos Anónimos.
14. Gálatas 5.22-23, LBLA.
15. Proverbios 13.20.

CAPÍTULO OCHO: DE INCONSTANTE A CENTRADO

1. «"Lake Michigan», United States Environmental Protection Agency, 22 julio 2013, www.epa.gov/greatlakes/lakemich/intro.html; «Lake Michigan Facts and Figures», Great Lakes Information Network, 26 febrero 2014, http://great-lakes.net/lakes/ref/michfact.html.
2. Salmo 119.105.
3. Tras años de repetición y ensayo, he parafraseado ligeramente 1 Corintios 15.58 de la versión original que encontré en la New American Standard Bible (NASB).
4. 1 Corintios 15.53, LBLA.
5. 1 Corintios 15.13-14.
6. 1 Corintios 15.32.
7. 1 Corintios 15.20.
8. 1 Corintios 15.58, NTV.
9. Juan 9.4.
10. Lucas 10.2-4.
11. Juan 15.8, cursivas añadidas.
12. Dallas Willard, entrevista con Bill Hybels y Nancy Beach, julio de 2008.
13. Ibíd.
14. 1 Corintios 9.24-27.

CAPÍTULO NUEVE: DE ESTANCADO A EN MOVIMIENTO

1. Eclesiastés 3.2-8, RVR60.
2. Kenneth Blanchard y Spencer Johnson, *The One Minute Manager* (New York: Blanchard Family Partnership and Candle Communications Company, 1981). [*El ejecutivo al minuto* (Barcelona: DeBolsillo, 2010)].
3. Job 13.15, NTV.
4. 2 Corintios 12.9.
5. Ibíd.
6. Filipenses 4.8.
7. Eclesiastés 3.11, NTV.

CAPÍTULO DIEZ: DE SIN SENTIDO A SATISFECHO

1. Génesis 3.1.
2. Eclesiastés 1.2.
3. Eclesiastés 1.14.
4. Eclesiastés 1.4, 11.
5. Eclesiastés 1.13, 16-17.
6. Eclesiastés 1.18.
7. Eclesiastés 2.2-3.
8. Eclesiastés 2.4-6.
9. Eclesiastés 2.7-8.
10. Eclesiastés 2.8.
11. 1 Timoteo 6.17.
12. Eclesiastés 2.8.
13. 1 Reyes 11.3.
14. Ibíd.
15. The Rolling Stones, *(I Can't Get No) Satisfaction*, 1965.
16. Eclesiastés 2.9.
17. Eclesiastés 2.10-11.
18. Eclesiastés 2.17-23.
19. Eclesiastés 12.13.

Agradecimientos

Tres mujeres altamente capacitadas trajeron a la vida este libro:

Jan Long Harris, de Tyndale Momentum, cuya tenacidad digna de un *pitbull* al final me convenció para seguir adelante con este proyecto. ¡Gracias, Jan!

September Vaudrey, una amiga de la familia, que fue tan amable de dejar a un lado su propio libro para ayudarme a escribir estas páginas. Su entusiasmo fue una inspiración constante para mí. ¡Gracias, amiga mía!

Shauna Niequist, autora de *Bread and Wine* [Pan y vino] y otros dos buenos libros, que sintió pena por su padre y me ayudó con las correcciones finales. Su contribución es inestimable. ¡Gracias, Shauna!

Acerca del autor

Bill Hybels es el fundador y pastor principal de Willow Creek Community Church en South Barrington, Illinois, una de las iglesias más grandes e influyentes de Norteamérica. Es autor superventas de más de veinte libros, incluyendo *Simplemente acércate a ellos, No tengo tiempo para orar, Conviértase en un cristiano contagioso, Axioma, Divina insatisfacción* y *La apacible y poderosa voz de Dios.*

Hybels es presidente de la junta de Willow Creek Association, una organización sin ánimo de lucro que equipa y empodera a más de quince mil iglesias cristianas de noventa denominaciones. Cada año convoca la Global Leadership Summit (GLS), un evento mundial de dos días de duración que forma a 190.000 líderes en 105 países. Con casi dos millones de participantes hasta la fecha, la GLS es el evento de liderazgo más grande del mundo.

Comunicador excepcional, Hybels habla por todo el mundo de cuestiones estratégicas relacionadas con el liderazgo, el crecimiento personal y la construcción de iglesias prósperas. Está licenciado en estudios bíblicos y es doctor Honoris Causa en Teología por el Trinity College de Deerfield, Illinois. Él y su esposa, Lynne, tienen dos hijos adultos y dos nietos.